どぶ板ストーリー

石渡アキラ 創作脚本集

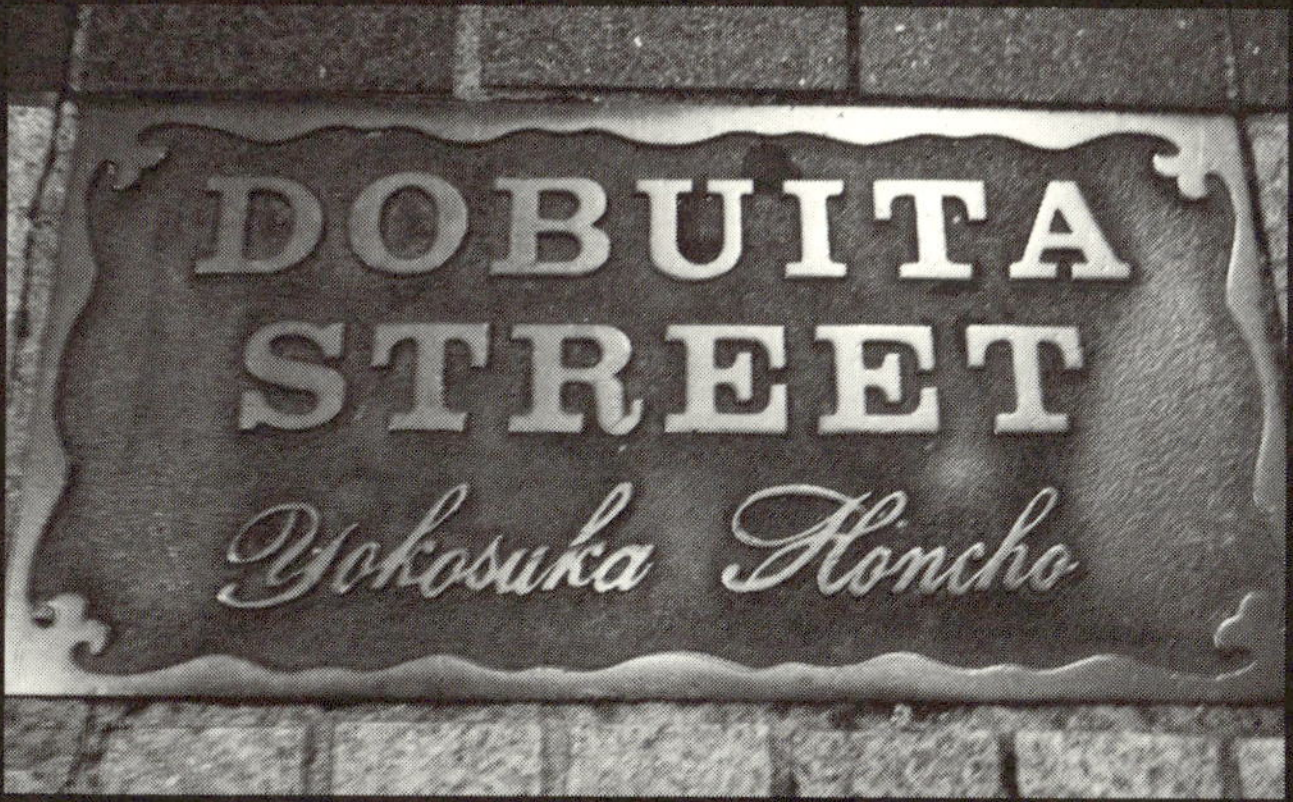

晩成書房

どぶ板ストーリー　石渡アキラ創作脚本集　もくじ

どぶ板ストーリー

夜の横須賀で

登場人物

矢吹
柚香
舞依
杏那
林
佐々木
大輔
ジャック
京子
谷山
健
小百合
藤田
ボブ
莉梨子

横須賀米軍基地の真正面、本町中通りを中心とした一帯に通称どぶ板通りがある。地元では「どぶ板」と呼んでいる。この通りには幅一・五mほどの下水が流れていて通行に支障があるというので、その上に厚い板を乗せて蓋をしたことからこの名がついた。下水にかぶせる板は、当時の海軍工廠から廃材を安く払い下げてもらいそれを利用したという。

戦後アメリカ軍に接収された海軍鎮守府が米軍基地として使用されることになり、横須賀の街は新たな歩みを始めた。その後どぶ板は、鉄板に変わりそれから半世紀が経ち、現在のどぶ板は米軍基地に依存した商売から脱皮して新しい街づくりを始めている。

この物語はバー・ガントリー（かつて造船所だった横須賀港は船を作るための高さ五〇mのガントリークレーンがあったことからバーの名前をこれにした。）を舞台に、どぶ板の街に住んでいる人々の思いや願いを描いたものである。

第一場

上手にカウンター、カウンターの奥に裏口。下手寄りにピアノ。その前にボックス席。ピアノの背後は壁で、その後ろが出入り口。ドアは見えないが開け閉めする度にドアベルが鳴る。店内にはジャズが流れている。柚香が所在なげにカウンターに座っている。マスターの矢吹はカウンター内でグラスを磨いている。

柚香　あーあ、退屈だわ。
矢吹　……。
柚香　平日は特にだめ。
矢吹　……。
柚香　不景気のときには、飲み屋って流行るんじゃないの。
矢吹　……。
柚香　こんな世の中だからこそ、お酒飲んで愚痴こぼすんじゃないのかしら。
矢吹　……。
柚香　リストラにあったおじさんなんか、愚痴こぼすお金もないか。（マスターに向かって）ねえ、聞いてんの！
矢吹　……。
柚香　あーあ、客が来ない店って暗いわね。

柚香、矢吹と目が合ってまずいなと思う。矢吹は黙って片づけをしている。

矢吹　水商売だからな。
柚香　だから、何なの？
矢吹　繁盛するもしないも、お客さん次第だってこと。
柚香　でも変よね。私みたいに可愛い娘がいてお店流行らないなんてさ。こんなチョー可愛い娘ちゃんをほっとくなんて今どきの男は何考えてるのかしら。
矢吹　冗談コロッケ、お昼はメンチ、お前は可愛いメイクイーン！

柚香　（あきれて）さぶー。何それ⁉

矢吹　……。

柚香　ねえ、マスターこういうアイデアはどう？

矢吹　？

柚香　テレビでやってるじゃない。貧乏脱出なんとかって番組。あれに応募するの。

矢吹　？

柚香　今にもつぶれそうなどうしようもないお店の主人が、有名な店に行って一から修行し直すよ。だめな店って共通点があるんだって。暗い、汚い、活気がない！

柚香、言いながら店の中を見回す。二人、目と目があう。矢吹、気まずさを隠すように箒とちりとりを出して黙って柚香に渡す。柚香、やる気のない様子で床を掃く。

柚香　昔は、掃除してるとイスの下からドル紙幣が出てきて、それが楽しみで掃除したもんだ、なんてマスター言ってたよね。

矢吹　それが今じゃ、ゴキブリの死骸だけ。ほら！（何かを放り投げる）

柚香　ギャー、やめて！（ドアの方に逃げる）ゴキブリと油ぎった男が大嫌いだって知ってるでしょ！

ドアの開く音。舞依が慌てて入ってきて柚香にぶつかるが、構わずカウンターに突進していき、矢吹に向かって

舞依　変な男に追われているの。お願い、助けて！

矢吹　えっ？

ドアの開く音。舞依とっさにカウンターの裏側に隠れる。人相の悪い男、谷山が駆け込んできて柚香にぶつかる。柚香の悲鳴。谷山、店内を見回して。

谷山　今、女が来ただろう。どこへ行った？

矢吹　裏口から出ていったよ。

谷山、裏口を探してキョロキョロ。戻ってくる。柚香、黙って箒の柄でドアを指す。谷山入ってきたドアから出ていくがすぐに戻ってきて。

谷山　バカヤロー！　裏口はどこだ！

柚香　えっ？　あっ、あっ、ハハハハハァ……。（笑ってごまかしながら、柄の向きを逆に変えて裏口を指す）

谷山、裏口から出ていく。荷物の崩れる音、猫の鳴き声、谷山の怒声などが騒々しく響く。柚香、箒を放り投げてそっと見に行き、少したって戻ってくる。

柚香　大丈夫よ。走って行っちゃった。
舞依　よかったぁ。（カウンターの陰から出てくる）
矢吹　もう少しここにいた方がいいよ。
舞依　うん。
柚香　一体どうしたの？
舞依　うん、ちょっとね、……からまれたの。しつこくってさ。
柚香　警察に行った方がいいよ。
舞依　（すっとんきょうな声で）警察？　いいよ、そんなにおおげさにしなくても。

ドアの音。三人、ハッとして入り口を見る。と、いきなり男が悲鳴をあげて転ぶ。柚香と舞依の悲鳴。矢吹、とっさに身構える。

矢吹　何だ、佐々木さんか。
佐々木　（かなり酔っている）何だじゃないよ、こんな所に箒を置いておいて。
柚香　驚かさないでよ。
佐々木　驚かされたのはこっちだよ。
柚香　ねえ、店の外に誰かいなかった？
佐々木　どぶ板には人がいっぱい歩いてたさ。
柚香　そうじゃなくて、ヤクザみたいに人相の悪い奴。
佐々木　アメちゃんか？
柚香　もう佐々木さんじゃ話にならない。何飲むのよ。
佐々木　いつものやつに決まっているだろう。（カウンターに座る）

マスター、水割りを作って出す。ついでに舞依と柚香にもジュースを出す。舞依、おいしそうに飲む。

佐々木　（舞依に気づき）マスター、新しい女の娘雇ったの？
矢吹　いや、そうじゃないけど……。
柚香　やーね佐々木さん、若い娘見ると鼻の下長くしちゃって。（肩をたたく）
佐々木　痛てえなぁ。……じゃあ、一人で飲みに来てるのか？
柚香　ああっ！　口説こうとしてるでしょう。
佐々木　うるせえなあ。マスターおかわり。
矢吹　（水割りのグラスを置いて）今日はこれで終わりだよ。
佐々木　本当に商売っ気がねえんだから。
矢吹　そうとう飲んでるんだろう。
佐々木　水くさいこというなよ。
矢吹　水くさい？　水割りだからな。
佐々木　ちえっ、つまらねえ。
柚香　佐々木さん、家に帰って奥さんに慰めてもらったら。
佐々木　馬鹿野郎！　かかあがいたらこんな所に毎日来るかよ。
柚香　へえ〜、そうだったんだ。佐々木さん、お金ありそうなのに女運に恵まれてないんだ。
佐々木　俺だって好き好んで独り身でいたいわけじゃねえさ。こんな寒い日にゃ、かかあと酒飲みながら世間話の一つもして、一つ布団にくるまって寝たいさ。俺だって男だもんよ。

柚香　じゃあ、佐々木さんにいい人ができるように、乾杯！

佐々木　ちぇっ。

静かに音楽だけが流れている。佐々木は寝てしまう。

舞依　じゃあ、私、行くね。

柚香　一人で大丈夫？

舞依　うん。

矢吹　何かあったらまたおいで。

舞依　は～い。サンキューでした。じゃあね。

舞依が出ていくのと入れ違いにジャックが入ってきて、かっこよくポーズを決める。

ジャック　Hi,Yuka! What's up?（あいさつしハグする）

柚香　Hi,Jack! I'm fine. How's it going?

ジャック　Hmm……（両手をあげて冴えない表情）

ボックス席へ行く。二言三言交わした後、柚香カウンターへ行く。

柚香　マスター、ビール。（お金を置き、柚香はビールを持って席へ戻り、二人で乾杯する）

ジャック　Well,we'll leave here soon for the misson.【もうすぐ出航なんだ】

柚香　（少し寂しそうに）そう、出航するんだ。

ジャック　Yeaah, and after the misson, I'll back to the united states.【今度の作戦が終わったらアメリカに帰る】

柚香　えっ？　アメリカに帰るの。……そう。（自分に言い聞かせるように）良かったじゃない。It's good for you.

ジャック　Oh,man. You don't understand at all.

柚香　分かってないって……。What do you mean?【どういうこと？】

ジャック　You know, I'm so sad.【僕はとても悲しい】

柚香　ええ、私も悲しいわ。……さあ、ジャック元気出して。（ビールを注ぎながら）Come on jack!

ジャック　（首を振って）No……What ever.【分かってないな……何だよ】

柚香　ジャック、「人生色々」よ。

ジャック　ジンセエーイロイロ……？

柚香　人生には喜びも悲しみも、色々あるってこと。ええと、It's mean there are both happiness and sadness in one's life.

ジャック　But I always feel sorrow.【でも僕はいつも悲しいことばかりだ】

柚香　Oh jack!【ねえ、ジャック。人生これからじゃないの】Look your future!

ジャック、考え込んでしまう。柚香はビールの空き瓶を持ってカウンターへ行く。ドアの開く音。林が入ってくる。

林　矢吹さん、回覧板よ。あら、今日は二人もお客さんがいるじゃない。いいわね、繁盛していて。

柚香　それって、おばさん皮肉？

林　皮肉なもんですか。うちなんか閑古鳥が鳴いてるわよ。この間なんかお客だと思ったらお墓のセールスマンよ。冗談じゃないわ。うちは間に合ってますって追い返してやったわよ。全くろくなのが来やしないんだから。（寝ている佐々木に気づいて）あら、あんたも飽きずによく来るわね。あんた、その趣味悪い服どうにかならない。うちの店にいらっしゃいよ。あたしがバッチリ、コーディネートしてあげるわよ。安くしておくから。二〇万もあればあんたも少しはいい男になれるわよ。ここの隣の林洋服店よ。待っているわよ。じゃあね。（林、出ていく。ドアの音）

柚香　あれ、おばさん回覧板。

ドアベル。林、戻ってくる。

林　あははは、やあね。はい回覧板。最近どうも忘れっぽくてね。あははは……。（佐々木に）ちょっと、そこで寝とぼけているあんた。あんたのことは忘れてないからね。待ってるわよ。あはははは……。

林、出ていく。ドアベル。皆はあきれている。

柚香　ハーイ、ジャック。お待たせ。

佐々木　ハイジャック？　ハイジャックだかバスジャックだか知らねえけどよ……。

ジャック　（柚香の手を握りながら）Yuka, I Love you.

柚香　Well……I love you too.

ジャック　Would you like to go the United s with me.【僕と一緒にアメリカに来て欲しいんだ】

柚香　えっ？　一緒にアメリカに？　What do you mean?【どういうこと？】

ジャック　Will you marry me.【結婚しよう】

柚香　結婚？……突然そんなこと言われても……。

ジャック　Baby, I really love you. I promise that I will make you happy.【僕は心から君を愛してる。きっと君を幸せにするよ】

柚香　そんな大事なこと、すぐに返事できないわ。I need time too think about that.

ジャック　I understand. I just wonna go.【分かった。もう行かなくちゃ】……（立ち上がって電話をかける動作をしながら）Please call me later, OK?

柚香　OK,Jack. 後で電話するわ。（出口に歩いていく）

ジャック　I just love you ,honey.（袖で声だけ聞こえている）

柚香　I love you.

佐々木　ちぇ、何がハニーだ。ベタベタしやがって……。

柚香、戻ってきてボックス席に座りため息をつく。音楽だけが静かに流れている。佐々木はカウンターで酔いつぶれている。ややあって柚香、テーブルをかたづける。ドアの音。谷山が入ってくる。柚香、驚く。緊張が走る。

矢吹　いらっしゃいませ。

谷山、無言でカウンターに座る。矢吹と柚香、これから何が起こるか心配しながら見守っている。

矢吹　何かご注文は？
谷山　（ドスのきいた声で）あ？
矢吹　お飲み物は？
谷山　あれだよ、あれ……。
矢吹　何でしょうか？
谷山　だから、あの……ビール。
矢吹　（ビールの栓を抜き、コップを置いて）五百円です。
谷山　あ？　何だ金と引き替えか？
矢吹　当店ではそうなっておりますので。
谷山　ちぇ、（ポケットから金を出す。ビールをぐっと飲む）この店は、外人の客が多いのか？
矢吹　いやあ、昔は米軍関係の方で賑わってましたが、今は日本のお客さんの方が多いですね。
柚香　米兵も日本人もどっちも、あんまり来ないけどね。
谷山　米兵が出入りしてたら、ヤクとかハジキとか危ないもんも持ち込むんじゃねえのか。
矢吹　昔はともかく、今はこのどぶ板も安心して歩ける街になりました。
谷山　昔は色々あったのか？
矢吹　ベトナム戦争の頃なんか、彼らは明日も知れぬ命だったわけですから、気持ちも荒んでいたんでしょう。酒飲んだ勢いで女のことで喧嘩したり、挙げ句の果てに拳銃を振り回して殺し合いなんてこともありましたね。
柚香　マスター、このお店でもそんなことがあったって言ってたわよね。
矢吹　もう二五年以上も経つかな。
柚香　今だって何か事件が起きたときには、（カウンターの背後の張り紙を指しながら）そこに連絡すればSPがすぐに飛んで来てくれるよね。その下は横須賀警察の番号。
谷山　（飲んでいたビールに思わずむせて）ゴホッ。（身体をかき始める）
柚香　（谷山の隣に来て、ビールを注ぎながら）お客さん、初めて見る顔ね。横須賀の人？
谷山　いや……。
柚香　何か嫌なことでもあったの？（またビールを注ぐ）ここに来たら嫌なことは全部忘れて楽しまなきゃ。

谷山　(飲み干してため息をつく) はぁ……。
柚香　(ビールを注ぐ) うわあ、お客さんいい飲みっぷり！　さあ、もう一本いこう！　マスター、もう一本！

マスターは黙って瓶を差し出し、谷山をじっと見ながら無言で金の催促。

谷山　面倒くせえ店だな。(仕方なく金を出そうとするが、次第に酔いが回ってきている様子で金をばらまいてしまう)
柚香　お客さん、大丈夫？　お金もらっちゃうわよ。(拾い集める)
谷山　(酔っ払いながら) 勝手にしろ！　持ってけ泥棒！……何だ？　どろぼうだぁ？　あの野郎、しょうがねえ泥棒猫だ！
柚香　あたしは泥棒じゃないわよ。
谷山　ちきしょう。どこに隠したんだぁ。
柚香　何なの？
谷山　俺のでえじなもんだよ。
柚香　だから何なの？
谷山　(泣きべそかきながら) あのお宝が見つからなきゃ、俺はどうすればいいんだよ。
柚香　そのお宝って、何なのよ。
谷山　(泣きながら) バカヤロー、何だっていいだろう。
柚香　誰かに命を狙われているの？
谷山　(なおいっそう泣きながら) 一体俺はどうすればいいんだよ……。

柚香　ねえ、横須賀警察に連絡してあげようか。
谷山　警察！ (とたんにからだをボリボリかき始める)
柚香　うん、マスターの知り合いの石原刑事さん。
谷山　(からだをボリボリかきながら) 刑事だぁ？　バカヤロー、ふざけんじゃねえよ。俺はなあ、自慢じゃねえけど、ガキの頃から医者と警察って聞くだけでジンマシンが出るんだ。(かきむしっているが、ふとマスターと目があい、しげしげと顔を見てすっとんきょうな声で) 刑事さん！　俺が悪かった。この通りだ、勘弁してください。(酔いつぶれてしまう)
柚香　(マスターに) この人、さっき女の子を追いかけてきた奴よね。
矢吹　うん。
柚香　ねえ、何か臭わない？
矢吹　うん、クンクン……(辺りの臭いをかいで、谷山の所でうなずいて) う〜ん。十日は洗ってないな。
柚香　えっ？
矢吹　髪の毛。
柚香　違うわよ、大事件の臭いよ。覚醒剤とか、拳銃を撃った後の、ほら……。
矢吹　……？
柚香　とにかく事件の臭いがするでしょう。
矢吹　いや、俺は犬じゃないから……柚香ちゃん嗅いでみて。
柚香　(思わず嗅ぎそうになって) 私も犬じゃないって！　ねえ、警察に突きだしちゃおうか。

矢吹　でも、何をやったのかはっきりしないし……。
柚香　まあ、いいじゃないの。後は警察で調べてもらえば。
谷山　(突然起き上がって)ま……い？　舞依をどこに隠した？　おい、お前たち知ってるんだろ。黙っていると痛い目にあうぞ。おい、何とか言え！
矢吹　お客さん、他のお客さんの迷惑になりますのでお静かに……。
谷山　何だと！　どこに客がいるんだ！　客なんていねえじゃねえか！
佐々木　(今まで寝ていたが、むっくり起き上がって)すいません私、客です。
谷山　てめえ、なめてんのか！
柚香　きゃ〜やめて！

谷山、佐々木の襟首につかみかかるが、そのままもつれながら倒れ込む。マスターカウンターの中から出てくる。

谷山　何だと！
矢吹　お客さん、店の中で暴力は困ります。

谷山、矢吹に殴りかかろうとするが、佐々木が足をつかんで離さない。

谷山　この野郎！　離せ！　しつこい野郎だな！

谷山、佐々木を振りほどこうと蹴飛ばす。矢吹が押しとどめると、谷山は矢吹に殴りかかろうとするが、勢いで転んでしまう。

谷山　てめえ、ふざけた真似しやがって。(矢吹に殴りかかるが矢吹はよける)
矢吹　お客さん、これ以上暴れると警察を呼びますよ。
谷山　警察！　そんなことをしたらただじゃおかないぞ！　覚えておけ！

谷山、からだ中掻きむしり去っていく。柚香と矢吹、佐々木を抱き起こす。

矢吹　佐々木さん、大丈夫ですか？
佐々木　ああ……。
柚香　ひどい目にあっちゃたね。

ドアの音がして、男が入ってくる気配。柚香、振り向きながら叫ぶ。

柚香　警察呼ぶって言ったでしょ！
ジャック　Hi, Yuka! What happened? I waited for a long time.
【どうしたの？　ずっと待っていたのに】
柚香　もう、ジャックったら……。

バンドの生演奏が聞こえてくる。

第二場

明かりがつくと、カウンターの背後に白衣が下がっている。横須賀警察の文字もひときわ大きく書き換えられている。京子が蛍光灯を設置している。

京子 （スイッチを入れる）矢吹のおじさんどうですか？　いい感じでしょう？
矢吹 うん、たいしたもんだ。
京子 そうでしょう。照明一つでお店の雰囲気までがらっと変わっちゃうんですよ。（包装紙や箱を片づけながら）
矢吹 いやあ、照明じゃなくて京子ちゃんだよ。
京子 え？
矢吹 京子ちゃんのセンスなかなかだよ。
京子 ありがとうございます。
矢吹 コーヒー入れたから飲んでいかない？
京子 あっ、すみません。いただきます。（飲みながら、店内を見回して）冷蔵庫も思い切って買い換えませんか？
矢吹 いやあ、これでいいよ。
京子 省エネタイプの新しくていいのが出てるんですけど。
矢吹 この店は古いものの方が合ってるよ。
京子 そうですね。矢吹のおじさんと同じで古くなればなるほど、味が出てくる……。
矢吹 何だねそれは？
京子 もちろん、ほめているんですよ。（笑い）

二人がいい雰囲気でコーヒーを飲んでいるとドアチャイムが鳴って柚香が入ってくる。

柚香 おはようございます。
矢吹 おはよう。
柚香 あっ、素敵！（二人を見て）いい雰囲気じゃない。

矢吹と京子、互いに顔を見て苦笑いする。裏口から大輔が挨拶しながら入ってくる。ビールケースを抱えている。

大輔 矢吹さん、ビール一ケースそこに置いておいたよ。あと、ウイスキーとジュースとミネラルウォーターね。
矢吹 ごくろうさん。
大輔 あっ、京子さんこんにちは。
京子 こんにちは。
大輔 （柚香の隣に座り）柚香さん、元気？
柚香 まあね。
大輔 今度の定休日に仲間と御殿場に行くんだけど、柚香さんも行かない？

柚香　ドライブ？　う〜ん、どうしようかな？でも、荒木酒店の軽トラじゃね……。

大輔　違うんだな。ＢＭＷですよ。

柚香　ええっ、持ってるの？

大輔　いや持ってないけど、柚香さんのためなら俺、友だちから借りてきますよ。

ドアベル。林がどんぶりを持って入ってくる。

林　矢吹さん、煮っ転がし作ったから食べて。

矢吹　いつもすまないね。

林　あら、ずいぶん繁盛していると思ったら何だ、どぶ板商店会の若者たちじゃないの。あら、コーヒー？　あたしもごちそうになろうかしら。よっこらしょっと。京子ちゃん、今日は電気器具か何かの修理？　この店もあちこちガタがきてるからね。（京子、笑って照明を指す）あ〜ら、何かお店の雰囲気が変わったと思ったら、照明を増やしたんだ。まあ、儲かっている店は違うわねえ。ハハハ……。ちょっと、荒木酒店の跡取り息子！　また女の娘くどいてんじゃないの。こんな所で油売っていると親父に言いつけちゃうよ。

大輔　失礼だなおばさん、僕は油じゃなくお酒を売りに来たんですよ。（皆笑う）

林　まあ、しっかり売ってちょうだい。（コーヒーを一口飲んで）だけど京子ちゃん偉いわねえ。親のあと継いで、流行らない店を切り盛りして、うちの和也に京子ちゃんの爪の垢煎じて飲ませたいよ。でも、あんたの所も大型店に客を取られて大変でしょう。

京子　（苦笑いしながら）ええ、まあね。でもおばさんにはかないませんよ。女手一つでお店を守りながら、和也君を大学まで行かせて……。そうだ、おばさん所も照明変えませんか。安くしておきますよ。

林　照明変えたら客の入りがよくなるかね。

大輔　無理むり。

林　お店開けてても光熱費ばっかりかかって、何か儲かる方法はないかね。

大輔　市場リサーチをきちんとやって、今の消費者ニーズを把握しないと……。

林　はあ？

大輔　わかんねえか。

柚香　この前友だちとギョタミに行ったんだけどね、ほら、新しくできた居酒屋。順番待ちの客が外まではみ出ているのよ。

林　あんた、友だちと飲むんなら、普通は自分の店につれて来ないかい？

柚香　う〜ん、パーッと景気よく飲みたいって言うんだもん。あっそれからね、新しく出来たシロクロっていう衣料品店なんか、店中客であふれ返っていて、レジにはこんな長い列が出来ているのよ。林洋服店と違って安くていい品物が置いてあれば客は集まるのよ。
林　悪かったね。うちは安かろう悪かろうの店とは違うんだよ。流行に左右されない一生着られるいい品物を置いて、その人に合ったものが見つかるまで何度も試着しながらじっくり選んでもらう。アドバイスもアフターケアーもしながらね。そういう人と人とのふれあいがある店なんだよ。
京子　私たちのような小売店は、薄利多売ってわけにはいかないですものね。
柚香　ハクリ・バイ？
林　全く何も知らないくせに、生意気な口きくんだから、近頃の若者は。薄利多売っていうのは、少ない利益で数売って儲けることよ。あら、あんたみたいじゃない。大勢の男相手に自分を安売りして。下手な鉄砲も数撃ちゃ当たるだね。アハハ……。
柚香　おばさん、それ以上言うと血を見るわよ。
林　ああ、元暴走族は迫力が違うね。
柚香　よくそんな嘘でたらめが言えるわね。
大輔　まあまあ、でも僕たちは新しいどぶ板を作るために色々と考えているんですよ。
柚香　例えば？
大輔　どぶ板ブランド。
柚香　どぶ板ブランド？
大輔　うん、どぶ板に来なきゃ手に入らないような商品……。
柚香　それってスカジャンみたいな……。
大輔　スカジャンもいいけど、もっと新しい商品。どぶ板ならではの、それを買いにわざわざ遠くから人が来るような。
林　新しいどぶ板名物ってわけね……　あっ、いいこと考えた！
皆　ん？
林　どぶ板名物、どぶ板せんべい、どぶ板まんじゅう、板みたいに四角くって大きくてさ。
柚香　そんなの誰が食べるのよ。臭ってきそう。
林　だめか……じゃあさ、ほらどぶ板のお地蔵さんを立派に立て替えて、巣鴨のトゲぬき地蔵みたいに名物にしちゃうの。「おじいちゃんのどぶ板！」お年寄りも安心して飲めます、遊べます、死ねます！
京子　あれ、延命地蔵ですよ。
大輔　おばさん、どぶ板は今や若者の街なんだよ。
柚香　そうよ、どぶ板っていうとベースに米兵、ジャズにレゲエ、やっぱり若者のイメージよ。
林　私もどっちかっていうと、じいさんよりピチピチボーイの方がいいけどね。
柚香　何言ってるの。米兵目当てに遠くからぶらさがりの女の子がやってくるんだから、そういう子が六本木に流れて行かないで横須賀で遊んで、お金を落として行ってくれるような街にしないとね。
林　冗談じゃないよ。あたしはぶらさがりの女の子は大嫌いだね。そういう暗い、不潔なイメージを変えるためにあたしたちは努力してきたんだよ。昔はどぶ板って言うと、米兵がうようよしていて、街のあちこちで酔っ払いがケンカを始めたり、街角にはお金でからだを売るいかがわしい女が立っていたりして……。若い女の子なんか、この街に足を踏み入れられなかった。どぶ板が活気づくのはバーのネオンのともる夜だけ。そういうどぶ板イコール夜の街ってイメージを変えようと頑張ってきたんだよ。

柚香　おばさんの話聞いていると、何かバーガントリーが悪いみたい。

林　矢吹さんはいい人だけど、バーは嫌いだね。

大輔　……そうなんだ。うちの親父や林のおばさんたちは、米軍相手の商売から脱皮するために、街の再開発とかどぶ板バザールとかを苦労してやってきたんだよね。それで僕たち若者は京子さんもメンバーなんだけど、もっと魅力的な新しいどぶ板を作るために、いま色々と研究しているんだ。

京子　今までのどぶ板は、皮ジャンとか米軍の放出品とか、ここへ来ればアメリカの匂いが感じられたでしょう。でも、そういうアメリカンナイズされた街もいいけど「どぶ板ナイズ」って呼ばれるような新しい街を作り出そうって考えているの。

柚香　「どぶ板ナイズ」ってどんな街なの？

京子　う〜ん、それはいま模索中。でも、とにかく明るくて活気にあふれている街。

大輔　普通の女の子が気軽に入ってきて、楽しんでくれるような街にしなけりゃいけないと思うんだ。

柚香　ということは、どぶ板アウトレット！

大輔　そんな感じの街づくりも考えているんだけどね。

柚香　ブランド物の洋服にバックや小物に化粧品。女の子向けの雑貨とかが格安で手に入ったらいいなあ。

京子　あとね、どぶ板バザールのようなイベントを他にも工夫してみようかって……。

柚香　ふ〜ん、どんなことやるの？

大輔　この前やった「カレーの早食い競争」や「街角コンサート」も好評だったし、「おネプの巴投げ」の時も大勢人が集まったよね。（ネプ投げの動きを真似る）

柚香　ああっ、大輔君たら、ネプ投げ見てて大喜びしてたでしょう。

大輔　う〜ん、あれはグーだったね。

柚香　もう、エッチね！

大輔　冗談だよ。

京子　どぶ板ダンスレボリューションとか、どぶ板カーニバルなんていうのはどうかしら？

林　何をやるの？

京子　例えばどぶ板通りでサンバを踊るの。

林　サンバってほとんど裸で踊る、こんなやつかい？

京子　それは盆踊りです。

林　じゃあこれかい？

大輔　それは阿波踊り。

林　じゃあこれだ！

柚香　それはどじょうすくい！　おばさん私たちをからかってるの！

林　じゃないけど、サンバってどんな踊りだっけ？
京子　こうですよ。（リズミックに踊り始める）
柚香　そうそう！

　　柚香と大輔も踊り始める。矢吹それを楽しそうに見ている。柚香、ふと気づいて。

柚香　あっ、やだあマスターったら、エッチな想像してたでしょう！
矢吹　（あわてて首を横に振る）

　　ドアベル。佐々木が入ってくる。

佐々木　やあ。
矢吹　佐々木さん、今日もご機嫌だね。
佐々木　うん。
林　あら、こんばんは。あんたにぴったりのスーツが入荷したわよ。待ってるからね。（矢吹に向かって）じゃあごちそうさまでした。
京子　すっかり長居しちゃった。私もこれで……。
矢吹　ありがとうね、京子ちゃん。
京子　いいえこちらこそ。ごちそうさまでした。
大輔　（柚香に）さっきの話考えておいてね。じゃあ。

　　林と京子は表から、大輔は裏から出ていく。ドアチャイム。

柚香　いらっしゃい佐々木さん。はい、おしぼり。（広げながら渡す）
佐々木　今日はやけにサービスがいいじゃないか。
柚香　今日もでしょう。いつだって大サービスしてるじゃない。ねえ、煮っ転がし食べない。
佐々木　おいおい、毒でも入ってるんじゃないか。
柚香　かもね。まあ食べてごらんなさいよ。
佐々木　（一口食べて）旨い！
柚香　でしょう。年季が違うのよ。
佐々木　（食べながら）こんなに料理上手だったらいつだってお嫁にいけるよ。
柚香　ねえ佐々木さん、こんなおいしいものを作る人だったら、お嫁さんにもらってくれる？
佐々木　えっ、俺でいいのかよ？
柚香　うん、喜ぶわよきっと。
佐々木　えっ？
柚香　その煮っ転がし作ったの林洋服店のお・ば・さ・ん。旦那さんが亡くなってからもう十年以上も寂しい思いをしてるんですって。
佐々木　ちぇ、人をからかいやがって。……マスターおかわり。

　　柚香の笑い声。静かに音楽が流れている。佐々木、いつものように寝てしまう。

柚香　ねえマスター、さっきの話の続きだけど……。
矢吹　？
柚香　この際思い切ってお店大改造しない？　若い子が入りやすいように、まず窓を大きくして、壁もこんなのだめ。もっとおしゃれな雰囲気に変えるのよ。とにかく見た目が大事なんだから。それからメニューもイタリアンとかエスニックとか食事が出来るようにして、大体ガントリーって名前がよくないのよね。
矢吹　柚香ちゃん、ガントリーって横須賀のシンボルだったんだよ。
柚香　え？
矢吹　この横須賀は昔、海軍鎮守府があったんだ。つまり海軍の本拠地だ。ここで大きな船を作っていたんだが、そのとき使ったのがガントリークレーンっていう高さ五〇ｍもある大きなクレーンなんだ。朝鮮から連れて来られた人たちが働かされて、時々てっぺんから落ちて死んだなんて話もあるんだよ。
柚香　もう何十年も昔のことでしょう。
矢吹　俺は、良くも悪くも横須賀の歴史をとどめておく店が、一つくらいあってもいいと思ってな。それで付けた名前なんだよ。
柚香　ふ〜ん、何かマスターの思いがこもっているんだね。
矢吹　柚香ちゃん、バーってどういう意味だか知ってる？
柚香　バー？
矢吹　止まり木っていう意味なんだよ。佐々木さんのような人が一人でやってきて、疲れたからだと心を癒していく……。寂しいおじさんたちが、静かに安心して飲める止まり木を俺は残しておきたいんだ。
柚香　ふ〜ん。（納得してうなずく）

音楽が流れている。しばらくして

柚香　ねえマスター。この店にはいろいろな女の娘がいたでしょう。米兵と結婚してアメリカに行った娘もいる？
矢吹　うん、大勢いたよ。
柚香　その娘たち幸せになったかな？
矢吹　幸せになった娘もいただろうけど、夢破れて戻って来た娘の方が多いかな。
柚香　そう……。国際結婚ってやっぱり難しいのかな。
矢吹　そうだね。
柚香　ねえ、ジャックのことどう思う？
矢吹　ジャックは真面目ないい奴だと思うよ。優しいし。
柚香　ジャックにプロポーズされたんだ。
矢吹　ああ、聞いていたよ。
柚香　どうしようか迷っているんだ。マスターはどう思う？
矢吹　柚香ちゃん次第だけど……でも賛成はできないな。
柚香　そう……これからジャックとデートなんだ。もうあがってもいい？

矢吹　うん、今日はもう客も来ないだろう。ちょっと早いけど店じまいするか。佐々木さん、店閉めるよ、佐々木さん。
佐々木　あ〜？（欠伸をしながら）
柚香　ほら佐々木さん、閉店よ、行くわよ。（腕をとる）マスター、おやすみなさい。
矢吹　おやすみ。
柚香　ほら、しっかり歩いて。
佐々木　ああ、ああ……。

二人出ていく。ドアベル。矢吹、看板を引っ込めたり片づけたりしている。ドアベルが鳴って舞依が入ってくる。

矢吹　閉店ですよ。
舞依　マスター、あのさ……。
矢吹　ああ、この間の娘だね。何かあったの？
舞依　ううん、そうじゃないんだけど。……あのさあ……。
矢吹　一体どうしたの？
舞依　帰りの電車賃がなくなちゃったの。
矢吹　どこまで帰るの？
舞依　保土ヶ谷。
矢吹　そうか、じゃあ千円もあれば大丈夫か。（お金を出そうとする）
舞依　あのさあ、お腹もペコペコなんだ。何か食べさせてくれないかなあ。
矢吹　……しょうがないなあ。じゃあこれでも食べるかい？

（煮っ転がしを出す）
舞依　あっ、やったあ。（むしゃむしゃ食べる）
矢吹　（苦笑しながら見ている）
舞依　これさぁ、見た目はすご〜く悪いけどおいしいね。なんかさぁ、昔懐かしい味っていうかな。
矢吹　それがおふくろの味っていうんだよ。
舞依　（顔をあげて）て言うか、おばあちゃんが作ってくれた味みたいな。
矢吹　（笑う）
舞依　あ〜あ、おいしかった。
矢吹　早くしないと帰れなくなっちゃうよ。
舞依　マスター、お水ちょうだい。
矢吹　（あきれた顔をしながら水を入れたコップを出す）
舞依　（ぐびぐびと飲み干して満足そうにコップを置く）あ〜あ、さてどうしようかな。
矢吹　えっ？
舞依　ねえ、泊めてくれるとこないかな？
矢吹　お金ないんだろう？
舞依　だからただで。ただしエッチ抜きよ。
矢吹　（苦笑する）しようがない娘だな。ちょっと寒いけどそこのソファーで寝るか。今毛布持ってくるから待ってなさい。（裏口の方に取りにいく）
舞依　（早速ソファーに座って寝心地を確かめる）うん、これなら何とか眠れそう。

矢吹　（毛布を持ってきて）何だもう寝るのか、あきれた娘だよ。そういえばこの前の男、あの後飲みに来たよ。あまりここに長居しない方がいいんじゃないかな。
舞依　大丈夫。あの人蒲田の人だからもう来やしないわよ。じゃあ、おやすみ。
矢吹　鍵締めていくよ。明日昼過ぎに来るけど、誰が来ても絶対開けちゃだめだよ。おい、聞いているかい。
舞依　は〜い。（手だけ振る）
矢吹　おやすみ。

矢吹、去る。

第三場

翌日の午後、矢吹が店内に入ってくると舞依がウォークマンをつけ、大きな声で歌いながらカウンターを磨いている。矢吹びっくりしながらも感心して舞依を見つめる。舞依、夢中で磨いているので矢吹に気づかない。後ろ向きに下がってきて矢吹とぶつかる。

舞依　きゃ〜。（慌てて後ろを振り向く）
矢吹　ごめんごめん。
舞依　な〜んだ、マスターか。
矢吹　一生懸命働いているんで感心して見てたんだ。
舞依　だって朝起きたらあんまり汚いんだもん。お客が来るのにこれじゃ不潔すぎるじゃない。
矢吹　毎日掃除はしているんだけどね。
舞依　全然ダメ。隅の方なんて埃と蜘蛛の巣だらけだったよ。こう見えても私結構きれい好きなんだよ。それにただで泊めてもらったお礼、なんちゃってね。
矢吹　偉いね。
舞依　マスター、私舞依って言うの、よろしく！
矢吹　舞依ちゃんか、いい名前だね。
舞依　舞うって言う字に、にんべんに衣って書くの。
矢吹　なるほど、舞依ちゃんらしいね。くるくると舞いながら、誰かに頼って生きていくんだ。
舞依　えっ、何それ？
矢吹　舞依ちゃんの依は依存の依。寄りかかるとか頼るっていう意味があるからね。
舞依　へえ？　そういう意味なんだ……。嬉しくないけど何となく当たっているかも。（妙に納得した様子で）マスターは何て言う名前なの？
矢吹　矢吹。
舞依　矢吹！「あしたのジョー」に出てくるあの矢吹さん？
矢吹　そう。
舞依　かっこいいじゃん。ねえ矢吹さん、私しばらくこのお店で働かせてくれないかな。

矢吹　柚香だってもてあましているのに二人も雇えないよ。

柚香、いつのまにか店にいる。

柚香　私をもてあましていて悪かったわね。（プンプン怒りながら）
矢吹　そういう意味じゃないんだよ。
柚香　じゃあどういう意味なの？　分かった、このずうずうしい女を雇って私を首にする訳。ああそうなの、フン。
矢吹　何そんなにムキになっているの。
柚香　当たり前でしょう。このお店のことは私だって考えているのよ。それなのに……。
舞依　でも、私ちょっと訳ありで家に帰れないのよ。
矢吹　そういうのが一番困るんだ。柚香だってそう言って居着いちゃったんだから。
舞依　本当？
柚香　お黙り！（舞依に向かって）マスター、いや矢吹さん。それじゃあ私は捨て猫なんですか。
矢吹　いや、そんなこと言ってないさ。
柚香　もう頭にきちゃう！

柚香、トイレに行く。残された二人何となく気まずい雰囲気。舞依はカウンターを磨く。矢吹はカウンターに入ってグラスなどを片づけて始める。

柚香　大変よ、大変！　トイレが、トイレがきれい！　うちのお店じゃないみたい。
舞依　フフフ……。（嬉しそうに自分を指さす）

柚香と矢吹、顔を見合わせてびっくりした表情をする。矢吹、トイレを見に行く。

柚香　本当なの？　すご〜い！
舞依　大変だったわよ。トイレなんか掃除したことなかったんじゃない。
柚香　失礼ね。先週掃除したばかりよ！
矢吹　若い娘に出来ることじゃないね。（戻ってきて）
柚香　マスター、それって私に対する皮肉。
矢吹　違うよ。最近の若者は３K嫌いっていうじゃないか。
柚香　３K？　サンケイ新聞？
矢吹　３Kっていうのは、きつい、汚い、危険のことだよ。日本の若者はそういう仕事をしたがらないから、アジアの方から出稼ぎに来た人たちに、３Kの仕事を押しつけてそれも安い給料でね。横須賀にだってたくさんの外人さんが働いているだろ。
舞依　それ、学校で聞いたことある。
柚香　私は３Kなんか嫌い。
矢吹　だけど、こういう掃除好きの娘がいると助かるよね。
舞依　わあいやったぁ！　じゃあ決まりね。
矢吹　舞依ちゃん、年はいくつ？

舞依　二十歳だよ。
矢吹　学生証とか運転免許証とか持ってないの？
舞依　フリーターだからね。
矢吹　そうか、しょうがないなぁ。給料はお小遣い程度だよ。食事と寝る場所は提供出来るけどね。
舞依　え〜っ！　まっいいか。
柚香　マスターったら本当に甘いんだから。（いまいましそうに舞依を見つめる）
舞依　先輩、よろしく！
柚香　何が先輩よ。
矢吹　二人とも仲良く頼むよ。
舞依　は〜い！

舞依、歌を歌いながらカウンター磨きを再開する。柚香と矢吹もそれぞれ開店準備をする。

舞依　マスター、紙ヤスリかなんかないですか？　このS・Bっていうイニシャル、彫りつけてあるから消えないの。
柚香　えっ、そんなイニシャルあったっけ？　S・B？　カレー？　カレーが好きな人が彫ったんだ。
舞依　柚香さんて面白い。
柚香　あ・り・が・と・う。（冷たい感じで）
矢吹　それ、小百合とボブが彫って行ったんだ。それはいいよそのままで。

舞依　その人たちマスターの思い出の人なの？　ねえ、その人たちの話聞かせて。
柚香　私も聞きたい。
矢吹　今度暇なときにしてやるよ。さあそろそろ開店だ。

スイッチを入れる。音楽が静かに流れ照明が暗くなる。やがて夜の帳が降りる頃、健がお店にやってくる。

柚香・舞依　いらっしゃいませ。
健　あのお、一人なんですがいいですか。
舞依　どうぞどうぞ。（ボックス席に案内する）
柚香　あんたは向こうに行ってればいいの。（舞依を邪険にして）お飲み物は何にしましょうか。（おしぼりを手渡し）
健　そうだなあ……（メニューを見ながら）ジン・トニックをもらえますか。
柚香　一番テーブル、ジン・トニック一つ。
舞依　一番テーブルっていったって、ボックス席あそこだけしかないのに。ねえマスター。

マスター、笑いながら、ジン・トニックを舞依に渡す。

柚香　舞依、ごちゃごちゃ言ってないで早く持ってきなさい。新入りなんです。気が利かなくて困っちゃうんですよ。

舞依、ふてくされながら持ってくる。

柚香　舞依、そのふてくされた態度なんなの、お客様に失礼でしょ。（トニックを受け取り渡す）本当にすみません。
健　いいじゃないですか。僕、気持ち出す人って好きです。
舞依　ほらごらんなさい。私も気持ち分かる人好き。（舞依、嬉しそうにカウンター席に戻り、ボックス席を見つめる）
柚香　お客さん、横須賀の人かしら、初めてでしょう。
健　はい、僕横須賀なんですが、こういうお店って初めてなんです。なんか高そうで今まで入ったことなかったんです。
柚香　あらそれは大きな勘違いですよ。少なくともこのバー・ガントリーは安い店で有名なんですよ。何でもタダみたい。だからアメリカさんもよく来るんです。じゃんじゃん注文しても安心です。あのヒゲのマスター人が良いからちょっと褒めればホイホイまけちゃうから大丈夫。
舞依　マスター、今の話本当？
矢吹　さあ？（ニヤニヤしながら首をかしげる）
柚香　学生さん？
健　いえ、フリーターです。
柚香　日焼けしてるけど何やってるの？
健　僕サーファーなんです。
舞依　かっこいいなあ（と言いながらちゃっかり健の隣に座る）
柚香　こんな冬でもやるの？（舞依をにらみつけながら）
健　ええ、でも三浦半島は波がよっぽど高くないとだめなんです。だから房総半島や鹿島の方に行ってやることが多いかな。
舞依　外国なんかに行くの？
健　ハワイやバリ島に行きました。
舞依　バリ島！　祭りと踊りの島でしょ。（突然立って踊り出す）最高じゃない、こんな風にね。
健　（笑いながら）行ったことあるんですか。
舞依　勿論……ないわよ。テレビで見たことあるの。真っ青な海がとっても印象的だったわ。（大げさに）
柚香　あんた行ったことないんでしょ。
舞依　そうよ、でもハートで感じたの。
柚香　全く調子いいんだから。
健　今度オーストラリアに行くんです。
柚香　オーストラリアはいいわよね。
舞依　行ったことあるの？
柚香　え、ええ。オ、オリンピックやったじゃない。
健　見に行ったんですか？
柚香　え、ええ。でも私はコアラやカンガルーの方がよかったなあ。
舞依　動物園のオーストラリア館に行ったんじゃないの。
柚香　ちょっとあんた、私に喧嘩売ってるの。（かなり怒って）
舞依　とんでもございません。
柚香　だいたいあんた、私のお客さんに手を出さないでよ。
舞依　誰がそんなこと決めたのよ。
柚香　お黙り！

健　すいません。ジン・トニックもう一杯。
柚香　舞依、注文されたわよ。
舞依　柚香さんが行ったらいいじゃない。さっき私が持ってきたんだから。
健　ああいいです。僕カウンターで飲みますから。（席を立って行く）

矢吹、苦笑しながらトニックを健に渡す。

健　面白い店ですね。
矢吹　そうだね。

柚香と舞依が言い争いをしながら、カウンターにやってくる。そして健の腕を引っ張り強引に連れ戻そうとする。

柚香　ねえ、こっちへ来て飲みましょう。
健　はい。
舞依　ねえ、お客さん名前何て言うの？
健　三崎健です。
柚香・舞依　三崎健！（二人同時にしかも大げさに）
舞依　いい名前だわ。
健　ありがとうございます。

強引にボックス席に連れ戻される。両方から引っ張られるので、こぼしそうになりバランスをくずして舞依の上に重なるように倒れる。そのままで見つめ合う二人。

柚香　ちょっとあんたたちいつまで寝てんのよ。
健　あっ、すみません。（慌てて立ち上がろうとするが押さえて放さない舞依）
柚香　舞依、あんた何考えているのよ。
健　ちょっとすみません。（必死に立ち上がろうとする健に）
舞依　オーストラリアの何処に行くの。
健　ゴールドコーストです。（落ち着かない様子で）
柚香　危ないわ、あんた達。
健　危ないんです。……あそこは鮫がたくさん出るんです。
舞依　私、鮫になりたい。（シャーク、シャークと言いながら足を絡んでくる）
柚香　何やってるの！（舞依の頭を叩く）
健　すみません。（足を振りほどいて立ち上がり席につく）
舞依　健ちゃん。（健の腕にしがみつきながら）
柚香　あんたたち勝手にしなさい。（あきれてカウンター席に腰掛ける）マスター、ジュース。
矢吹　はいジュース。五百円いただきます。（すました顔で）
柚香　もうマスターったら知らない！（と言って一気に飲んでしまう）

ボックス席ではなにやらいい雰囲気で話している。

舞依　健ちゃん、私舞依って言うの。
健　舞依。
舞依　そう舞依。くるくると踊りながら誰かに頼って生きていくんだって。マスターが言ってたわ。私健ちゃんに頼っていこうかな……。フッフッフッ。
健　えっー！

ドアベルが鳴って谷山が登場。矢吹と柚香はっとする。谷山は店内を見回し舞依に気づいて近寄る。矢吹、心配顔になる。

谷山　舞依！
舞依　あっ、何しに来たの。
谷山　何しに来たじゃねえだろうよ。
舞依　何なのよ。
谷山　ふざけんじゃねえよ。あれを返せよ。
舞依　何、あれ私にくれたんじゃないの。
谷山　あげるわけねえだろう。
舞依　あんたあの時私にくれるって言ったじゃないよ。
谷山　そんなこと言った覚えねえよ。
舞依　嘘つき！
谷山　嘘つきはお前だろうが。家出して泊まる所がないっていうから親切にしてやったのに、恩を仇で返しやがって。
舞依　あんたこそいい思いしたくせに何言ってんのよ。
谷山　いいから早く返せよ！
舞依　分かったわよ。こんなもん返してやるわ、フン。（ポケットから時計を出して谷山に放り投げる）
谷山　馬鹿野郎！　落としたら壊れるだろう。
舞依　落として壊れる安物なんだ。
谷山　ちぃ、これはなあ百万もするロレックスなんだぞ。
柚香　ロレックス！　見せて見せて。（近くにやってきてまじまじ眺める）すごいね。
谷山　（どうだと言わんばかりにニヤつきながら）まだローンが残っているけどな。
舞依　（怒った言い方をしながら）もう返したんだから早く帰りなよ。
谷山　うるせえな、俺は酒を飲みてえんだよ。お宝が戻った祝いにな。
舞依　あんたお酒弱いくせに何言ってんのよ。
健　（小さい声で）舞依さんもうやめなよ。
谷山　何だよてめえは！　さっきから舞依の隣でいちゃいちゃしやがって。
舞依　舞依、マイって一度寝たくらいで気安く呼ばないでよ。
谷山　うるせえな、俺はこいつと話してるんだよ。（健に向かって）お前もこいつと寝たのか！
健　何言ってるんですか！
舞依　あんたとは違うわよ。
谷山　だってこいつ好きそうな顔してるじゃねえか。（顔を近づけ

ジロジロ見る)

谷山　てめえやる気か!(いきなり張り手をかます)

健　(立ち上がって)いい加減にしてください!

健は不意を突かれて床に倒れる。健が向かっていこうとするのを舞依が止める。

谷山　てめえ男だろ! 早くかかってこいよ。

舞依　もうやめてよ!

矢吹　(カウンターから出てきて)お客さん、これ以上騒ぐと警察呼びますよ。

谷山　警察だあ! この野郎。二度とこんな店来るもんか!(ポリポリ掻きながら出ていく)

舞依　健ちゃん、怪我なかった?

健　……大丈夫。

舞依　さあ、もう嫌なこと忘れて飲もう!

健　……。

舞依　元気出して。マスター、ジン・トニックもう一杯!

しばらくの間。

健　あの人可哀想だったね。

舞依　いいのよ、あんな人。

柚香　健ちゃんは優しいんだね、はいどうぞ。(グラスとおしぼりを渡し、カウンターに戻っていく)

健　ありがとう。(柚香、振り向いてにっこり笑う)

舞依　ごめんね、私のために嫌な思いさせちゃって。

健　ううん。(力なく微笑む)

静かに音楽が流れている。

第四場—1

開店前、矢吹はピアノを磨いている。杏那が入り口から顔を覗かせ、そっと店内を見回している。矢吹と目が合い軽く会釈する。

杏那　こんにちは。

矢吹　こんにちは。ごめんね、まだ開店前なんだけど……。

杏那　ガントリーの矢吹さんですよね。

矢吹　はいそうですが。(驚きながら)

杏那　良かった。(店の中に入ってくる)

矢吹　(怪訝そうな顔をして)何か用かな?

杏那　私、市橋杏那といいます。

矢吹　……?

杏那　二十年ほど前に私の母がこちらのお店で大変お世話になったと聞いています。

矢吹　市橋さん？
杏那　はい、そうです。
矢吹　ああ、どうぞお掛け下さい。
杏那　ありがとうございます。（ボックス席に腰掛ける）

矢吹、まじまじと杏那の顔を見つめながら、記憶の糸を手繰り寄せようとする。

杏那　母の名前は小百合です。
矢吹　小百合さん……。
杏那　はいそうです。
矢吹　（しばらくして）あの、小百合さんか！
杏那　思い出されました？
矢吹　覚えてますよ。市橋小百合さんですよね。
杏那　はい！
矢吹　ふ～ん。（まじまじと見つめる）
杏那　何ですか？
矢吹　よく似てる。
杏那　そうですか。
矢吹　本当にそっくりだ。
杏那　みんなに言われます。
矢吹　小百合さん、いやお母さん元気ですか？
杏那　それが、（少し言いよどんで）一年前に亡くなりました。（悲しそうに俯く）

矢吹　えっ、だってまだ若かったでしょう。
杏那　はい、四十三歳でした。
矢吹　何でまた……。
杏那　肝臓がんで……。
矢吹　肝臓がん……そうでしたか。（深いため息をつき、目を閉じて感慨にふける）
杏那　母はよくこのお店のことを話していました。母の若い頃のことが知りたくて……それでここを尋ねてきたんです。
矢吹　で、今どちらに住んでいらっしゃるのですか？
杏那　石川県の金沢です。
矢吹　そうですか。いやあよく尋ねてくれました。あなたのお母さんは僕にとって忘れられない人でした。
杏那　もしよかったら、ぜひお話を聞かせてください。

矢吹、席をはずしてコーヒーを入れに行く。

矢吹　コーヒーです。よかったらどうぞ。
杏那　ありがとうございます。（ミルクをたっぷり入れる）

杏那は実においしそうに飲む。矢吹にこにこ見つめている。矢吹に気づきちょっと恥ずかしそうにして。

杏那　何ですか？
矢吹　小百合さんもミルクをたっぷりと入れてあなたのようにお

いしそうに飲んでいました。

杏那　そうですか。

矢吹　やっぱり親子だ。よく似ている。小百合さんも本当においしそうい飲んでいたので、もう一杯どうですかって声をかけてしまうんです。どうですかもう一杯！

杏那　あっ、ありがとうございます。（ちょっと恥ずかしそうにして）

矢吹、コーヒーを入れる。自分の分も。

杏那　矢吹さんは私の父のこともご存じですよね。父の名前はボブです。ボブ・アンダーソン。

矢吹　ええ、もちろんよく知ってますよ。（深く頷き）

杏那　二人はこのお店で出会ったと母がよく言ってましたが、二人の話を聞かせて頂けませんか。

矢吹　（無言で頷く。カウンターの外に出て座る。コーヒーを一口飲む）小百合さんは確か大学の卒論を書くために、この店に取材に来たんだ。何でも「基地の街」をテーマにしているとかで、うちの店に出入りしている女の子とは雰囲気が全然違っていた。若い娘でそんなこと考える娘がいるのかと感心したよ。この店に米兵もたくさん来るし、いろいろな人が出入りするからしばらく通ってみればと言ったんだ。そういえばよくカウンターの片隅で皆の話をにこにこしながら聞いていたなあ。ちょうど今のあなたのように。

矢吹が語っている間に徐々に照明が落ち、やがて矢吹だけがスポットの中に残る。矢吹はこの後過去と現在を自由に行き来するが、スポットの中、椅子に座っている時は現在の場面。過去の場面ではベストを着替える。矢吹が語っている間に杏那は早変わりして二十年前の小百合になる。最後の台詞で振り返ると後方にスポットライトがつき小百合が浮かび上がる。

第四場—2

ドアの音。二十年前の林が回覧板を持って入ってくる。

林　こんばんは、隣の林ですけど回覧板持って来ました。

小百合　あっ、マスター回覧板ですって。

矢吹　ああ、どうもすみません。

林　あのう……。

矢吹　はい？

林　ゴミ置き場の掃除当番、ガントリーさんですよね。

矢吹　はい。

林　飲食店の方は皆さん夜中にゴミ出されるでしょう。だから野良猫やカラスがゴミを漁って、朝にはひどい状態になっているんですよ。九時には収集車が来ますけど、散らかったゴミはそのままなんです。だからなるべく早くお掃除して頂きたいんですけど。

矢吹　申し訳ありませんでした。以後気をつけます。
林　じゃあよろしくお願いします。

林が出ていき、莉梨子と佐々木が入ってくる。

莉梨子　また喧嘩したの。（マスターに）おはようございます。
矢吹　おはよう。
小百合　おはようございます。
莉梨子　マスター、佐々木さんたらまた喧嘩したんだって。（佐々木に）もうやめたら、強くないんだから。
佐々木　うるせえな。マスター、水割り。
莉梨子　あんたもサイパンみたいになりたいの？
佐々木　バカヤロー、冗談じゃないぜ。俺はあんな風にはならないよ。
莉梨子　だって佐々木さん、サイパンにそっくりじゃない。お酒を飲むと妙に強がって調子にのって喧嘩しちゃあ負けてんだから。
佐々木　関係ね～よ。
莉梨子　は～あ。（あきれている）
小百合　（小さな声で）ねえ矢吹さん、サイパンって誰のことですか？
矢吹　彼はサイパン島からの引き揚げ者だってことなんだけど……。
小百合　サイパン島って、確か太平洋戦争の激戦地で日本軍が全滅したところですよね。
矢吹　へえ～、小百合ちゃん知ってるんだ。
小百合　ええ、まあ。
矢吹　サイパンはふだんおとなしいんだけど、酒を飲むと人が変わったように喧嘩早くなって、それが強くもないのに。いつだったか米兵相手に喧嘩してねえ。それで案の定こてんぱんにやられちゃったんだよ。あの時は介抱するのが大変だった。きっとサイパンは米兵にはいろいろと思うところがあったんだろうな。
小百合　その人、本名は何て言うんですか？
矢吹　さあ、そういえば本名って聞いたことないなあ。
莉梨子　本名もどこで暮らしていたか誰も知らないんじゃないかな。「シューシャンボーイ」って言っててね、米兵相手の靴磨き。ブロークンイングリッシュでアメリカ人と会話してたね。風呂なんか入ってないみたいで、側を通っただけで臭うのよね。いつもブツブツ言いながら道具箱を小脇に抱えて、こんな風に酔っぱらったように歩いていてね……。
小百合　へえ、その人に会ってみたいわ。どこに行けば会えるんですか？
莉梨子　さあ天国かな、それとも地獄かな？
小百合　えっ？
莉梨子　死んじゃったのよ。もう何年になるかしら、ねえマスター。
矢吹　うん、亡くなる前には酒ばっかり飲んでいたからね。あれは冬の寒い朝だったなあ。ある店のシャッターにもたれかかるようにして倒れていた。皆で近くのヨゼフ病院に運んだけどその後何日もしないで亡くなった。

小百合　そうですか……。

矢吹　優しい奴だった。

莉梨子　サイパンの冥福を祈ってカンパイ！（佐々木無言でグラスをあおる）そうだ、来週の晩ここでクリスマスパーティをやるんだけど小百合ちゃんもおいでよ。

小百合　えっ、いいんですか？

佐々木　ああ、大歓迎だよ。（大喜びして莉梨子に睨まれ慌てて取り繕うように）ねえマスター。ははは。あれ!?

徐々に暗くなり矢吹ベストを着替えてカウンターの椅子にに座る。スポットライト。

矢吹　小百合さんは店の常連客ともすぐに打ち解けてすっかり人気者になってしまった。でもあの当時普通のお嬢さんはうちのような店に出入りするもんなんていなかった。親には随分反対されたようだ。そして小百合さんがボブと出会った。

第四場―3

矢吹が横を向くと明かりがつく。バーガントリーのクリスマスパーティ。賑やかにバンド演奏や歌声が聞こえている。莉梨子、佐々木、藤田、ボブたちが楽しそうに踊っている。

藤田　じゃあ今度は俺の番ね。本場ニューヨーク仕込みのディスコダンス踊ったろうじゃないの。

珍妙な踊りを始める。皆笑い転げる。

莉梨子　藤田さん、それじゃあまるでにわとりのダンスよ。

藤田　リリーちゃん分かってないなぁ。今日はクリスマスでしょう。ターキーのダンスだよ。ターキー、ホッホッホッ。（調子に乗って踊りまくる）

皆　ターキー、ターキー、ターキー！（はやし立てる）

藤田、踊り疲れてついにダウンする。

藤田　ヘイ、ボブ。交代だ。

莉梨子　待ってました！

ボブが中央に出てカッコよく踊り始める。ドアの音。小百合が入ってきて矢吹に会釈する。他の者は気づかない。小百合は立ったままボブのダンスをじっと見つめている。やがてダンスが終わり、小百合は夢中で拍手を送る。ボブはハッとして小百合を見る。見つめ合う二人。時が止まったようになる。周囲は暗くなりスポットライトの中に二人だけが浮かび上がる。

莉梨子　（元の明かりに戻る）あっ、小百合ちゃんいらっしゃい。
小百合　遅くなってごめんなさい。これ、ケーキ。私が焼いたんですけど、でも……。（テーブルの上を見て）
藤田　ケーキなんていくつあってもいいじゃないの。ごちそうさま〜。（小百合の手から箱を取ってカウンターに持っていく）
莉梨子　へえ、手作りケーキなんてすごいわ。
藤田　（指ですくって一口食べる）うわ〜、ほっぺがおちちゃう〜。
莉梨子　何やってんの！　汚いわね。皆が食べられなくなるでしょう。
藤田　ほら、いつまで小百合ちゃんを立たせておくの、ほらほらそこ空けて。

藤田、小百合をエスコートしてソファーに座らせ自分もその隣に座る。ボブが小百合を見つめているのに気づいて。

藤田　小百合ちゃん、ボブに会うの初めて？
ボブ　ハジメマシテ、ボク、ボブ・アンダーソンデス。ドウゾヨロシク。（手を出して握手する）
小百合　市橋小百合です、よろしく。
藤田　ちょっと、ちょっとぉ、いつまで手を握り合ってんの。
ボブ　ＯＨ！　ゴメンナサイ。（慌てて手を離してそばに腰を下ろす）
小百合　ボブさん、日本語がお上手ですね。
藤田　ボブは日本びいきで、アメリカで日本語習っていたんだって。
小百合　すごい。私なんか中学校の時からもう八年も英語を習っているのに全然話せないんです。
ボブ　ボクガ、エイカイワオシエマショウカ？
小百合　本当ですか？
ボブ　ソノカワリ、ボクニニホンノコト、ニホンノブンカ、ニホンノレキシ、オシエテクダサイ。
藤田　日本のことなら俺が教えてあげるのに。
莉梨子　だめよ、藤田さんじゃ怪しげなことばっかり教えるんじゃないの。
藤田　♪馬鹿にしないでよ〜　そっちのせいよ〜　ちょっと待って　プレイバック　プレイバック　今のことば　プレイバック　プレイバック　チャンチャンチャララ〜！

皆あきれたり、笑ったりしている。ムーディな曲が流れてくる。

ボブ　イッショニ、オドッテクダサイ。
小百合　えっ、私踊れません。
ボブ　ダイジョウブ、ボクガリードシマス。

小百合戸惑いながらもボブと踊り始める。

莉梨子　いいなあ、私にも誰か素敵な人が現れないかなあ。

藤田　ねえ、俺なんかどうよ。
莉梨子　鏡見てから言って。
藤田　鏡よ鏡よ鏡さん、世界で一番美しいのはだ～れ？　ボクですよ～。

皆、大笑い。矢吹もうなづきながら笑っている。いいムードで二人のダンスが続き、皆うっとりしている。突然電話が鳴る。

矢吹　はい、バー・ガントリーです。……あ、はい。はい、お待ち下さい。小百合ちゃん、電話だよ。
小百合　えっ、誰からですか？
矢吹　お母さんから。
小百合　いないって言って頂けませんか。
矢吹　あっごめん。いるって言っちゃった。

小百合、暗い表情で電話に出る。

小百合　もしもし、分かってるわよ。もう子どもじゃないんだから。お母さんくどいわ。自分のことくらい自分で責任持ちます。
(受話器を乱暴に置く)

皆、心配そうに見守る。

小百合　ごめんなさい。(ニコッと笑う。皆もほっとする)
藤田　さあこれで小百合ちゃんも親離れが出来たぞ。小百合ちゃんのために乾杯！
皆　乾杯！

賑やかに演奏が始まる。ボブは心配そうに小百合をいたわる。矢吹だけをスポットに残して徐々に暗くなる。

矢吹　小百合さんは、どぶ板の人たちが本音を出しながら助け合って暮らしている、そんな姿に人が生きていることを実感して、この街に惹かれていったんだ。米軍に対する違和感も最初あったようだけど、ボブの人柄に人間としての魅力を感じたんだろう。二人は真剣に愛を育んでいったんだ。やがて春になり小百合さんは大学を卒業した。(横を向くと明かりがつく)

第四場―4

カウンターに莉梨子と佐々木。ボックス席でボブが人待ち顔。ドアベル、小百合が飛びこんでくる。

小百合　こんにちは、矢吹さん。あっ、莉梨子さんと佐々木さんも、お陰様で卒業出来ました。ありがとうございました。
莉梨子・佐々木　おめでとう！
矢吹　よかったね。

小百合　（振り返って、卒業証書を見せる）ボブ。
ボブ　サユリ、Congrathlations!
小百合　ボブ。（抱き合った後、ボックス席に座る）
ボブ　（封筒を渡しながら）コレハ、シアトルイキノチケット。
小百合　……（じっとチケットを見つめる）
ボブ　シュッパツハ　ニシュウカンゴ、ＯＫ？
小百合　……。
ボブ　サユリ、フタリデ　シアワセニナロウ。
小百合　（小さくうなずく）
莉梨子　じゃあ、皆でお祝いのパーティやりましょうよ。ねえマスター。
矢吹　うん。じゃあ今度の金曜日ここでやるか。
皆　わ～い！　わ～い！（拍手する）

幸せそうに見つめ合うボブと小百合。
賑やかな音楽が流れてきて、そのまま二人の結婚を祝うパーティになる。常連客がブーケや上着などを持って登場し、二人に着せる。クラッカーやチェアホーンが鳴る。

皆　（口々に）おめでとう！（拍手や口笛が鳴る）
藤田　え～、ご静粛に。それでは本日お集まりの皆様方より、お祝いのお言葉を頂きたいと思います。
佐々木　おめでとう！　良かったな、羨ましいぞ。
莉梨子　ボブさん小百合さん、おめでとう！　小百合ちゃん本当に綺麗よ……。勇気があるなあ。親の反対押し切って、家族を捨てて国際結婚しちゃうんだから。愛ひとすじ、泣けるわ。私もこんな情熱的な恋をして見せるからね。
藤田　ボブと俺とはそんなに違わないと思うけどね。ボブの方がちょっと背が高いだけで、顔だってダンスだって俺の方が勝ってるんだけどな。皆そう思わない？

皆、どっと笑う。

矢吹　二人ともおめでとう。末永く幸せになるんだよ。
ボブ　ミナサンアリガトウ。ボクゼッタイシアワセニシマス。
小百合　私たちのためにこんな素敵なお祝いをして下さって感激です。両親は結婚を許してくれなかったけれど、私たちが幸せになることで、いつか分かってくれると思います。どぶ板の皆さんの温かい心は絶対忘れません。矢吹さん、今日この日を迎えることができたのはおじさんのお陰です。本当にありがとうございました。
ボブ　マスター、ココデボクタチハデアイ、アイガウマレマタ。イツカ、カナラズモドッテキテ、シアワエニナッタフタリヲミテクダサイ。フタリノアイノメモリーニ、イニシャル　ホラセテクダサイ。オネガイシマス。

皆一斉に矢吹を見る。矢吹、困った顔で沈黙する。そして無言でうなずく。皆拍手喝采する。ボブはナイフを出して小百合と一緒にカウンターに彫りつける。皆は嬉しそうに見守っている。徐々に照明が落ちて暗転。音楽が流れる。

第四場―5

明かりがつくと現在のバー・ガントリー。いつのまにか柚香と舞依がボックス席に座っていて、うっとりと話を聞いている。

矢吹 私が知っているのはここまでだ。……杏那さんでしたね。
杏那 はい。
矢吹 二人がアメリカに渡ってから、あなたが生まれたのかな？
杏那 はい。でも私アメリカにいた頃のこと何も覚えていないんです。父のことも……。私が二歳の時に母は父と別れて日本に戻ってきたそうです。
矢吹 そうですか。でもよく尋ねてきてくれましたね。
杏那 これが二人で彫ったイニシャルですね。（愛おしそうになぜながら）私、母を恨んだこともありました。どうして私を産んだのかなって。小さい時はよくいじめられたんです。でも、矢吹さんの話を聞いてよく分かりました。二人は本当に愛し合っていたんですね。だから私を産んだんですよね。そのことが分かっただけでもここへ来た甲斐がありました。……ありがとうございました。
矢吹 （無言でうなずく）
杏那 （深々と頭をさげて出ていこうとするが、立ち止まり振り向いて）また来てもいいですか？
矢吹 ああ、いつでもいらっしゃい。

杏那、にっこり笑って出ていく。矢吹、ずっと見送っている。ドアベルがいつまでも響いている。溶暗。

第五場

ボックス席に柚香とジャックが寄り添っている。カウンターの中に舞依、大輔が挨拶しながら入ってくる。

大輔 こんにちは！（柚香の方を気にしながら）あれっ、マスターは？
舞依 何かの会合で遅くなるんだって、（時計を見て）もうすぐ戻ると思うよ。
大輔 ふ～ん、（箱を渡しながら）これ注文の品。（柚香の方を見て）伝票にサインして欲しいんだけどなぁ……。
舞依 （伝票をひったくって）サインくらいできるわよ。
大輔 汚ねえ字。（舞依が怒っているのを無視して）ねえ、柚香さん何かあったの？　あの辺の空気、何かどよ～んとしていない？
舞依 ジャックにプロポーズされたんだって。いいなあ国際結婚なんてカッコイイよね。迷わないでＯＫしちゃえばいいのにね。
大輔 迷ってるんだ……。
舞依 私だったらすぐOKしちゃうのになあ。
大輔 お前は軽すぎるんだよ。
舞依 イーだ。
大輔 （しきりに柚香の方を気にしながら）水割りちょうだい。
舞依 自分の家で飲めばいいでしょう。大体いま仕事中じゃないの。
大輔 仕事はもう終わったの、早く。
舞依 （グラスを置きながら）はい、千円。
大輔 高ぇなあ。あれ、ここに水割り五百円って書いてあるじゃん。
舞依 あんたには特別サービスがつくの。飲むの？　飲まないの？
大輔 ちきしょう、ぼったくりやがって。つりはいらねえよ。（金を出し、グラスをひったくる）
舞依 何よ、五百円じゃない。足りないわよ。ちょっと！

大輔、舞依に構わずグラスを持ってボックス席に行く。

大輔 （ちゃっかり柚香の隣のスツールに座って）柚香ちゃん、こんばんは。
柚香 あっ、いらっしゃい大輔さん。
大輔 この前はありがとうね。御殿場とてもたのしかったね。
柚香 うん。
大輔 今日は柚香ちゃんにお願いがあって来たんだけど……。
柚香 その話、今じゃないとまずいの？
大輔 うん、とっても大事な話。
柚香 じゃああっちへ行って話さない？（カウンターを指す）
ジャック Yuka!why don't you talk to him right here?【何でここで話さないんだ。ここで話せば……】
柚香 OK。ここで話を聞くわ。
大輔 今度「どぶ板ダンスレボリューション」をやることになったじゃない。それで柚香ちゃんの力を貸して欲しいの。
柚香 何をして欲しいの？（あまり気乗りしないで）
大輔 どんなに面白いイベントをやって人を集めたって、そこに魅力的な商品が置いてなかったら、客は離れていっちゃうよね。
柚香 うん。（心ここにあらずといった感じで）
大輔 だからね、消費者にとって魅力ある店づくりをしなけりゃならないんだ。それも一軒や二軒じゃなくて、どぶ板の街全体がね。それで今それぞれの店が特色を出せるように色々案を練っているんだ。京子さん所や林洋服店の和也君とかがね。で、うちの店も思い切って大改造しようと思うんだ。
柚香 ふ〜ん。
大輔 酒屋の方は地下室を作って、そこで営業するんだけど、もっと個性的な品揃えにして、ワインも世界中から取り寄せて、他じゃ手に入らないようものを地下のワインセラーに貯蔵して詳しい解説をつけてね。今までソムリエスクールに通って学んだことを生かして、お客さんにていねいにアドバイスしながら飲んでもらうようにするんだ。

柚香　そうなるほどね。（だんだん乗り気になってきて）私もワインに関してはちょっとうるさいんだ。

大輔　それはラッキーだな。一階をパブにして女の子が気軽に入って来れるような洒落た店にしたいんだ。店の前はテラスにして外でも飲めるようにしてね。それで柚香ちゃんに店の設計からメニューまで全ての部分でアドバイスして欲しいんだ。

柚香　えっ、私にそんなことできるかしら？

大輔　うん、柚香ちゃんいいセンスしてるから絶対出来る。それからもう一つお願いがあるんだ。

柚香　何⁉（目が輝いてくる）

大輔　どぶ板ダンシングチーム作るんだけど、一緒にやらない？もちろん僕たちは主催者側だから賞品はもらえないけど、少しでもイベントを盛り上げるためにね。

柚香　大輔さんて新しいどぶ板の街づくりに夢中なのね。

大輔　だって、客の注文聞いて配達しているだけじゃつまらないだろう。

柚香　いいなあ、夢に向かってまっしぐらなんだ。

大輔　柚香ちゃん、ボクと一緒に夢を実現していってくれないかなあ。

柚香　えっ？

柚香は大輔の真意を図りかねて、大輔を見つめそれから正面を見て考えている。ドアベル。佐々木が入ってくる。舞依は柚香の方を興味深く見つめてる。

佐々木　マスターは？

舞依　いない。（上の空）

佐々木　じゃあいつものやつ。

舞依　勝手に飲んで。

佐々木　ちぇっ。（カウンターの中に入ってきてうろうろする）マドラーはどこだ？

舞依　うるさいわね、今いいところなんだから……。

佐々木　ちぇっ、ろくなもんじゃねえな。（仕方なく指でかき混ぜる）

大輔　柚香ちゃん、俺は君のことが好きだ。（柚香の手を握って）俺と一緒に夢を実現して欲しいんだ。

柚香　大輔さん……。

ジャック　（怒って立ち上がる。大輔を指さして憎々しげに）You! She is my girl friend. Donn't touch!【俺の女に手を出すな】

大輔　黙っていてくださいよ。今、俺は柚香ちゃんと話をしているんだから。

ジャック　You are fool!

大輔　えっ、何？

柚香　……。（困ったように首を振る）

佐々木　（カウンターの中から）お前は馬鹿かだってさ。

大輔 何だよ！ 馬鹿は自分じゃないか。
ジャック Kiss my ass!
大輔 キッス？ 柚香ちゃんとキスしたぐらいでえばるなよ。
柚香 違うわ、大輔さんそういう意味じゃないの。
大輔 えっ、じゃあ何だよ？
佐々木 「キス マイ アス」「アス」って言うのはケツのことだ。俺のケツをなめろ、つまりくだらないこと言うなって言ったんだ。
舞依 へえ、佐々木さんスゴイ！
佐々木 (得意そうに) まあな。
大輔 (ジャックの方を見ないで、吐き捨てるように) 冗談じゃない。あんたのケツなんか臭くてなめられるか。
ジャック You coward Are you afraid of me? 【腰抜け野郎！俺が怖いのか？】
大輔 (立ち上がって) ったく！日本に来たら日本語で話せよ。
ジャック ウルセエンダヨ！

皆、驚く。

柚香 ジャック、あなた日本語が分かるの？
ジャック ボクハショウガッコウマデ オキナワニイタ。ニホンゴ スコシOK。
柚香 私を騙していたのね？
ジャック OH'no! モンダイナイ。ノー プロブレム。
柚香 ひどいわ……。
ジャック ユカ、ゴメンナサイ。ソンナツモリジャナカッタヨ。
柚香 もう……。
ジャック ボクハ、キミヲアイシテル。ケッコンシテホシイ。
大輔 僕も柚香ちゃんのことが好きだ。だからチャンスが欲しい。僕と付き合ってください。(おじぎをしながら右手を出す)
柚香 こんな大事なことすぐ返事できないわ。
ジャック ボクハ、アシタシュッコウスル。ユカノヘンジキカナイト、フネニノレナイ。ユカ、ボクトコイツトドッチエラブ？
柚香 ……私、二人とも好きよ。
ジャック ユカハドチラカヒトリエラバナクテハナラナイ。ボク、アメリカヘカエレバ、コンピューターカイシャニツトメル。アカルイミライガマッテイル。ユカヲカナラズシアワセニスルヨ。
柚香 ……。

ドアベル。健が入ってくる。

健 こんにちは。この間はどうも……。(明るい感じで)
舞依 しっ！
健 何？
舞依 ちょっとまずい状態なの。(ジャックと大輔を指さして)
健 一体どうしたの？
舞依 いいから黙って見てなさい。

健　ふ～ん。じゃあとりあえずビール。（カウンターに座る）
舞依　自分で勝手に飲んで。
健　ええっ!?

佐々木が手招きし、健も仕方なくカウンターの中に入りビールを探し始める。三人、カウンターの内側に並んでボックス席を見守る。

大輔　柚香ちゃん聞いて欲しいんだ。僕はただの酒屋の息子だ。君を幸せにできるかどうかなんて約束できない。愛なんて言葉も今は軽々しく口に出来ない。だってまだお互いに分かり合っていないものね。でも、僕たちが一緒に歩いて行ったら、きっと楽しい人生が送れると思う。これだけは自信があるんだけど、柚香ちゃんと一緒にいたら僕は絶対に幸せになれる。だから僕にチャンスを下さい。
柚香　……。
ジャック　ユカ、エラベナイ。ソレナラボク　コイツトタタカウ。カッタホウガユカヲエラブ。ＯＫ？
大輔　おお、やってやろうじゃないの。柚香ちゃん俺マジだよ。

二人とも立ち上がって構える。

柚香　やめて！　二人とも。

大輔とジャック、一触即発の気配。

柚香　いい加減にして！　座りなさい二人とも。

大輔とジャック、柚香に引っ張られ仕方なく座る。

柚香　二人とも聞いて。私、ジャックも好き、大輔も好き。二人の気持ちとってても嬉しいわ。でも、ジャックごめんなさい。私やっぱりあなたと一緒にアメリカには行けないわ。
ジャック　why?
柚香　私、知らない国で暮らす自信がないの。
ジャック　ソレハシンパイナイ。ボクゼンリョクデユカマモル。
柚香　でも私には飛ぶ勇気がないの。……私のこと諦めて……。ごめんなさい。
ジャック　ユカ、コイツノホウガスキナノ？
柚香　そうよ、私大輔君が好きなの。

皆、どよめく。ジャックはうなだれ、大輔は紅潮して喜びを表す。何故か健もうなだれている。

ジャック　Yuka wish me luck.

ジャック、席を立ち柚香を抱きしめる。柚香も涙を浮かべて。

柚香 ごめんなさい、ジャック！　ジャック大好きよ。
ジャック Yuka, so long……。

ジャック、悲しそうに出ていく。暗転

第六場

ダンスレボリューションの前日。大輔、柚香、舞依、京子、健たちが曲に合わせてダンスの稽古をしている。矢吹、佐々木はカウンターで見ている。皆どぶ板の未来に向けて張り切っている。誰もが明るい表情だ。ドアベル。林が入ってくる。

林 みんな、差し入れ持ってきたわよ。休憩にしない？
大輔 あっ、ありがとう。じゃあみんな休憩にしようか。
柚香 おばさん、差し入れはありがたいけど、また煮っ転がし？
林 違うの今日は……ほら。
柚香 あっ、サンドイッチだ。
大輔 お腹が空いていたんだ。ちょうど良かった、頂きます。

他の人たちも集まってきておいしそうに食べ始める。

林 若い人は活気があっていいね。
矢吹 そうだね。(笑顔で応える)
林 これからは若者たちがこのどぶ板に新しいエネルギーを注いでくれるんだわね。
矢吹 そう、もう俺たちの時代は終わりつつあるってことさ。
林 矢吹さん、ばかに悟った言い方じゃない。
矢吹 そうかあ。(苦笑いしながら)
舞依 健ちゃん、いつオーストラリアに行くの？
健 どぶ板レボリューションが終わったら行こうと思っているんだ。
舞依 へええ……。
健 この街の人たちって、何か活気があるんですよ。
舞依 そうそう、私もそう感じているの、何故かしら。
健 みんな生きてるって感じじゃないですか。
舞依 そうなのよ、実は私家出してここに来たでしょ。なんかどうでもいいって感じの毎日だったから刺激が欲しかったのかもしれない。でも私、ここへ来て自分でも何か出来そうな気がしてきたの。それが何だかまだ分からないけど、私、このどぶ板で当分生きていこうかなって思っているんだ。
健 僕もオーストラリアから帰ってきたら、お金を貯めてここでサーフショップ開けたらいいなあなんて思うようになったんです。夢ですけどね。
大輔 さあ、休憩はこのくらいにしてまたダンスやるよ。何て言ったってうちのグループがトップで踊るんだからね。
舞依 ええっ、一番最初はベースのチームじゃなかったの。
大輔 彼らは最後だよ。ゲストだし上手なんだから。俺たちは前座っていう訳。

みんな　ええっ！

大輔　コンクールに出る訳じゃないんだ。俺たちが主催者なんだから。

舞依　な〜んだ、がっかりしちゃうわ。

大輔　この間言ったじゃないか。

京子　まあとにかくバッチリ決めましょうよ。

ドアベルが鳴って、杏那が店に入ってくる。みんな一斉に杏那を見る。

杏那　こんばんは。わっ、何だか賑やかで楽しそうですね。

矢吹　やあ、金沢に帰ったんじゃなかったの。

杏那　川崎のおじいちゃん、おばあちゃんの所に来たついでに金沢のお土産を皆さんに食べてもらいたいと思って寄ったんです。

舞依　ちょうど良かった。実は明日このどぶ板でダンスレボリューションをやるの。それでみんな張り切って踊っていたところなの。良かったら杏那さんもやりましょうよ。

杏那　ええっ、いいんですか？

京子　ええ、大歓迎よ。林さんところの和也くんがねんざして出られなくなっちゃったからちょうど良かったわ。

林　ああ、お陰で店の方はてんてこまいだったわよ。あら、これ芝舟じゃない、私これ大好きなの。

杏那　どうぞ食べて下さい。

林　ありがとう。ところで大輔さん、結婚式の日取り決まったの？皆だって礼服の準備とかあるでしょう。そうだみんなこの際だから礼服新しくしたら。うちで面倒見るわよ。

柚香　おばさん、私まだ大輔君と一緒になるなんて言ってないよ。

全員　ええええっ！（それぞれ大げさに驚く）

大輔　だって僕のこと好きだって言ったじゃない。

柚香　それは言ったわ。でもすぐ結婚なんて考えてないわ。

健　えっ、やったあ。

舞依　あんた何喜んでいるのよ。

健　うん、いやあ何でもないです。そんなに見つめないで下さい、照れるじゃないですか。

舞依　健ちゃん、もしかしてあんたも柚香さんのこと好きなんじゃないの？

健　へへへ……。

舞依　もう嫌になっちゃうわ。どうして柚香さんばっかり持てるのかしら。マスター水割りちょうだい。

矢吹　二十歳過ぎなきゃお酒はダメ。はいジュース。五百円頂きます。

舞依　もう、マスターったら知らない。来月二十歳になるんだからね。

柚香　舞依、あんた前に二十歳だって言ってたじゃない、ごまかしてたのね。

舞依　エへ。

佐々木　舞依ちゃん、お互いの悲しみを祝してカンパーイしよう。
舞依　えっ、佐々木さんもふられ組？　カンパーイ！
大輔　柚香ちゃん、何だよ。
柚香　大輔君、そんなに慌てなくてもいいじゃない。これから二人でどぶ板の街づくりをしていくんだから。
大輔　それってもしかしたら一緒になるってこと？
柚香　うん、そのうちね。（にっこり笑って）
大輔　わああ、やったあ！

みんなひときわ大きな拍手と歓声。

京子　さあみんなで楽しく踊りましょう。
大輔　よっしゃ、いくぞ！

若者達、元気いっぱいに楽しそうに踊り出す。
決めポーズで音楽消える。照明カットアウト。
エンドロール、どぶ板の街並みが映し出されていく。
エピローグの音楽が重なる。

――終わり――

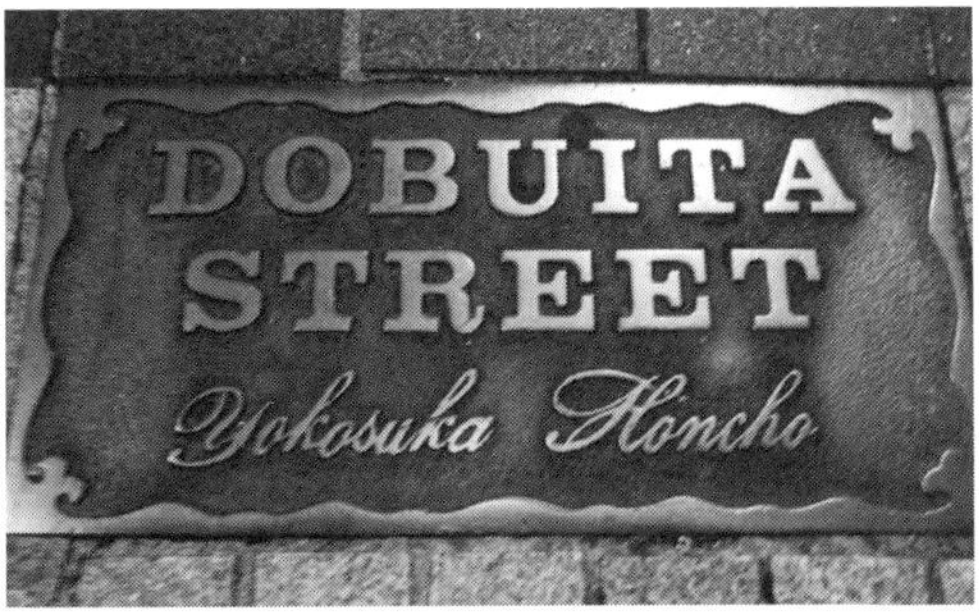

作品のてびき

時代を映し、地域に根ざしたオリジナルな作品づくりをしてきた演劇集団THE素倶楽夢が、初めて基地の街、横須賀をリアルに描こうとした作品です。

この物語は、バー・ガントリーを舞台に米軍基地に依存した商売から脱却して、新しい街づくりを始めようとしている人々の思いや願いを描いたものであり、そこに息づく人々へのオマージュ（敬意や賛辞）でもあります。

物語を書くに当たって、実際にどぶ板に暮らす人々に取材して書き上げました。

特にバーテネシーのオーナー藤原さんの話は興味深く、エピソードをたくさん盛り込ませてもらいました。

芝居の横軸には「時間」があり、現在のどぶ板を描きながら、縦軸にあたる過去と未来をも見つめたストーリー展開になっています。そのために現在と過去とを表す時間の流れと人物の典型を的確に表現するために、衣装・メイク・持ち道具・音響などの工夫とともに、生バンドの演奏も入れました。バーカウンターは出来るだけ本物に近づけたものを作り、椅子やバックバー（ウィスキーやグラスを置く棚）もそれらしい物を用意して雰囲気を出しました。

この物語で語られているように、近くに大型店舗が出来、人通りが少なくなったどぶ板の活性化のために、スーベニア（アメリカ軍の払い下げやそれにちなんだ土産物などを売る店）だけでなく、若者の流行を取り入れた店、地元志向の個性的な店など誰もが気軽に過ごせる街づくりを志向したものでした。

現在の本町商店会（どぶ板）は、この作品で描いた通り、どぶ板バザールを年数回催し、「スカジャン」はじめ「よこすかバーガー」「海軍カレー」など街ぐるみで宣伝し、明るい街に変身したのは嬉しい限りです。

【上演記録】 二〇〇一年二月十日（土）・十一日（日）、横須賀市立青少年会館、演劇集団THE素倶楽夢 第11回公演（三浦半島演劇祭2000参加作品）

花街・安浦○○哀詩

2005年 10月 演劇集団ＴＨＥ素倶楽夢 第15回公演

登場人物

語り（年老いた幸子）
菊絵
内務省警保局長
売春業者
警察署長
千春
幸子
やえ
竜介
辰五郎
佳子
章吾
監視員A
監視員B
リリー
あけみ
男・警察官
客
歌と演奏

1場　進駐軍特殊慰安施設、安浦ハウス誕生

語り手が出て来て掃除など始める。ふと気がついて。

語り　あ、これは気がつかなくって失礼致しました。まあ、よくいらっしゃいました。どうぞおかけください。……そうですか。あちこち回られてね。……さて、どこからお話しすればよいものやら……六十年前？　そう、日本が戦争に負けたのは、今から六十年前の八月十五日でしたね。まあ、私どもはどんなに喜んだことか。何しろそれまでお国のため、天皇陛下のおんためにに我慢にガマンを重ねてきたわけですから。ところが、それからが一騒動でして。何しろこの横須賀に連合軍が上陸してくるって言うじゃないですか。相手は鬼や畜生だと教え込まれていましたからね。女とみれば襲いかかってきて、乱暴されて戦車でひき殺されるって、本気で信じていましたよ。慌ててお嬢様や奥様を疎開させたおうちもありましたよ。それでね、お偉いさん達はとんでもないことを考えたんですよ。進駐軍相手の「特殊慰安施設」を作ろうって。「特殊慰安施設」。要するに進駐軍のための売春宿ですよ。従軍慰安所。皇居前広場に慰安婦つまり政府公認の売春婦達が集められて、内務省のお偉いさんから訓辞が述べられたのは、敗戦からわずか三日後のことだったとか。そしてこの横須賀でも、警察署が中心となって慰安所が作られたのです。お役所と警察が一緒になって、売春ですよ。昔から男の人達の考えることと言ったら、何ともはや。

（文字）一九四五（昭和二十）年八月一八日、内務省警保局長・売春業者代表・日本勧業銀行代表らによる会談

内務省局長　「時あり、命下りて戦後処理の国家的緊急施設の一端として、進駐軍慰安の難事業を課せらる。」お前達は日頃日陰者と呼ばれているが、この難局を打開し、もって我が帝国の一般婦女子の操を守ること、これ国家存亡の任と心得よ。

売春業者　はい。で、いったい私どもに何をしろとおっしゃるんで？

内務省局長　戦勝国である連合軍の軍隊が、まもなく上陸してくるが、そうした将兵が一般婦女子を暴行するのを食い止めるために、彼ら相手の娼妓と施設を用意してもらいたい。それでだ。お前達は、その支配下にある女郎たち全部を提供すること。士官以上に対してはとくに美しい芸者などをあてがうこと。よいな！

売春業者　士官以上にはきれいどころ、ねえ……。

内務省局長　くどいぞ！　業者と暴力団などによる一般女性の拉致・監禁などは黙認する。

売春業者　ええっ！　一般の婦女を拉致・監禁して女郎にしてもかまわないとおっしゃるんで？

内務省局長　もちろんだ。今は国家存亡の危機である、多少の横暴はやむを得まい。

売春業者　局長殿のお墨付きとあれば、私どもも腕によりをかけて美しいおなごを集めましょう。
内務省局長　しっかりやってくれ！
売春業者　承知つかまつりました。しかし……そのためには、やはり必要なのは……お足……資金の方はいかが……？
内務省局長　心配するな。勧業銀行の方で、二四〇〇万円以上は用意してあるとのこと。
売春業者　二四〇〇万！　ハハハ、それだけあれば、任せてくだせえ。

反対側に明かりがつくと慰安婦達がかしこまっている。いささか退屈の体。

（文字）八月二十八日、横須賀警察署内

内務省局長　「時あり、命下りて、戦後処理の国家的緊急施設の一端として、進駐軍慰安の難事業を課せらる。」命重く且つ大なり、同志血盟して信念の命ずる処に従い、昭和のお吉幾千かの人柱の上に、狂瀾怒濤の防波堤を築き……。民族の純血を百年の彼方に護持せんとす……」
警察署長　わかったか？
女達　じぇんじぇん。
千春　お偉いさんの言うことは難しくて分からんわい。
警察署長　要するにだ、進駐軍がやって来たときに、お前らが慰めてやるっちゅうことだ！
幸子　どういう風にじゃ？
警察署長　お前らがいつもやっていることじゃ！
菊絵　あの「鬼畜米英」の、にっくき敵兵とやれっちゅうのか！
警察署長　そうじゃ！
三人　いやじゃ！（騒ぐ）
千春　相手は鬼や畜生だぞ。いくらこんな商売しているからって、そこまであたしら腐っとらん。
幸子・菊絵　そうじゃ。
警察署長　そこをなんとか。お国のためだ。
内務省局長　皇族の姫宮方をはじめ日本全国の良家の女性達の操を守る大事なお役目だ。日本国のために犠牲となったあのお吉の精神だぞ。
菊絵　お吉って誰じゃ？
内務省局長　幕末、日本が開国したときに、アメリカ人公使ハリスの嫁になった、あの下田のお吉じゃ！　知らんのか？
内務省局長　あん？　本当にお前達は学がなさすぎだ！
警察署長　すいません。（自分も知らなかったことを恥じて）
千春　あたしら満足に、学校にも行かせてもらえんと、花街に売られて来てしもうたからのう。
内務省局長　はあ……。お前達相手で疲れたわ。とにかくだ、軍艦も飛行機も失った日本が最後に繰り出した栄誉ある特別挺身隊員、つまり特攻隊がお前達なのだ。
幸子　あたしらが特攻隊？

内務省局長　そうだ、おまえたちは特攻隊だ。
幸子　どこへ突撃するんかいの。
警察署長　進駐軍に決まっとろう。

納得いかない顔の女三人。警察署長と内務省局長、二人で話し始める。

内務省局長　現在のところ、どんな状況だ？
警察署長　横須賀警察は市内の慰安施設を指定したところであります。売春業者は皆、協力的でありまして、皆ケ作《かいがさく》私娼組合・四五軒九十七名と柏木田《かしわぎだ》組合七十名も、従来の営業場所において要求に応じました。幸い横須賀は空襲を受けておりませんので、これらの建物はそのまま使えます。進駐軍側からも、兵の派遣、料金の協定等に協力してもらうよう要請をお願い致します。
内務省局長　了解した。しかし、九十七名と七十名、合わせて一六七名では少なすぎる。
警察署長　他にも横須賀芸子組合から、お抱えの芸子七十一名を接待させる予定です。当初、芸子組合はちゃぶ屋営業を希望しておりましたが、進駐軍幹部連中は平屋遊興を喜ぶんではないかということで、待合茶屋五軒を外人向けに指定して、営業する予定であります。
内務省局長　合計二三八名か。全然足りん。
警察署長　いや、この者達が（千春達を見る）承知してくれれば……。安浦私娼組合は八十八軒、ざっと一九〇名の大所帯ですから、合計四二八名になります。日ノ出町の海軍工員宿舎跡に新しい慰安施設を準備しているところでして、そこに安浦組を出張させれば……。
内務省局長　四二八名ね。進駐軍の規模を考えると四桁はほしいところだな。
警察署長　四桁！　それではいよいよ一般女性を拉致・監禁するか？
内務省局長　いや、それは最後の手段だ。まずは勧誘だ。檄文を作って配ろう。何しろ、国家的大事業だからな。
警察署長　承知しました。すぐに手配いたします。
内務省局長　ところで、つかぬことを尋ねるが、ちゃぶ屋と平屋とどう違うんだ？
警察署長　ちゃぶ屋っていうのは、一応、ちゃぶ台を用意して、お酒、いや、ビアーや肴なんか出して接待するところですが、平屋遊興は、まあ、芸者遊びのまねごとなんかしたあと、やるっちゅうことです。
内務省局長　ほほう、何か楽しそうだな。
警察署長　なんと言っても芸者遊びですからな。粋な気分でちょちょんのちょんと。何でしたら、進駐軍の上陸前に、局長殿が直接視察なさっては、イヒッヒッヒッ。
内務省局長　視察ねぇ、それは必要だ。ちょちょんのちょんと。
千春　あのう、あたしら、もう帰ってもいいかいのう。早う帰って寝たいわ。

警察署長　帰る前に、特攻隊の件は承知してもらえたかいの。
千春　仕方なかろう。あたしらが防波堤になるしかないんじゃろ。
内務省局長　そうだ。偉いぞ。お国のため、平和のためだ。
警察署長　さあ、特攻隊の突撃じゃ！　進駐軍に向かって体当りだ！　はっはっはっ……。

スポットの中に語り手だけ残して溶暗。

語り　日中戦争以来、日本軍がアジア各地で行ってきた性犯罪の恐れが、今度は自分達の国にふりかかってきたというわけです。当局が用意したチラシがこれ……「戦後処理の国家的緊急施設の一端として駐屯軍慰安の大事業に参加する新日本女性の率先協力を求む！　ダンサー及び女事務員募集。年齢十八歳以上二五歳まで」……このチラシがまさか「進駐軍相手の売春婦大募集」だとは思いもよらず、女性達が大勢応募してきたのです。こうして、千三百六十人の女性を集め、国家的大事業として、日ノ出町の進駐軍特殊慰安施設「安浦ハウス」はスタートしたのであります。

（文字）　一九四五（昭和二十）年十月　安浦ハウス

プロジェクターに当時の写真が映し出される。

♪ジャパン横須賀ワンダフル　ビアもガールもベリナイス
チェリー咲いてるあの丘に　スイートホームをつくりたい
ああ　タマラン　タマラン♪

監視員A　ヘイユー、ウエイトウエイト ジャストモメント　おりゃあ、焦らんとちゃんと並べ！
監視員B　ちい、アメ公の奴らしょうがねえなあ。
監視員A　そんなこと言ったってしょうがねえじゃねえか。日本は戦争に負けたんだからな。
監視員B　そんなこと分かってらあ。したってよう、日本のおなごが毛唐に抱かれるなんて許せねえ！
監視員A　お前、アメ公だ、毛唐だって、差別言葉遣ったらしょっ引かれるぞ。今や日本は民主国家なんだからな。
監視員B　政府の肝いりで占領軍におなごをあてがって何が民主国家だい！　日本の軍隊が中国や朝鮮でやってきたことと同じじゃねえか。
監視員A　いや違うぞ！　日本の軍隊の慰安所は、朝鮮人や中国人、時には捕虜のオランダ人まで無理矢理慰安婦にしたってことだろ。
監視員B　じゃあ、日本の方がよっぽど悪いじゃねえか。
監視員A　まあ、そういうことだな。
監視員B　しかしよお、アメ公の奴らに性病を移された娼婦が、大勢いるっていう話じゃねえか。
監視員A　そのことで、アメリカ本国で問題になっているらしく、政府が極秘に横須賀の保健所や警察に実態を調べさせているってことらしいぞ。
監視員B　まあ、本当にたまらん話じゃ。
♪ジャパン横須賀ワンダフル　ビアもガールもベリナイス
チェリー咲いてるあの丘に　スイートホームをつくりたい
ああ　タマラン　タマラン♪

二場　安浦銘酒屋「たちばな」

（文字）一九四五（昭和二十）年十二月　安浦銘酒屋「たちばな」

千春、幸子・菊絵の三人が歌いながら歩いてくる。

♪赤いリンゴに唇寄せて　黙って見ている青い空
リンゴは何にも言わないけれど
リンゴの気持ちはよくわかる
リンゴ可愛いや、可愛いやリンゴ

三人　お母さん、ただいま。
やえ　お帰り。お疲れ、お疲れ。さあ晩ご飯をお食べ。（ふかしイモを持ってくる）
三人　いただきます。
幸子　安浦ハウスはお金になるけど、体がきついわ。
千春　何しろ、すごい行列だもの。やってもやっても終わらない。
幸子　本当。それに米兵って、しつこくて。
千春　あら、それはあたしらを喜ばそうって、一所懸命なのよ。
幸子　あたし、やっぱり外人さんは好きになれないわ。
千春　そおう？　あたしは栄養失調の痩せた日本人に抱かれるより、筋骨逞しい外人さんに抱かれる方がいいわ。
幸子　外人さんは、肉ばかり喰っちょるから、からだが臭くて、たまんない。
千春　臭くとも構わん。あれがえろうでっかいからいいんじゃ。
幸子　しょうもないおなごだこと。あんた何にもわかってないね。男はね、大きさじゃないのよ。
千春　じゃあ何なのよ。
幸子　男はね、ハートよ。
千春　キャハハ、ハートだってさ、笑ちゃうね。ギャハハハ、生娘じゃあるまいし……ハハハ。
幸子　どうせ、千春なんかオンリーになれる訳ないんだから。
千春　今に見てなさい！
幸子　無理無理！
千春　いーだ！
やえ　ほら喧嘩してないで早くお食べ。明日は検査の日だから、早起きして共済病院に行くんだよ。
千春　検査、検査。
幸子　（食器を運びながら）ほらほら梅毒、淋病のお通りだい！
菊絵　あたし検査、大嫌い。

やえ　検査が好きな人なんていないよ。自分の体を守るためだから仕方がない。
幸子　あたし達の体じゃなくて、米兵を性病から守るためでしょ。
やえ　両方だよ。
菊絵　お母さん、安浦ハウスが閉鎖になるって噂、本当かな？
やえ　さあね。
菊絵　ハウスの前で兵隊が大勢行列している写真が、アメリカで問題になってるって、マイケルが話してたわ。
やえ　ハウスが閉鎖になったら、ここで商売するだけだよ。今だって、ここにまで押しかけてくる米兵はたくさんいるんだから。
千春　でも料金を値切ったり、踏み倒したり、悪いのが多いってよ。
やえ　米兵がどんなに悪さをしたって、今の日本人は誰も何もできやしない。戦争に負けたんだから仕方がないよ。
幸子　お前達が性の防波堤になるんだって、おだてられて、ハウス通って、一所懸命サービスしてるのに、暴行事件は増える一方だって言うじゃない。何のためにあたしらが苦労してるんだか。
千春　だから早くいい人見つけて、オンリーさんになるんだ。そうだ菊絵ちゃん、マイケルから、オンリーさんになってくれってくどかれてるんでしょ。嫌ならあたしが代わってあげようか。
菊絵　フフ……（黙って笑ってる）
幸子　あんたは、誰でも抱かれていればいいんでしょ。
千春　失礼ね、私だって選ぶ権利があるわ。
幸子　権利ときたかい、ずいぶん洒落た言葉知ってるのね。
千春　バカにしないでよ。権利って言葉くらい私だって知ってるよーだ。
幸子　どうせ寝物語に誰かに聞かされたのでしょうよ。
千春　幸子のいじわる！
やえ　さあさあ、みんな早く寝なさい。
千春　あーあ、誰かステキな人現れんかなあ。

そこへ、男の声。

辰五郎　千春！　千春はいるか。
幸子　ほら、ステキな人が現れたよ。
千春　いやだ。いないって言って。（袖に隠れる）
辰五郎　千春！　今日はしこたま稼いできたから、嫌っていうほど抱いてやるぞ！
やえ　そりゃおめでとうさんです。
辰五郎　千春はどこへ行ったんじゃ？
やえ　今日はもう店じまいですよ。
辰五郎　何をしけたことを言っとるんじゃ。今日の玉代はいつもの倍はずむぞ。
やえ　まあ、景気のいいことで。
辰五郎　早う呼ばんか！

やえ　そう、ぎゃあぎゃあ、怒鳴らんで。（袖に引っ込む）
辰五郎　おう、幸子に菊絵。お前達にも小遣いじゃ。
幸・菊　ありがとう。
辰五郎　そんで、千春を早う呼んでこい！　ばばあじゃ、役に立たん。
やえ　（袖から顔を出して）何だって！
辰五郎　ちっ、地獄耳だな。
幸・菊　（笑いながら）はーい。今呼んできますから。（二人、袖に向かう）
辰五郎　ちっと待て。呼ばんでいい。幸子、こっちへ来い。
幸子　何ですか。
辰五郎　もう我慢ができんわい！（幸子を押し倒す）
幸子　辰五郎さん、何すんの！
辰五郎　いいじゃねえか。
幸子　だって、千春ちゃんが来るじゃない。
辰五郎　いいから、いいから。（裾をまさぐる）
幸子　もう～……。

千春、ぐずぐず言いながらやってくるが、二人の行為に気づいて。

千春　何してんのよ!!　この泥棒ネコ！　人の客を取るんじゃないよ！
幸子　だって、辰五郎さんがいきなり……
千春　言い訳してんじゃないわよ。あっちへお行き！　しっ、しっ！（辰五郎に向かって）何よ辰五郎さん、こんなに遅くに。
辰五郎　賭場でえろう稼がせてもらったんじゃい。
千春　そりゃ良かったこと。
辰五　千春、今夜は寝かさんぞ。さあこい。

強引に倒す。

千春　そんなに慌ててもう嫌だわ。
辰五郎　ええじゃないか。
千春　物事には順序ってものがあるのよ。
辰五郎　何を生娘みたいなこと言ってるんだ。
千春　辰五郎さんは乱暴なんだから。
辰五郎　うるせえ奴だ。ほら、早くしろ！
千春　やめて！

そこへやえが酒を持って入ってくる。

やえ　おなごを泣かしたらいかんよ。
辰五郎　何だ、うるさいばばだな。
やえ　ばばあで悪かったね。
辰五郎　そうだ、お前さんもちとやらんかい。
やえ　まあ、急な変わりようで。そいじゃ、ごちそうになりましょうかね。（ぐっと飲みほす）

辰五郎　ほう、すげえ飲みっぷりだ。今日こそ、千春にはいい返事もらわんとな。
やえ　何のことですかねえ。
辰五郎　前から言ってるじゃろうが。
やえ　ああ、あの話ですかい。
辰五郎　そうさ、悪いようにはしないからな。それに千春がアメ公に抱かれているのかと思うと、わしゃ腹ワタが煮えくりかえるんじゃ。
やえ　お前さんとは無理じゃ。
辰五郎　何でだあ。
やえ　ヤクザもんとは一緒にできんわ。
辰五郎　何を！
やえ　そりゃあ、千春だって水商売のおなごじゃが、もし嫁ぐなら堅気さんとこじゃなきゃだめじゃ。
辰五郎　ヤクザもんじゃいかんんか。
やえ　ああ、だめだね。
辰五郎　なしてじゃ。
やえ　千春にこれ以上苦労させたくないんじゃ。
辰五郎　何立派なことぬかして。
やえ　あんたも兵隊にとられて、せっかく拾ってきた命じゃないか。やくざなんかやめて、もっとましな仕事についたらどうだい。
辰五郎　ふん、よけいなお世話じゃ。まともな仕事が転がってたら、苦労しねえよ。
やえ　とにかくうちのお女郎は年期、はいっとるんじゃからな。
辰五郎　いくらならいいんじゃ。
やえ　まあ、お前さんの稼ぎじゃ払えんよ。
辰五郎　やかましい。いくら払えば身請けできるんじゃい。
やえ　このご時世じゃからな、百万円じゃい。
辰五郎　百万円だと！
やえ　どうじゃ、払えるか！
辰五郎　ふざけんな！　そんな金あったら家が建つわい。
やえ　そうさ、女郎の足抜きにゃあ金がかかるんじゃい。
辰五郎　ちきしょうめ。
やえ　悔しかったら金積むことじゃ。
辰五郎　うるせえ！
やえ　それに、千春はお前のことなんかちいともスイとらんわ。
辰五郎　なんだと！　このばばあ抜かしたな！（やえに殴りかかる）
千春　辰五郎さん、やめて！
辰五郎　うるせえ、このばばあ、なめやがって！（やえの襟首つかんで引きずり回す）
千春　暴力ふるう男なんか最低よ！
辰五郎　このばばあが腹立つことというからじゃねえか！
千春　あんたなんか大嫌い！（辰五郎、一瞬凍り付く）
辰五郎　この野郎！（二人に殴りかかる。そこに幸子と菊が止めに入る）
千春　やめて！
辰五郎　てめえら女郎のくせにふざけんじゃねえや！こんな店二

度と来るか！（悪態ついて出て行く）

皆　お母さん、大丈夫？

やえ　ああ、大丈夫。やくざもんが怖くて安浦で生きていけるかってんだ。みんなは大丈夫かい？

皆　ええ。

菊絵　千春姉さん、痛かったでしょう。

千春　私は大丈夫。それより、お母さん、私のことですんませんでした。

やえ　何言ってるの。あの人はあれ位言わなきゃ分からんのよ。

幸子　どうして男はすぐ暴力をふるうんだろね。

千春　あの人だってそんなに悪い人じゃないのよ。

幸子　あんた、惚れてるの？

千春　そんなことないけど、寂しがりやなのよ。

幸子　やっぱり惚れてるんだ。

千春　違うったら！

幸子　ムキになるとこが怪しいな。

菊絵　お母さん。

やえ　なんだい。

菊絵　さっき、千春姉さんの年期、百万円って言ってたけど本当なの？

やえ　あっはっはっ……。（大笑いする）

菊絵　何がおかしいのよ。

やえ　そんなにあるわけないさ。

菊絵　じゃあ、あとどの位残っているの？

やえ　みんなよーく働いてくれたからねえ。

菊絵　じゃあ、もう年季奉公しないで済むの？

やえ　そんなこともないけど、どうせ、進駐軍のオンリーさんになったら、ただで持ってかれちまうんだからねぇ。オンリーになるんなら、それでもいいよ。

菊絵　……。（考え込む）

千春　あ、菊絵ちゃん、もしかしてあの人のことが忘れられないんじゃないの？

幸子　将来を誓い合ったっていう……。

千春　そう。

千春・幸子　竜介さん！

菊絵、遠くを見る。

菊絵　竜さん……。

菊絵だけ残して暗くなる。音楽。

（文字）一九四二（昭和十七）年秋・安浦銘酒屋「たちばな」

三味線、軍歌が聞こえてくる。行き交う人々。

菊絵　ねえ、お兄さん遊んでいかない。（声をかけるがなかなか客がつかない）しょうがないねえ、こんなご時世だからね。

若い男、何となくおどおどしながら通り過ぎ、またやってくる。

菊絵　心配しないでついておいで。（竜介の手を取る）
竜介　（黙ってうなずく）
菊絵　こういうとこ初めてかい。
竜介　……。
菊絵　お兄さん、遊んでいきなよ。

男、黙ってついていく。女郎部屋。

菊絵　お母さん、お酒二本持ってきて。何だい、そんな所にいないでもっとこっちへ来なさいな。
竜介　（恥ずかしそうに近づく）
菊絵　女とやるのは初めてかい。
竜介　（恥ずかしそうにうなずく）
菊絵　童貞の男は好きだわ。まあ、心配しないで私にからだ預けりゃいいんだよ。
やえ　はいよ。お銚子もってきましたよ。
菊絵　ありがとう。この男ん人、おなごと寝るのは初めてだって、可愛いもんじゃね。
やえ　まあ、ほんまかいな、私がごちそうになりたいわ。私だったらただでええからさ。（男を見ながら笑いながら去って行く）

菊絵　さあ、兄さん一杯飲みなさい。
竜介　ありがとう。

菊、続けてお酌をする。男、慌ててこぼしたりする。

菊絵　あっはっはっ。兄さん、ほんとにいい人だね。
竜介　はい。
菊絵　兄さんって言うのも変だねぇ。兄さんの名前は？
竜介　俺は、竜介っていいます。
菊絵　竜介、いい名じゃねえ。
竜介　ありがとう。俺、安浦で漁師をしてるんです。
菊絵　どうりでさっきから魚臭いと思った。（笑う）
竜介　魚臭いですか？（自分のからだの臭いを嗅ぐ）
菊絵　ごめんなさい。うそよ。
竜介　本当ですか。
菊絵　心配しないで、私の家も漁師だったんよ。
竜介　本当ですか！
菊絵　うちは、福島の磐城《いわき》の出身。（菊、故郷を思い出すように遠くを見つめる）
竜介　磐城ですか。
菊絵　知ってんの。
竜介　磐城はいいです。
菊絵　何がええの？
竜介　そりゃあ、もちろんええ魚がいっぱい捕れるところです。

菊絵　いったことあるの？
竜介　いやあ、ないです。でも、漁師でその名知らない人はいないですよ。
菊絵　そう、嬉しいわ。
竜介　ところで、あなたのお名前は？
菊絵　私は、菊絵。菊って呼んで。
竜介　(竜介、じっと菊を見ている)
菊絵　何よ、じっとこっちを見て恥ずかしいわ。
竜介　あっ、ごめんなさい。菊さんがあんまりきれいだから。
菊絵　まあ、嬉しい。
竜介　俺も、漁師仲間からは、竜って言われてるんだ。
菊絵　竜さん。男らしくてかっこいいわ。今夜はお前さんを男にシテあげるからね。

音楽・溶暗
数日後。
暗い中で呼ぶ声がする。

竜介　菊さん。

明かりがつく。

菊絵　なあに。
竜介　俺に赤紙がきたんじゃ……。
菊絵　ええっ？
竜介　菊さんと会った初めての夜。実は入隊する前に「男になってこい！」とおとうに言われてここにきたんじゃ。
菊絵　そうだったの。
竜介　こんな話するのも変じゃが、俺は、あんたが好きになってしまった。いや、初めての女だからって訳じゃない。
菊絵　………。
竜介　俺は、あさって軍隊に行く。お国のためだ。でも、もし帰って来れたら、菊さん、俺の嫁になってくれ！
菊絵　………。
竜介　どうして黙ってるんじゃ。
菊絵　あっはっはっはっ……。
竜介　何がおかしいんだ。
菊絵　竜さん、あんた、頭変よ。
竜介　何でだ。
菊絵　だって、私は女郎よ。
竜介　そんなこと知ってるさ。
菊絵　女郎はお客を好きになってはいけないのさ。
竜介　菊さんは俺が嫌いか？
菊絵　好きも嫌いもありやしないよ。
竜介　じゃあ、菊さん、あんた、このままこんなことやり続けるんかい！
菊絵　仕方ないじゃろう。
竜介　自分の人生それでいいのか。

菊絵　いいも悪いもどうしょうもないじゃないか。
竜介　そんなことないさ。俺だって、もし戻って来れたらこの安浦で漁師続ける。今は、海軍の厳しい規則でこの辺りで魚を捕ることなかなかできんが、俺はここで産まれてこの海で育ったんじゃ。漁師の誇りを持ってる。
菊絵　いいねえ。うちのとうちゃんも昔は立派な漁師だった。磐城一の漁師だって評判だった。だけど博打に手を出して船取られ、やけになって酒と女におぼれ、かあちゃんに意見されると逆上して、かあちゃんを殴る蹴る始末。結局、かあちゃんは逃げだして、残った姉弟《きょうだい》のために私が二百円で売られたということさ。
竜介　それで、今、磐城じゃどうしてるの？
菊絵　弟は十歳、養子にもらわれってった。妹は十三歳、おとうの面倒みてるという話だが、そのうち私と同じ運命にならなきゃいいんだけど……。
竜介　（深く悲しいため息をつく）運命だなんて、そんなのあるわけないって。
菊絵　あっはっはっ。じゃあ、今の私はなんなのさ。
竜介　そりゃあ、何とも……。
菊絵　こういうのを運命って言うのさ。
竜介　だけど、人は心を持ってる。
菊絵　心？
竜介　そうだ！　志だ。あきらめないで自分の力で変えていこうとする心だ。
菊絵　竜さん、あんた、兵隊にいきたいの？
竜介　行きたいも何も、男子の勤めじゃから。
菊絵　兵隊に行くのを、運命とあきらめんで変えられるんかい。
竜介　それは……。
菊絵　国が決めたことは、しょうがないか。じゃあ、あたしと同じじゃないか。
竜介　それは……違う。
菊絵　どこが違う。あたしだって好き好んでこんな道入ったんじゃないわ！
竜介　ごめん。だから、俺は菊さんがこんなことやってるのが耐えられんのじゃ。
菊絵　仕方がないっさ。何といったらいいんかね。
竜介　もう一度言うけれど、もし俺が戻ってきたら俺の嫁になってくれ。
菊絵　男はどうして、そんな夢みたいなこと考えるのかねえ。
竜介　夢でも見なきゃ生きていけんからな。
菊絵　死にに行く人に花を持たせるのがおなごの仕事なら、夢をもたせてあげようかい。
竜介　菊さん、ありがとう！
菊絵　何だか分からんけど夢を持つっていいことかもしれんね。
竜介　そうさ、人間夢持ってれば、苦しいことも我慢出来るさ。
菊絵　苦しいことも我慢できる……か。

二人、顔を合わせて笑う。

溶暗

明かりがつくともとの「たちばな」

千春　竜介さんからは、連絡があったの？

菊絵　戦地から葉書が一枚、来ただけ。

幸子　生きているのかねぇ。

菊絵　さあ……。

やえ　お女郎に本気で恋をするなんて。（笑う）

菊絵　夢を見させてもらったのさ。お母さん、あたしマイケルと暮らしてもいいかしら。

やえ　いいも悪いもないさ。米兵がそうしたいって言ったら、こっちは断れるわけがないだろう。

千春　よかったじゃない。菊絵ちゃん。晴れてオンリーさんになれるのね。

菊絵　今度はマイケルに夢を見させてもらおうかな。

千春　ああ、あたしも絶対オンリーさんになって見せる。

幸子　まだ言ってる。無理無理！　百万円賭けてもいい。

千春　幸子の意地悪！

皆の笑い声。

暗転。音楽

三場　竜介の復員

（文字）一九四六（昭和二十一）年五月　浦賀港

プロジェクターで、当時の写真が映し出される。「岸壁の母」の歌が流れ、靄の中、船の上で手すりにつかまって手を振ったり、うごめいたりしている復員兵の姿が見えてくる。

語り　外地からの引揚船といえば、「岸壁の母」で有名な舞鶴港の名前を思い浮かべる方が多いでしょう。しかし、この横須賀の浦賀港も、全国で二番目の引揚船の港でした。一九四五年十月、病院船氷川丸が最初の引き揚げ者を載せて入港してから、四七年三月、最後の船が入港するまで、実に五六四、六二四人の引き揚げ者が中国や南方から、この浦賀港にたどり着いたのです。ところが、せっかく港まで着いたのに、上陸を禁止されるという事態が起きました。それは、四六年三月末のことでした。中国広州からの引揚船の中でコレラが発生したのです。コレラは恐ろしい伝染病で、発病したとたん手の施しようもなくばたばたと死んでいきます。「一日も早く陸上へ。」という復員兵の悲痛な叫びもむなしく、潜伏期間が過ぎる迄、数週間もの間、船の中に閉じこめられたのです。浦賀沖に停泊を命じられた船は二十四隻、八万九千人。コレラによる死者は五六〇人。夢にまで見た懐かしい故国を目の前にして、栄養失調と暑さのため船内で次々と亡くなっていった人々の無念さはいかばかりであったことか。さて、そうした混乱の中、竜介が氷川丸に乗って浦賀港にたどり着いたのは一九四六年五月も半ばのことでした。マラリヤに冒され、高熱に苦しみながら、ようやくたどり着いた港に身寄りはなく、待っていたのは我が子を待ち続ける誰とは知れぬ「岸壁の母」でした。

暗転。音楽

（文字）一九四六（昭和二十一）年六月　どぶ板通り

ジャズが流れて来る。闇市とパンパンでごった返すどぶ板の街。喧噪と歌と踊りと怒鳴り声。竜介が道の真ん中で、米兵と若い女の二人連れにぶつかる。突然喧嘩が始まる。乱闘になるが米兵にうちのめされ、放り出される竜介。

竜介　チクショウ！　天下の公道をまっすぐ歩いて何が悪いんだ！　ったく、どいつもこいつも敵にぺこぺこしやがって。

辰五郎　兄さん、威勢がええやないか。

竜介　ふん。お前も道の隅っこをビクビクしながら、小さくなって歩いている日本人か。

辰五郎　小ちゃなってはないがな。まあ正々堂々と勝負を挑んでも、悔しいことにアメ公にゃ勝てへんわ。あいつらは食ってるもんが違う。血の滴るビフテキだぜ。こんなでっかいやつ。俺達が芋も食えずに腹すかしている時によ。まあ、大変なやつら相手に戦争、おっ始めたもんだ。運良くパンチの一発や二発お見舞いしたところで、ズドンと一発、鉄の玉くらってあの世行きだ。ホンマ兄さん、撃たれなかっただけついてるわ。

竜介　ふん。別に命が惜しいとは思わないさ。どうせ戦場で捨て損なった命だ。

辰五郎　（タバコを差し出しながら）どや。（マッチを擦って火をつける）兄さん、どこに行ってたんや。

竜介　フィリピンからボルネオに送られて、まあ、あちこちさ。

辰五郎　そうかご苦労なこった。俺は千葉の練兵場で訓練を受けている間に終戦になったんや。どうやら沖縄に送られることになっとったらしいんだが、もう輸送船もなかったんだろうよ。おかげで命拾いをしたわ。

竜介　マニラじゃ、日本兵の腕にぶら下がって歩いている女は一人もいなかった。女達はスカートの下にピストルをひそませて日本兵を狙っていたんだ。あの当時はあいつらを憎んでいたが、今になってみると彼女達の志の高さにうたれるよ。何だって、日本の女どもは、敵に尻尾を振るほど堕落しちまったんだ。

辰五郎　しょうがないわ。戦争に負けちまったんだから。蒲田でよ、娘っこがアメ公に強姦されとった。それを助けようとして、町内会のおやじ達がアメ公を殴りつけたんや。そしたらそのおやじ達、軍事裁判にかけられて、終身重労働の刑だぜ。まったく、正義もへったくれもあらへん。こんな事件は五万とあらあ。ひとつも新聞には載らんけどな。今じゃあパンパンも、戦争に負けた弱い日本の男なんか相手にしたくないわと、きたもんだ。くそったれ。

竜介　南の島のジャングルの中で、俺達は誰と戦っていたと思う？　補給路は断たれて、食べ物も薬もない。撃ち返そうにも弾もない。連合軍のすさまじい攻撃の中、ただ逃げまわるだけさ。軍人は国のために朽ち果てろと教え込まれていたからな、捕虜になって生き恥をさらすなんてとんでもねえ。で自決して……。俺達が戦っていたのは飢えと病気さ。何が「一億玉砕」だ。そういう命令をくだした奴はぬくぬくと生きてるじゃないか。死んで行った奴らは、なぜ死ななきゃいけなかったんだ。誰のためにあの島で朽ち果てたんだ！　お国のために死んだじゃない。国に殺されたんだ。

辰五郎　まったくよ、その通りや。そやけど、復讐するんなら、もっとうまいことやらなあかんわ。どや、一緒に進駐軍に一泡ふかせてやらへんか。

竜介　お前、何て名だ。

辰五郎　辰五郎。

竜介　俺は竜介。

辰五郎　命がけだぜ。ヘマすると、ズドン！　あの世行き。

竜介　一体、何をやろうって言うんだ。

辰五郎　耳貸せ。（ひそひそ話）

溶暗

突然、激しい銃声。怒声や笛の音。

辰五郎（声）　竜！　こっちや。

辰五郎と竜介が走り出て来る。手に袋を抱えている。

辰五郎　（ハアハアしながら）ここまでくればもう大丈夫。

竜介　（荒い息で）ハハハ、大収穫だ。

辰五郎　せやけど、警備もますます厳しなってるから、ここらが潮時やな。

竜介　倉庫番に金を握らせればいいさ。米軍物資の横流しなんて、ちょろいもんさ。

辰五郎達、走り去る。

音楽。どぶ板通り。街娼婦達が飛び出して来て、踊ったりして騒いでいる。

竜介　この街も随分変わったな。

辰五郎　安浦ハウスがアメリカ本国の命令で取り潰されてから、安浦や皆ヶ作の女郎たちはもちろん、日本国中のパン助が、このどぶ板に集まって来とる。よう、姉ちゃん、今夜は俺と勝負せんか。

リリー　あたし達は安くないよ。

辰五郎　まかしとけ、金ならいくらだってあるさ。

あけみ　アメリカンの方がいいよ。

辰五郎　何がいいんじゃ。

あけみ　金もあるし、優しいし、セックスだって最高だよ！
辰五郎　何をぬかしているんか、俺達は大和魂でバッチリよ。
リリー　フン、日本はそれで戦争負けたんじゃないか。
あけみ　お陰で私たちが尻ぬぐいさ。
辰五郎　ホンマや、文字通り尻ぬぐいや。笑わすぜ。
リリー　全く下品な男だよ。
辰五郎　パン助のくせに大した口聞くやねえか。
リリー　好きでこんな商売やってるんじゃないよ。いったい誰のせいでこうなったと思ってるんだ！
あけみ　パンパンだって、心は売っちゃいないからね。
辰五郎　公衆便所がよく言うよ。
二人　最低！
辰五郎　ふん、パンパンなんか相手にしてへんで、安浦にでも繰り出すか。

そこに突然、男が寄って来る。

男　竜さんに辰さんかい。
竜介　そうだが。お前、誰だ？
男　元帝国軍人が、アメリカのブツの横流しで儲けて、恥じを知れ。ハイエナ野郎！　死ね！

男、匕首《あいくち》を振り回す。乱闘になる。竜、うずくまる。男、逃げる。

辰五郎　この野郎、待たんかい！
竜介　辰、ほっとけ！
辰五郎　竜！
竜介　大丈夫だ。かすっただけだ。

暗転

四場　竜、「たちばな」へ行く

♪星の流れに　身を占って　何処をねぐらの　今日の宿
荒む心でいるのじゃないが　泣けて涙も　枯れ果てた
こんな女に誰がした

竜介、辰五郎の肩を借りて歩いてくる。

辰五郎　おーい、千春！
千春　はい？　あっ、辰五郎さん！　まあ珍しい。
辰五郎　けがしたんや。ちょっと休ましてくれ。（竜介に）なじみの店なんだ。

竜介、顔をあげてはっとする。

千春　おあがんなさいよ。お母さん！（袖に消える）
竜介　ここは。
辰五郎　たちばなって女郎屋だ。
竜介　……。（懐かしそうに見る）

やえ、薬箱を持って、続いて千春と幸子が出て来る。

やえ　あら、いらっしゃい。珍しいお客だね。何、怪我したんだって。やくざの出入りかい？
辰五郎　そんなんじゃねえやい。いきなりブスリとやりやがって。
やえ　色々恨みを買ってるんだろうよ。医者に診せなくていいのかい？
竜介　いや、かすり傷ですよ。
やえ　どれ、見せてごらん。脇腹をかすったんだね。気をつけないとね、みんな敗戦のショックやら食糧難やらでイライラしとるからね。さあ、これでよしと。少し休んで行くといいよ。それとも、うちで遊んでいくかい。
辰五郎　おう、千春。久しぶりに可愛がってやるよ。
千春　あんまり気がすすまないんだけどなぁ。
辰五郎　女郎のくせに生意気言うんじゃないよ。いいから来いよ。（手をひっぱっていく）
千春　もう、相変わらず乱暴なんだから。（引っ張られて袖に消える）
やえ　お兄さんは、どうするね？
幸子　あんさん、もしかして、（記憶の糸をたぐるように）りゅう……、竜介さん？
竜介　はい。
やえ　竜介さんて？
幸子　ほら、菊絵ちゃんの。
竜介　はい。あのぉ、菊絵さんはいますか？
幸子　菊絵ちゃんは。（困ってやえを見る）
やえ　それはまあ、よう訪ねてきてくれました。じゃあ戦地から無事戻られたんですね。ご苦労様でした。だけど、残念ながら、菊絵はもうここにはいませんのじゃ。
竜介　え？
やえ　いいえ、菊絵は元気ですよ。ただ、今は、米兵のオンリーになって、上町の方で暮らしているんですよ。
竜介　米兵のオンリーに。そうですか。（ショックに身を震わせている）
やえ　お酒でも飲みますか？
竜介　幸せに、やってるんでしょうか。
やえ　どうなんでしょうね。ただ、缶詰やタバコやチョコレートを持って、ここにもよく遊びに来てくれますからね。お酒、熱燗がいいかね。（袖に消える）
竜介　……。
幸子　菊絵ちゃん、竜介さんのことをずっと待ってたんよ。あんさんから来た葉書を大事に大事に何度も読み返して、よく涙ぐんでた。もう少し早く戻って来てたらね。せめて、あと半年早かったら、そうだ。今晩はあたしが慰めてあげるから遊んでいきなよ。ねえ。
竜介　今日は、帰ります。
幸子　そう残念ね。菊絵ちゃんに、あんたが戻って来たこと、知らせようか。
竜介　いや、いいです。
幸子　そう……。

静かに歩き出す竜介。立ち止まって、拳を握りしめ、全身で怒りを表す。

竜介　……。

暗転
音楽

五場　朝鮮戦争が始まる

語り　敗戦から五年が過ぎ、街も落ち着きを取り戻して来た矢先、朝鮮半島で再び戦火が起きました。一九五〇年六月、朝鮮半島の三八度線を境に、北朝鮮と韓国との間に戦争がありました。それは東西対立の代理戦争で、同じ民族同士の戦いは肉親、兄弟が引き裂かれた悲劇を生みました。日本は、アメリカの占領下にあったため、韓国側につき、日本にある米軍基地から、多数の米軍兵士が朝鮮半島に飛び立っていきました。そしてマイケルも、戦場に行ったのです。

（文字）　一九五〇（昭和二十五）年六月　どぶ板通り

音楽・リリー達が踊っている。

リリー　ねえ、お兄さん遊んでいきなよ。
あけみ　そっちのお兄さんはどうだい。
リリー　ふん、どいつもこいつも、しけた野郎ばっかりでしょうがないねえ。
あけみ　やっぱりアメリカさんじゃないと金がないか。
リリー　しょうがないねえ。朝鮮戦争が始まってから、商売あがったりだよ。
あけみ　あらっ、竜さん。こんばんは。
竜介　ああ、あけみにリリー、こんばんは。景気はどうだい？
リリー　最悪。
あけみ　竜さんは、相変わらず儲けてるようね。
竜介　ああ、ぼちぼちね。戦争が始まったおかげで、米軍からの注文が増えたし。
リリー　この建設中のビル、竜さんとこのでしょ。
竜介　うん。本社にするんだ。今の事務所じゃ手狭だから。
あけみ　今日は、あの下品な辰五郎と一緒じゃないんだ。
竜介　あいつとは手を切った。

リリー　へえー、どうして？
竜介　まあ、色々あってね。そうだ、お前さんたち、パンパンなんかやめて、うちで働かないか。今度、若松町にキャバレーを出すんだ。
あけみ　本当！　すごいね。手広くやってるんだ。
竜介　ああ、ダンサーでもホステスでもどうぞ。
リリー　ありがとう。考えておくわ。じゃあね。

リリーたち、客を求めて去って行く。突然悲鳴が聞こえ、菊絵が逃げてくる。

菊絵　助けて！

足音と怒声。

米兵（声）　ガッデム！
米兵（声）　チィッ！
竜介　こっちへ。（かくまう）行ったみたいだよ。大丈夫？
菊絵　ありがとうございます。
竜介　菊さん？　菊さんじゃないか。
菊絵　竜さん?!
竜介　一体どうしたの？
菊絵　米兵がしつこくからんで来て、無理矢理私を手込めにしようとして。
竜介　それは大変だったな。
菊絵　竜さん、元気そうね。
竜介　ああ。菊さんは？
菊絵　私の方は、何とかやってるわ。竜さん、お勤めご苦労様でした。
竜介　あれから八年も経ったんじゃな。
菊絵　（うなずいて）長い八年だった。竜さん、随分活躍しているようね。噂で聞いてるわ。
竜介　まあ、ぼちぼちじゃ。菊さんは？
菊絵　元気で暮らしていますよ。
竜介　そうか。アメリカの人と暮らしてるっちゅうことじゃが。
菊絵　（うなずく）海軍中尉なんですけど。
竜介　そうか。優しくしてくれとるか？
菊絵　はい、日本の人と違って、あっ、ごめんなさい。
竜介　いいんじゃ。幸せかい？
菊絵　えっ、はい。
竜介　そりゃあ、良かった。

竜、悲しそうな顔をみせないように横を向く。

菊絵　竜さんは？　ご家族とか？
竜介　戦争から戻ったら、親父もお袋も亡くなってたし、家も船も何もかも人のものになっておった。
菊絵　奥さんは？

竜介　いるよ。
菊絵　そう、よかった。内地にはいつ戻って来たの？
竜介　二十一年の五月じゃ。すぐに菊さんとこに会いにいけばよかったんじゃが。
菊絵　待てなくてごめんなさい。
竜介　いいんじゃ。謝る必要なんか全然ない。菊さん、何か心配なことがあったら、いつでもわしのとこに相談に来るといい。
菊絵　はい、ありがとうさんです。（深々と頭を下げる）
竜介　それじゃあ。
菊絵　お元気で。（竜介の後ろ姿を見つめる）
竜介　（歩き始めるが立ち止まって振り返る）俺は、俺は、あんたに会いたい一心で、戦場から戻ってきたんじゃ。
菊絵　竜さん……。

見つめ合う二人。

暗転。　音楽

六場　売春防止法・菊絵と竜介

語り手　マイケルは二度と菊絵のもとには戻って来ませんでした。朝鮮戦争で命を落としたのです。菊絵が戻る場所は安浦の銘酒屋「たちばな」しかありませんでした。しかし、「たちばな」は女主人のやえが亡くなり、幸子も体を壊し入院したままで、菊絵と千春の二人がひっそりと、営業を続けていたのです。街はどんどん復興を遂げ、菊絵達、娼婦への世間の風あたりは厳しくなっていました。「売春防止法」が施行される三年前のことでした。

（文字）　一九五五（昭和三十）年　安浦銘酒屋たちばな

千春が駆け込んで来る。

千春　ねえ、菊絵ちゃん大変だよ。もう、この商売できなくなるよ。
菊絵　いったいどうしたの？
千春　「売春防止法」って法律がもうすぐ施行されるんだって。あたし達みたいな仕事を法律で禁じるんだってさ。
菊絵　ええっ！　この仕事が出来なくなったら一体どうやって、生きていけばいいのよ。
千春　売春を禁止する代わりに、職業訓練を色々してくれるんだってさ。お裁縫とか簿記とか。
菊絵　あたし二十九よ、満で。千春姉さんはもう三十四でしょ。客には二十四だってごまかしてるようだけど。
千春　今さら、お勉強して、手に職つけるなんて、無理よ。
菊絵　（むっとしながら）それは、そうだけど。
千春　あたし達、もう若くないし、まあ、千春姉さんよりは六つも下だけど。この仕事だっていつまでも続けられるわけじゃないし。そろそろ次の生き方を考えなくちゃいけないのかしらね。

菊絵　そりゃあ、好きでこんな商売しているわけじゃないけど、他に何をやれって言うのよ。十八の時から客を取ってきて、年とったら、若い女の子を抱えて、やえさんみたいに生きていければなぁって思ってたのに。

千春　だからもう若い女の子は使えなくなっちゃうんだよ。売春しても、させてもいけないんだから。したらブタ箱行きなんだよ。まったくひどい話だよ。終戦の時はお国のためにやれやれって、強制しておいて、今度はやっちゃいけないって禁止するんだから。

菊絵　本当に、お偉いさん達って勝手だよ。だったらここに売られて来る前に、その法律を作ってほしかったよ。

千春　そうとわかってれば、この店の権利買う為に、あんなに無理してお金払うんじゃなかったね。

菊絵　本当ね。お金があれば飲み屋でも小料理屋でも始められるのにね。

千春　ああ、お金がほしい。いい男もほしい。どっかに転がってないかなぁ。

菊絵　しかたがない。行ってくるか。

千春　どこへ？

菊絵　お金と男、両方手に入れてくるわ。

千春　ひぇー！

音楽・溶暗・明かりがつくと、菊絵と竜介が図面を覗き込んで、楽しそうに話している。千春は少し離れたところで酒を飲んでいる。

菊絵　ね、それでここが厨房。こっちにテーブルを四卓は置けるでしょ。余裕が出来たら、若い女の子も雇ってもいいかしら。

竜介　ああ、好きにすればいい。酒はうちの店から、安く入れてあげるよ。

菊絵　ありがとう。二階には二間作って、こっちが千春姉さんの部屋で、こっちが、うちらの部屋。竜さん、いつでも泊まりに来ていいからね。

竜介　あいよ。

菊絵　竜さん、本当にありがとう。これであたし達もようやくまともな道を歩けるわ。ねえ、千春姉さん。

千春　菊絵ちゃん、悪いけど、この店、いっしょに出来なくなっちゃった。

菊絵　ええっ？　何で？

千春　あたし、辰五郎と一緒になることにしたんだ。

二人　辰五郎と？

暗転・音楽

明かりがつくと、新装「たちばな」菊絵と辰五郎がひそひそ話。辰五郎が包みを菊絵に渡す。

菊絵　ありがとう。じゃあ、また頼むわね。（お金を渡す）

辰五郎　あいよ。おやすいご用だ。

竜介が入って来る。菊絵、包みをさっと隠す。

竜介　辰五郎！　何だ、何か用か？
菊絵　千春姉さんからの届け物。ありがとう。お姉さんによろしくね。
辰五郎　あいよ。じゃあ、また。（辰五郎、走り去る）
竜介　あいつを家に入れるんじゃない。
菊絵　何でよ。
竜介　あいつは愚連隊だ。ロクなことしてない。関わるとひどい目にあうぞ。
菊絵　でも、千春姉さんの旦那よ。つきあわない訳にいかないよ。
竜介　千春さんも何だって、あんな奴と一緒になったんだ。
菊絵　心細かったのよ。ひとりぼっちになっちゃって。
竜介　何だ、昼間から酒飲んでるのか。
菊絵　今日は定休日だもの。月に一回の。ご褒美。さあ、竜さんも飲んで。
竜介　俺はいい。まだ仕事が残ってる。伝票は？　最近店の売り上げが落ちてるな。このままじゃ赤字だ。
菊絵　やっぱり場所が悪いんじゃない。客はみんな売春宿だと思ってるもの。料理なんか食べやしない。
竜介　うまい物を食べさせて、サービスをよくすれば、口コミで客は来てくれるさ。
菊絵　じゃあ何、あたしの料理がまずくて、サービスも悪いってこと？
竜介　そうは言ってないさ。だけどプロならもっと工夫しなきゃ。
菊絵　何さ、偉そうに。竜さんがここまでのし上がれたのは、みんな辰五郎さんのお陰だって言うじゃない。利用するだけ利用しておいて、いらなくなると捨てるんだ。
竜介　しょうがないな。酔っぱらってなに馬鹿なこと言ってんだ。どうせ辰五郎に吹き込まれたんだろう。
菊絵　あたしのこともそうなんじゃないの。このお店を自分のものにして、あたしを追い出す気だろう。ポイって捨てるんだ。
竜介　もういい加減にしておけ。（酒を取り上げる）
菊絵　何すんだよ。返せよ。（徳利をくわえてラッパ飲み）
竜介　いい加減にしろ。
菊絵　いちいちうるさいんだよ。こまかいことばっかり気にして。
竜介　当たり前だ。商売している以上は売り上げを伸ばさなきゃ。
菊絵　はん。どうせ、あたしにできる商売は売春だけだよ。料理も下手だし。
竜介　そんなこと言ってないだろう。少し酔いをさませ。（出て行こうとする）
菊絵　逃げるのか。卑怯者！

菊絵が立ち上がった途端、包みの中の注射器が転がる。竜介、菊絵より早くそれを拾いあげる。

竜介　菊！　お前、ヒロポンをやってるのか。（左腕をつかんで袖をまくりあげる）辰五郎だな。
菊絵　あたしから頼んだんだよ。前は薬局で買えたのに、今は手に入らなくなったから……。
竜介　お前、覚醒剤にだけは手を出すなってあれほど言ったのに。
菊絵　そんなこと言ったって、言われる前からずっとやってたんだもの。今更、やめられないよ。
竜介　馬鹿！　それが覚醒剤の怖いところなんだぞ。
菊絵　竜さんは怒ってばっかり。どうしてもっと優しくしてくんないのよ。
竜介　……。
菊絵　マイケルは優しかったよ。心も体も全身であたしを愛してくれたよ。なのに、竜さんは怒ってばかり。なかなか来てくれなくて、やっと来ても商売の話ばっかり。優しくしてほしいの。愛してるよって言って、優しく抱きしめて欲しいの。

菊絵、竜介に抱きつくが、竜介は立ちすくんでいる。

菊絵　マイケルに耳元で「マイハニー」って囁かれると、とろけそうだった。

竜介、怒りと絶望に震えながら、菊絵をふりほどき出て行く。

菊絵　竜さん……。竜さん！　どうして愛してるって言ってくれないの。あたしを置いて出て行かないでよ。戻って来てよ！竜さん！

暗転・音楽

七場　居酒屋「たちばな」・菊絵の転落

菊絵が店でけだるそうに酒を飲んでいる。そこに客が一人入ってくる。

客　あれ、今日は休みか。
菊絵　あ、お客さんかい、いらっしゃい。どうぞ、やってるよ。（けだるそうに動く）
客　酒をもらおうか。
菊絵　あいよ。

奥に引っ込み、お銚子と柿の種を持ってくる。

客　おでんでももらおうか。
菊絵　おでん？　今日はもうないよ。
客　じゃあ、コロッケ。
菊絵　コッロケねぇ。あいにく油を切らしてて、生でよけりゃぁ出してやるよ。
客　生？　腹こわしちまうよ。しょうがねえな。(品書きを見て)じゃあ、おカラでもひじきでも、何でもいいや。
菊絵　すまないね。それもないんだよ。
客　じゃあ、何があるんだよ。
菊絵　何があったかねぇ。ちょっと待っててておくれ。

奥に引っ込む。客はぶつぶつ言いながら柿の種をつまみながら酒を飲む。菊絵、皿を持って出て来る。

菊絵　おまたせ。はい、あたりめ。
客　(するめもちあげて)何だ、こりゃ？　切るとか焼くとかしてこないのかよ。
菊絵　自分でちぎって噛んでるうちに、味が出て来るよ。
客　しょうがねえな。(するめをちぎって食べようとする)

菊絵、奥に引っ込んで、お銚子を持って出てくる。

客　酒？　俺は注文してないぞ。
菊絵　あたしのだよ。(そばに座って、お銚子からラッパ飲みする)プハッ。
客　(あきれて)すげえな。
菊絵　酒はこうやって飲まなきゃ、飲んだ気がしないだろ。あんたもチビチビやってないで、ほら、どんどん飲みな。(つぐ)
客　ああ。
菊絵　そのあたりめ、味が出てきただろ。
客　食えたしろもんじゃないぜ。
菊絵　するめも人間も、噛めば噛むほど味が出るってことさ。
客　(再び噛んでみる)ちえっ！　歯がたたねえよ。
菊絵　男が立たなきゃしょうがない。
客　は？

菊絵、奥へ行き、今度は一升瓶と湯飲みを二つ持ってくる。

客　おいおい、俺はそんなの注文してないぜ。
菊絵　何だ、しけた野郎だね。(客の前に置いた湯飲みをひっこめ、自分だけ飲む)
客　おあいそ。
菊絵　何だ。帰るのか。遊んで行けばいいじゃないか。
客　いや、何か俺、悪酔いしたのかなぁ、気分が悪い。
菊絵　弱い男だね。全く、しょうがないや。じゃあ、千円もらうよ。
客　せ、千円！　そりゃ、ぼったくりじゃないか。そんな金、持ってねえよ。
菊絵　どこまでしけた野郎なんだ。じゃあ、あるだけでいいよ。
客　(ポケットから小銭をじゃらじゃら出す)
菊絵　はい。ありがとうさん。

客、店から出て行こうとする。

菊絵　忘れもんだよ。
客　あん？
菊絵　（するめを差し出しながら）はい、お土産。

客、しかたなさそうに受け取って出て行く。

菊絵　（独り言のように）うちはサービスがいいのさ。

菊絵、酔いつぶれて寝てしまう。ややあって、千春がやって来る。

千春　こんばんは。あら、しょうがないね。また酔いつぶれてる。（揺り起こす）菊ちゃん。菊ちゃん！　こんなとこで寝てると、風邪を引くわよ。
菊絵　（うつろな目で顔を上げる）千春姉さん。
千春　あんた顔色が悪いわよ。飲み過ぎじゃないの。こんなことしてたら、からだ壊すわよ。
菊絵　いいのよ。あたしなんか、どうなったって。
千春　何言ってんのよ。
菊絵　ヒロポン、持って来てくれた？
千春　もうこれで最後よ。
菊絵　ええ、何でよ。困るわ。
千春　これ以上、やったら、本当にやばいよ。
菊絵　お客さんで、欲しいっていう人がいるのよ。
千春　自分でも打つんでしょ。身体ボロボロになって、死んじゃうよ。
菊絵　あたしなんか、生きてたってしょうがない。
千春　馬鹿なこと言うんじゃないの。まだ若いんだから。これからじゃないの。
菊絵　生きてたって、夢も希望もありゃしない。
千春　元気を出して。また来るからね。

菊絵、無言でうなずく。千春、包みを置いて出ていく。
菊絵、「星の流れに」を歌い始める。

菊絵　♪

男が入って来る。

菊絵　いらっしゃい。
警察官　（黒革の手帳を見せて）横須賀警察です。小川菊絵さんですね。売春防止法ならびに覚醒剤取り締まり法違反で逮捕します。

暗転

八場　刑務所の中

上の方に小さな鉄格子の窓が見えている。菊絵は正座したまま動かない。

声が聞こえてくる。

章吾（声）　菊姉ちゃん、何泣いてるだ。

はっと顔を上げる。

菊絵　章吾？　章吾なの？

目の前に故郷の青い海が広がる。章吾が現れる。

章吾　菊姉ちゃん、何泣いてるだ。

菊絵　姉ちゃん、泣いてなんかいねえだよ。

佳子　♪ウサギ追いしかの山、こ鮒つりしかの川（歌いながら出て来る）

菊絵　佳子！

佳子　菊姉ちゃんも、一緒に歌おう。

三人　♪夢は今も巡りて 忘れ難きふるさと
いかに居ます父母　つつがなしや友がき　雨に風につけても
思い出づるふるさと♪

章吾　菊姉ちゃん、いつ帰ってくるんだ？

菊絵　しばらく戻れねえだ。んだで、佳子の言うことさ、よく聞くんだぞ。

章吾　早く帰ってこねえと、オラ、グレてやるだ。

佳子　章吾、馬鹿なこと言うんでねえ。

菊絵　お土産さ、いっぺえ送るから、いい子で待っててけろ。

章吾　お土産なんかいらね。んだで姉ちゃん早く戻ってきてけろ。

佳子　姉ちゃん、困らすことばっかり言うたらだめだ。

菊絵　（菊江、笑顔で）そうだ。いつ帰れっか約束さできねども、暇さもろうて早う戻って来るからね。

章吾　約束だぞ。そうだ、指切りげんまんじゃ！

菊絵　わがった。指切りげんまんじゃ。

三人　指切りげんまん、うそついたら針千本飲ます。指切った！

章吾　わあい、姉ちゃんと約束したぞ！　嘘ついたら針千本じゃ。（踊る）

佳子　菊姉。オラ達、離れていたって、きょうでえだぞ。

菊絵　ああ、たとえはなればなれになっても、血のつながったきょうでえだ。

佳子　なのになして、章吾さ、本田さんとこにいかせないけんのだ。菊姉がいなくなって寂しいのに。

章吾　オラ、佳子ねえちゃんや父ちゃんと、離ればなれで暮らすなんて嫌だ。

菊絵　しかたねえだ。我慢してけろ。

章吾　母ちゃんだって、どこぞ行ってしまうし、何でうちは家族ばらばらにならねばならん！

菊絵　父ちゃんの借金、返すためだ。

章吾　父ちゃん、すっかり変わっただ。オラ、漁師やってたときの父ちゃん好きだった。

佳子　みんな博打のせいだ。

菊絵　章吾。まじめに働いておれば、本田さん、きっとお前を学校に行かしてくれっから辛抱だぞ。

章吾　でもオラ。

佳子　章吾、それ以上言うでねえ。姉ちゃんたちも同じ気持ちだ。

章吾、うつむいて泣きべそかく。

菊絵　さあ、元気出せ。

章吾　うん。姉ちゃん、横須賀って遠いだか？

菊絵　んだ。磐城からだと夜行に乗って、上野で乗り換えて、東京でまた乗り換えて、昼ころ着くだ。

章吾　遠いなあ。

菊絵　遠いねえ。

佳子　横須賀はどんな所だ？

菊絵　三浦半島だというけん、ぐるり海に囲まれて魚もようけい獲れる所らしい。それに、海軍鎮守府といって、日本海軍の総司令部がある所だで、賑やかな街らしいさ。

章吾　姉ちゃん、そこで何して働くだ？

菊絵　さあ、それは行ってみんと分からんさ。

章吾　姉ちゃん、俺もがんばるから、姉ちゃんも頑張れ。

菊絵　わがった。

佳子　菊姉ちゃん、列車の時間大丈夫だか？。

菊絵　うん。海がきれいだ。ここから見る海がオラ、でえ好きだ。

三人、黙って夕焼けの海を眺める。

菊絵　さあ、行がねば。

三人歩き始めるが、しばらくして再び立ち止まる。

菊絵　二人とも、駅まで来なくていい。駅で別れるとよけい寂しくなるからここでさよならだ。

佳子　わがった。

章吾　姉ちゃん、きっとまた会えるだな。

菊絵　ああ、会えるだ。また、家族みんなで暮らせるだ。

章吾　本当か！

菊絵　ああ、本当だ……。

章吾　姉ちゃん、手紙待ってるだ。書いてけろ。

菊絵　ああ、着いたらすぐ手紙書くだ。二人とも元気でな。佳子、父ちゃんのこと頼んだぞ。

佳子　わがってる。

菊絵、立ち止まる。佳子と章吾、遠くなり、消えて行く。

章吾・佳子　菊姉ちゃん！　元気でなあ。
菊絵　章吾！　佳子！

静寂の中に、菊絵だけ残る。

菊絵　故郷《ふるさと》に、帰りてえ。（嗚咽）

暗転・音楽

九場　エンディング

語り　しかし、何ですか。今は東南アジアの女性達が家族を養うために日本に出稼ぎに来て、辛い目に遭ってるって言うじゃないですか。貧しい人々が人並みに暮らせる世の中っていうのは、いつになったら来るんでしょうかね。かと思うと、普通の、豊かな生活をしている日本の女性が恥ずかしげもなく体を売っているとか。それでブランド物を買いあさってるってねえ。全く、売る方も買う方も何なんでしょうね。え？　私ですか。おかげさまで私は病気も治って、この年まで居酒屋を細々と続けています。そうそう、大事なことを忘れていました。ほら、これ、お手紙をお預かりしてるんですよ。昭和三十三年十月に書かれたものです。宛先不明でたちばなに戻って来てね。ようやくお返しできます。え？　私が読んでいいんですか。ああ、眼鏡を忘れたのね。はいはい。

「前略、佳子様。お元気でお過ごしのことと思います。姉ちゃんも元気でやっています。突然の手紙でびっくりしたでしょう。故郷はどうですか。佳子は、結婚して、子宝にも恵まれ、幸せに暮らしていますか。省吾は、新制の中学を卒業した後、菱倉米店で働いているとのことですが、省吾のことだから、頑張っていることでしょう。姉ちゃんは居酒屋たちばなをやめました。せっかく自分の店が持てたのですが、この仕事にも疲れました。故郷に戻って畑仕事でもしながら生きていけたらいいのですが……。まあ、何とか暮らしていきます。

追伸　同封したお金、わずかばかりで恥ずかしいのですが、父ちゃんのお墓にお花でも供えてあげてください。残りはみんなでおいしいものでも食べてくださいね。さようなら。」

菊ちゃんは、拘置所を出たあとしばらく、たちばなにいたんですが、それからふっといなくなって、街角に立っている姿を見たっていう人もいるし、安浦の海をぼんやり眺めている姿を見たっていう人もいます。でもその後、菊ちゃんを見かけた人は誰もいないのよ。てっきり磐城に帰ったんだと思っていたけど。そう、故郷にも戻らなかったのね。家族のためにたった二百円で売られ来て、世間からは後ろ指をさされるような仕事に就いて、それでも人並みの幸せを夢見て一生懸命生きていた菊ちゃんですもの。きっと、どこかで幸せな人生を送った……。（声につまる）菊ちゃん。安浦の海を眺めながら、故郷いわきの海を思い出していたんでしょうね。

海辺で波と戯れる菊絵。
音楽高まる。

――幕――

作品のてびき

　横須賀は、かつて海軍鎮守府（日本海軍の本拠地）があり、軍港都市として発展してきた所です。現在は米第七艦隊の海軍基地になっています。安浦は漁師町であると同時に、花街（芸妓屋、遊女屋が集まっている地域）でした。

「花街（はなまち・かがい）」というと華やかな響きがありますが、そこは正々堂々と売買春が行われた所、人身売買によって身売りされてきた女性たちが、厳しく管理され売春を強要された所、「生きては苦界（くがい）」と言われた所なのです。かつて大きな漁師町には、必ずと言っていいほど花街が存在していたのです。

　戦争の時代になると横須賀では兵隊相手の花街があちこちに作られ、安浦は一般兵士が利用し、下士官の遊興施設とは分けられていました。敗戦直後、政府の方針によって占領軍のための慰安施設（安浦ハウス）が設けられたのです。

　この作品は、花街で生きるしかなかった菊絵という一人の女性の生涯を通して、時代に翻弄され捨て石にされていった、か弱き庶民の理不尽さを描いたものです。

【上演記録】 二〇〇五年十月二十九日（土）・三十日（日）、横須賀市立青少年会館、演劇集団ＴＨＥ素倶楽夢 第15回公演（三浦半島演劇祭２００５参加作品）

識字《しきじ》の詩《うた》が聞こえる

～ふくろうが鳴くとき～

2009年8月　演劇集団 THE 素倶楽夢 第21回公演

登場人物

鮫島三郎
　黒崎隼人
朴旦孟《ちゃめん》（在日一世）
戸田　愛（学生ボランティア）
長塚長太（貧しい日本人）
吉岡さくら（ドヤの女）
後藤志織（看護師）
小野寺環（風変わりな女）
山下小夜（飲み屋の女）
中沢敏矢（識字の先生）
矢口　茂
工場長
柳沢輝男（日雇い労働者）
園田　薫（配食センターの人）
鈴木達吉（ドヤの長老）
職安職員
長太の母
子ども（長太）
子どもＡ（柚子）
子どもＢ（壮一郎）
子どもＣ（太郎）
市職員
市課長

一　生活館のロックアウト

機動隊とドヤの住人たちが対峙している。中央付近にバリケード。薄くらい舞台に明かりが明滅する。

達吉　何しに来た！
茂　帰れ！
長太　俺たちの居場所を奪うのか。
市職員　この生活館は横浜市の建物です。
市課長　許可なく住み着いている人たちは、ただちに出て行ってください。
志織　何ふざけたこと言ってるの。
長太　仕事にあぶれた俺たちはドヤに住む金もないからここへきてるんだ。
市課長　横浜市の許可なく不法占拠している人たちは、すぐに出て行ってください。
市職員　横浜市長からの通達です。
薫　じゃあ、市長を呼んでこい。
みんな　そうだそうだ！
達吉　市長を呼んでこい。
茂　俺たちだって好きこのんでここにいるわけじゃねえぞ。
長太　お前たちのすることは仕事を世話することだ。この生活館から俺たちを追い出すことじゃない。
さくら　仕事をよこせばちゃんと働くんよ。
みんな　そうだ、仕事をよこせ！
市課長　繰り返します。この建物は横浜市の建物です。許可なく住み着いている人たちは、ただちに退去してください。
達吉　俺たちはここで静かに寝泊まりしてるだけなんだ。
長太　そうだ俺たちは何も悪いことしてないぞ。
環　市長は、貧しい者の味方でしょ。
薫　福祉の街づくりといいながら、やってることは何なの！
茂　弱い者を切り捨てることが行政のやることか。
環　福祉が聞いてあきれるわ。
達吉　世の中、不景気になって一番最初に首切られるのが俺たち日雇いだ。
茂　役所は、貧しい者を殺すのか。
みんな　そうだ人殺し、人殺し。
長太　何とかいってみろ。
市課長　もう一度繰り返します。許可なく不法占拠しているものは、ただちに出て行きなさい。
市職員　これから、強制執行をします。
みんな　(口々に) ふざけんな！
茂　力づくでやるなら、こっちだって力づくだ。
みんな　(口々に) そうだ、そうだ！
市課長　強制執行開始！
みんな　(口々に) ばか、やめろ！
長太　誰のための生活館だ！

笛の合図とともに、機動隊が強制執行に出る。

市課長　強制執行に逆らう者は公務執行妨害で逮捕します。
みんな　（口々に）ふざけないで！　やめろ！　帰れ、帰れ！

怒号と罵声。混乱のうちに溶暗

二　ほのかな恋

居酒屋「すず」

長太　小夜さん、もう一杯くれるか。
小夜　はあい。

コップ酒を出す。

小夜　おいも煮たの食べない。

小皿に入れて出す。

長太　おう！　美味そうだな。
小夜　口に合うかどうか分からないけど……。
長太　俺、芋の煮っころがし大好きなんだ。

長太、いもを一口食べる。小夜、長太が食べるのを見つめている。

長太　美味い！　小夜さん、美味いよ。
小夜　本当、嬉しいわ。
長太　懐かしいなあ。おふくろの味だ。
小夜　ふふ……。（笑う）

小夜、さりげなく聞く。

小夜　長太さん、大変だったね……。
長太　初めてパクられてて良い経験になったよ。何しろ三食昼寝つきだもんな。俺はドヤがあるけど、他の奴らは帰る所ないから野宿生活さ。
小夜　寒空に放り出された人たち心細かっただろうね。
長太　全く市のやることは血も涙もない。世の中不景気になって最初に首切られるのは俺たち日雇いだからな。
小夜　長太さんはこれからどうするの？
長太　さあ、どうするか……。何とか定職につければいいがなあ。
小夜　いくら一人だって稼がないと食べていけないものね。
長太　それ皮肉か。
小夜　ええっ、何で？

長太　「一人」だとか、「稼がない」となんて言われたら立つ瀬がないじゃないか……。
小夜　そんな意味で言ったわけじゃないよ。長太さんのこと心配だから聞いたの……。でも、傷つける言い方してごめんなさい。
長太　いいんだよ。俺の方がひねくれちゃって悪かった。とにかく稼がないとここへきて飲めないもんな。
小夜　お金のことなんか気にしないで、いつだって飲みにきてちょうだい。
長太　ありがとう……。そういってくれるの小夜さんだけだ。

何となく気まずい雰囲気になったので、話題を変える。

小夜　長太さん、船に乗ってたっていうけど、どんな所へ行ったの？
長太　マグロ船に乗って、南アフリカやケニアやソマリアや……。
小夜　ソマリアって、海賊が出るところ？
長太　俺が行ってた頃は海賊なんか出やしなかったさ。
小夜　そうなんだ。
長太　アメリカ・日本・ヨーロッパなどが、儲ける仕組みを作ったから、ソマリアの人たちは食っていけなくなったんだ。農業や漁業で生きていければ、誰も海賊なんかやりゃしないさ。
小夜　ふーん、生きるか死ぬかの瀬戸際ってわけね。
長太　そう、命がけ。
小夜　いいなあ。船に乗っていろんな所へ行けるんだから。
長太　そんな夢見るような船旅じゃないよ。
小夜　ええっ、そうなの？
長太　マグロの漁場についたら、それこそ寝る間もないほどマグロと格闘さ。
小夜　そんなに大変なんだ？
長太　日本人はマグロ好きだから世界の海で漁をしてるのさ。
小夜　長太さんたちの苦労も知らないでね。
長太　まあ、そういうことだな。
小夜　もう一度まぐろ船に乗りたい？
長太　いやあ、もういいよ。

長太、ふさぎ込む。それをさっして話題を変える小夜。

小夜　長太さんが行った国で一番いいなあって思った国はどこ？
長太　そうだな。俺たちはいつも海の上だが、インドが一番心に残っている。
小夜　インド。
長太　ああ、ガンジスで沐浴している人の姿を見ていると、何か不思議な感じがしたよ。
小夜　沐浴？
長太　ガンジスは聖なる川だから、死んだ人を布にくるんで流すんだ。水葬ってわけだ。そんな死体が流れてくるそばで、大勢の人が、祈りを捧げながら水浴びをしている。そういう姿を見ていると、こっちまで心が洗われる感じだった。

小夜　インドの人たちのことを話しているときの長太さんて素敵……。
長太　からかうなよ。インドの貧しい人たちを見ていると、他人事に思えなくて……。
小夜　長太さんて、優しいのね。
長太　えっ、そんなことないさ。（すごくうろたえて）小夜さん、もう一杯。
小夜　はあい。

酒を注ぐ。

長太　小夜さん、俺なあ……。
小夜　何？
長太　いや、今日は酒が美味いや。
小夜　長太さん、酔ってる。
長太　そんなことないさ。小夜ちゃん……。

小夜を見つめる長太。

長太　あの……。芋の煮っころがし、もう一つもらおうか。
小夜　気にいってくれて嬉しい。

芋の皿を出す。

長太　小夜さんの手料理を食べさせてもらえるなんて、旦那になる人は幸せだよ。
小夜　何言ってるの、私なんか誰がお嫁にしてくれるのさ……。

何か言いたいが、どう答えていいかわからない不器用な長太。

小夜　私、行きたいところがあるんだ。あこがれの島なの。（パンフレットを出しながら）ほら見て！

長太に渡す。長太、見るが写真以外、文字は読めない。

小夜　その島いったことある？
長太　ない。
小夜　素敵でしょう。南太平洋に浮かぶ最後の楽園、ニューカレドニア諸島。天国に一番近い島って言われてるの。
長太　天国に一番近い島？　ニューカレカレ……。
小夜　うん、ニューカレドニア。いつか行きたいなあ。
長太　……。
小夜　ああ！　ニューカレドニアなんてお前には似合わないよ、伊豆の大島で我慢しろって言いたいんでしょ。
長太　そ、そんなこと思ってねえよ。小夜ちゃん、俺、本当は……。
小夜　何？

溶暗

●プロジェクター　『文字のよみかきのできなかたときは　おんなのひとお　すきになては　いけないとおもてました』

三　職業安定所《ハローワーク》

職員　二〇三番の方どうぞ。

　長太、ていねいにあいさつして椅子に座る。

職員　では求職申込書を出してください。

長太　え？

職員　ハローワークにいらっしゃるのは初めてですか？　前もって、求職申込書に必要事項を記入していただくことになっているのですが。

長太　ああ、そうなんですか。すいません、知らなかったもので。

職員　（書類を渡しながら）じゃあ、向こうのカウンターでこの申込書に必要事項を記入してください。書き終わったら、また声を掛けてください。では次、二〇四番の……、

長太　ちょっと待ってくださいよ。そうならそうと、始めから言ってくださいよ。こっちはずーっと待ってたんだから。

職員　あそこに、その旨掲示してあるんですが、読まれなかったんですか？

長太　（憮然として）気がつかなかったよ。

職員　とにかく、申込書が出来たら、次に受け付けますから。

長太　それはないよ。何時間待ったと思ってるんだよ。今は俺の番だろ。二〇三番！

職員　ですから、皆さん、長時間待っていただいているんですよ。時間短縮のためにも、申込書が出来てから……。

長太　職安ってのは不親切な所だな。人を散々待たせておいて。

職員　今はこんな状況ですから、何とかご理解いただいて、とにかく申込書を書く間に一人でも多くの方に。

長太　（ためいき）はぁあ……。実は（つぶやくように）俺、字がかけないの。

職員　え？

長太　だから、字がかけないの。

職員　ええっ？

長太　（大声で）字が書けねえんだよ！

　長太、言ったあとで慌てて周りを見る。

職員　ケガでもなさったんですか？

長太　違うよ。

職員　ああ、じゃあ、外国の方。

長太　違うよ。

職員　老眼鏡ならカウンターに置いてありますよ。

長太　違うんだよ！

職員　じゃあどうして字が書けないんですかね。
長太　うるせえな、書けねえものは書けねえんだよ！
職員　うーん……　でも読むことはできるんでしょ。
長太　読むことも書くこともできねえんだよ！
職員　ええーっ!?　字の読み書きができないとなると、ちょっと就職厳しいかなぁ。
長太　何だよ、その言い方は。
職員　だって、今時、考えられませんよ。日本人で字も読めないなんて。
長太　この野郎、もう一度言ってみろ！（胸ぐらをつかんで）
職員　何するんですか。暴力はやめて下さい。
長太　てめえがへらへらして馬鹿にするからだ。
職員　馬鹿になんかしてませんよ。
長太　役所ってのはそんなに偉いのか。
職員　謝ればいいんでしょ、謝れば。
長太　ふざけんな！

長太、殴る、蹴るの暴行を働く。

職員　誰か、警察を呼んで警察を！
長太　ふざけんな！

さらに暴行する。サイレンの音が聞こえる。

溶暗

四　文字を学びたい

スポットライトの中、壁に向かって一人もんもんとしている長太。文字が映し出される。
警察の玄関を入った廊下の椅子に座っている長太。

●プロジェクター　『文字のよみかきのできなかたときは　まいにち　かべにむかて　にらめこしていました　こころが　さみしくてしかたなかた』

鮫島　長さん

明かりがつく。

鮫島　長さん、迎えに来たよ。
長太　鮫島さん。すいません。迷惑かけちまって。
鮫島　いつも温厚な長さんが、こんなことになるなんて、よっぽどの事情があったんだろう。
長太　全く面目ないです。俺、どうしようもない馬鹿野郎だ。
鮫島　（肩に手を置いて）さあ、帰ろう。そうだ、小夜ちゃんとこにでも寄ってくか。

長太　いや、今日はやめとく。

二人、歩きながら。

長太　鮫島さん、ちょっとお願いがあるんだけど聞いてくれないか。
鮫島　うん？
長太　こんなこと頼むの恥ずかしいけどな……。
鮫島　どうしたの？　なんか長さんらしくないな。
長太　鮫島さんが開いている寿夜間学校、俺何度か顔出してるじゃない。世の中の仕組みとか、労働の問題とか、鮫島さんの話は難しいけど、すごく勉強になる。だけど、いろんな資料もらったりしても、実は俺、全く分からないんだ。
鮫島　えっ、……？
長太　黒板に書いてある字も、全然読めない。俺、小学校に入学して、二日間しか学校に行ってなかった。だから、字が読めないし、書けないんだ。いい歳して恥ずかしいんだけど、恥を忍んで頼みます。あ・い・う・え・おから教えてください。
鮫島　そうか、そうだったのか……。
長太　寿の生活館が市によって封鎖されちまったとき、俺思ったんだ。
鮫島　……。
長太　俺たちみたいな貧しい虫けらなんて、社会に居てもいなくてもいいんだって。
鮫島　そんなことないさ。第一、貧しいことを惨めに思っちゃいけない。貧富の差を作ってきた世の中に問題があるんだ。ましてや虫けらなんて冗談でも言っちゃいけない。
長太　俺、ずっと字が読めないし、書けなかったから、どんなに馬鹿にされてきたか、どんなに惨めだったか、昨日職安に行った時にも……。
鮫島　長さん、もう言うな。明日から一緒に勉強しよう。
長太　本当か！　じゃあ、俺のドヤ簡易宿泊所を使って教えてくれ。ありがとう。（嗚咽）

暗転

五　寺子屋の始まり

翌日の夜、長太の部屋。

達吉　今日は何だい？
長太　えっへっへぇ。
さくら　うまい酒でもあるのかい？
長太　そんなんじゃない。
達吉　良い気持ちで飲んでいるところだったのに。
さくら　いい男でも紹介してくれるのかい。
長太　馬鹿いってるんじゃないよ。

そこに鮫島がやってくる。

達吉　おい、ここでどうするんだ？
鮫島　長さん、すごいね。初日から二人なんて。
長太　いやあ、俺一人じゃかっこ悪いからな。（恥ずかしそうに笑いながら）
鮫島　最初だから自己紹介しよう。俺、鮫島三郎です。
達吉　お前さんの名前くらいとうの昔から知ってるさ。で、これから何が始まるんだ。
鮫島　今日から「寿寺子屋」を始めます！
達吉・さくら　寺子屋⁉
長太　字の勉強するんだ。
さくら　勉強！　あたし、こういうの苦手だから帰るわ。（立ち上がろうとする）
長太　いいから座れよ。
鮫島　何だ、何も聞いていないのか。
達吉　ああ。
さくら　この人が面白いことあるから来いっていうから、ついてきたんだ。
長太　だって、二人とも字が読めないって言ってたじゃないか。
達吉　読めるけど読めないんだ。
鮫島　えっ？
達吉　老眼なんだよ。
さくら　あたしだって字は読めるわ。ちょっとだけどね。
長太　そんなこと言うなよ。
さくら　この歳になっていまさら勉強なんかしたってしょうがないもん。
鮫島　まあ、せっかくだからいろいろやっていきましょう。
長太　俺が頼んで無理して来てもらったんだから、今日だけ一緒につきあってくれ。

二人しぶしぶ座る。

鮫島　じゃあ改めて。俺は寿夜間学校や生活相談やら、ま、色々やってます。
長太　あっ俺は長塚長太。三十九歳です。これから長太でいいです。俺、まじめに頑張って字覚えます。
さくら　あたしは吉岡さくら。歳は、いいだろう。
達吉　わしは、このドヤじゃ一番古くから住んでいる鈴木達吉。歳は……確か七十五歳だったかな。
鮫島　皆さんの顔はよく知ってますよ。じゃあ、最初だから「あ・い・う・え・お」っていって五十音を読んだり、書いたりするところから始めましょうか。
達吉　「あ・い・う・え・お」だと、洟垂れのガキじゃあるまいし馬鹿にするのもいい加減にしろ。
さくら　あたしだって、「あ・い・う・え・お」くらいは。
長太　俺、二日しか学校に行ってないから、字読むことも書くこともできないんだ。頼むから付き合ってくれよ。
鮫島　これから配るプリントは、北原白秋が書いた「あいうえおのうた」です。楽しみながら「あいうえお」が覚えられるんだ。

鮫島、プリントを配る。

さくら　あ・めん・ぼ？　あ・かい……な？　あい、あいしてる。
達吉　どこにそんなこと書いてある。
さくら　愛が欲しいんだよ愛が。（あっはっはっ……）
鮫島　いいよ、いいよ。楽しく読むのが一番だ。長太さん、読んでみよう。
長太　あー、めー。あーめ。（字をなぞりながら）
達吉　お前ねえ、目の検査してるんじゃないんだよ。
長太　うるせえな。こっちは真剣なんだぞ。ええと、あーめー、あーめー。
さくら　♪あめあめふれふれ母さんが。
達吉　誰が歌えていった。
さくら　あたし、歌好きなんだ。
長太　俺も好きだ。♪あめあめ降れ降れ降れもっと降れ。
鮫島　うん！（咳払い）じゃあ、次。
長太　あーめん・ぼ、あーめん・ぼあ。
さくら　アーメン、ソーメン。
達吉　俺イケメン。馬鹿！　何言わすんだ。
長太　（少しの間）そういえば、しばらくソーメン喰ってないなあ。

実際にソーメンをすする音をまねて。

達吉　あほらしい。わし、帰る。

達吉、席を立つ。

鮫島　まあ、そう言わず、あっそうだ達つぁん、あなた先生ってことで一緒にやってくれませんか。
達吉　先生ね。「先生、先生と言われるほどばかじゃなし」って。まあしかたがない。

まんざらでもない表情で、しぶしぶ座る。

長太　あーめーんぼ。
鮫島　長くしないで、あめんぼ。
長太　おおっ、あめんぼ、あめんぼ、
鮫島　次は……。
長太　ええと、あか・い……。
鮫島　な・です。
長太　「な」って読むのか。
さくら　あ・い・う・え・お。
長太　おう、ありがとうよ。あ・い・う・え・お。
鮫島　いいね。じゃあ、続けて読むと。

長太　ええと、あ・め・ん・ぼ・あ、か、いーな、あ・い・うえ・おー。

鮫島、拍手する。

鮫島　読めたじゃないか。すごい！
さくら　先生、あめんぼって何だ？
達吉　お前、あめんぼも知らんのか。
鮫島　達吉先生、あめんぼの説明してやってよ。
達吉　うーん。（咳払いして）あめんぼと言うのはな。あめんぼとはな。ほら、池にいるやつだ。

からだで表現する。

さくら　ああ、水すましね。

さくらと達吉、歌いながら踊り出す。

鮫島　次いこうか。

二人、座る。
プロジェクター、ひらがなで映し出す。

鮫島　あめんぼ赤いな、あいうえお。
三人　あめんぼ赤いな、ゆだってる。
鮫島　浮き藻に小エビも泳いでる。
三人　うきもに、えびちゃん泳いでる。
鮫島　柿の木栗の木かきくけこ
三人　垣根を壊して柿どろぼう

溶暗

六　寿《ことぶき》労働夜間学校

横田マンションの出入り口。（フロアー上手）長机（丈の低い）を抱えてくる。

長太　ここだよ、ここ。横田マンションの一〇二号室。
環　何か良い感じ。
さくら　鮫島さんが福祉の目的で横浜市を説得してくれてさあ。
環　でも本当は生活館みたいな広々した所でできるといいわね。
さくら　早く開放して欲しいって市に交渉しているんだって。
長太　封鎖されてから、六年も経つんだな……。

マンションのオーナーの朴が出てくる。

朴　あんたたちここで何してる！

長太　今日からここで識字をやるのさ。
朴　「しきじ?」何だか知らないが、勝手にそんなことされたら困るよ。
さくら　鮫島さんが市と話し合って使えるようになったって言ってたでしょう。
朴　マンションの住人じゃない人たくさんやってくると迷惑なんだよ。

鮫島がやってくる。中沢も一緒に来て後ろに立つ。

鮫島　おう、朴さん元気かね。
朴　ああ、元気だけ取り柄だからね。
鮫島　相変わらず、金稼いでいるか。
朴　金はうそつかない。
鮫島　うらやましいなあ。
朴　日本で信用できるの金だけ。
鮫島　でも、人生金だけだと寂しいぞ。
朴　金ない人の負け惜しみ。
鮫島　じゃあ、朴さん、部屋借りるよ。
朴　何の話だね。
鮫島　あれ、市から話あっただろ? ドヤ簡易宿泊所を四つも持ってる朴さんにって。
朴　マンションだよ、マンション。
鮫島　ああ、ごめんマンションだ。で、ここの部屋を市と交渉してしばらく使わしてもらうようになったんだ。識字の学習会をするんだ。
朴　ああ、その話か。あたし言ったよ。金もらってからねって。
鮫島　市から出るはずだから、今日から頼むよ。
朴　全くしょうがないね。金、本当にもらえるのね。
鮫島　うん、大丈夫さ。
朴　今日だけよ。(鍵を渡す)
長太　じゃあ、行こう。
鮫島　あ、そうだ。新しい看板、作ったから。

段ボールに「寿夜間労働学校」の文字

長太　(看板を受け取って、自慢げに)ことぶき
さくら　やかんろうどうがっこう。(文字をなぞるように読んでいく)
鮫島　すごいね、もう漢字も、ばっちりだね。
さくら　あれ、漢字の方を読まなきゃいけなかったのか?
鮫島　いやいや、ふりがなが読めれば上出来。
環　ステキ!「やかん」って、ここでお茶を飲みながら勉強するわけね。
達吉　「やかん」て言やあ、夜のことだよ。
環　夜の学校! あらやだ、何の勉強をするのかしらね。
達吉　まあ、そりゃ♪人生色々〜。(遊び心でおもいっきりやる)
鮫島　確かに、文字を学ぶってことは人生を学ぶってことだな。
長太　(咳払いして)「労働学校」は、働いている人たちが学ぶ学校

です。

さくら　へえ、長さん、字が読めるようになったら、急にインテリになっちゃって。

長太　俺と鮫島さんが話し合って、この名前にしたんだ。俺たち、ろうどうしゃの学校だ。

さくら　寺子屋からレ、レベルアップしたってわけだ。

長太　ああ、人数も増えたし、中身もレ、レベルアップだ。

鮫島　そう、それで、教える側もレベルアップだ。この間話しただろ。中沢さん。

中沢、みんなの後ろから出てくる。

鮫島　今日から俺に代わって教えてくれるから、みんな頼むよ。

中沢　みなさん、こんにちは！　中沢敏矢です。

鮫島　俺なんかよりよっぽど、経験も教養もあるから。じゃあ、中沢さん、あとはよろしく。

さくら　え、鮫島さんはどうするんだ？

鮫島　俺は、生活相談の方に専念したいんだ。そのためにも生活館を早く開放するように市と交渉してくるよ。さあ、みんな入った入った。

鮫島、みんなを促す。

さくら　鮫島さん……。

みんな部屋（センター）に入って、机など並べる。

朴　ところで鮫島さん、しきじって何よ？

鮫島　字を読んだり、書いたりできない人のために勉強することさ。

朴　それはだれでも参加していいのか？

鮫島　ああ、誰でもＯＫさ。

朴　お金は？

鮫島　ただだよ。俺たちゃボランティア。ただ働き。

朴　なんで早く知らせてくれなかった。

鮫島　こういうことは、あまり宣伝しない方が良いと思ってな。

朴　わしら在日一世は、よく話すが、字読んだり書いたりできんから、今までどんだけ苦労したことか。よし、わしも、しきじに出てもいいか。

鮫島　ああ、もちろんさ。

朴　本当か！

朴と鮫島、話しながら引っ込む。上手の明かり消える。センターに明かり。

長太　ここは、広くていいなあ。

達吉　お前ん所は狭くて臭くて、ゴミためみたいだったからな。

長太　狭くて、臭くて悪かったな。

達吉 タバコ臭いし、汗臭いし。
さくら 男の体臭でむんむん。
環 むんむん。（面白可笑しく）
さくら むんむん。（面白可笑しく）
二人 臭い、臭い。（動作化する）
長太 若いんだからしょうがないだろ。
達吉 わしんとこなんか綺麗なもんさ。
長太 何にもなければきれいさ。
達吉 物はなくても心は錦、頭がぐちゃぐちゃなヤツは整理整頓ができないんだ。
長太 うるせえ、俺だって金があればもっといい所に行くさ。
中沢 じゃあ、みなさんまず自己紹介からお願いします。
長太 自己紹介？
中沢 はい。名前、年齢、出身地、職業など、何でもいいですよ。
長太 中沢さんって言ったけ。あんたも少しは、寿のことわかってんだろう。この町にいるのは、みんなスネに傷もつ連中ばっかりさ。人の素性をあれこれ詮索しねえことになってる。
中沢 あ、そうでしたか。いやぁ、そうですね……。
長太 それに中沢さん、この前からずっと隅の方で見学してただろ。みんなの名前くらい覚えたんじゃないの。
中沢 はい。
環 でも私、自己紹介したいなぁ。いい？ いい？
♪十五、十六、十七とあたしの人生　謎だったあ（立って色っぽく歌う）
過去はどんなに暗くとも　夢は夜開く　ルルル　ルルルー♪
達吉 股も夜開く♪
環 いやあねえ！（やや間があって）小野寺環でーす。年齢も素性も謎でーす。先生をいやしてあげたーい。よろしくね。
さくら ちょっと、色じかけでせまるんじゃないよ。さ、先生、勉強始めようよ。
中沢 そうですね。では、勉強を始めましょう。今日は、ぜひ読んで欲しい詩をもってきたので、みんなで読みましょう。（プリントを配りながら）これは生きることを綴った詩です。誰か読む人いますか。
さくら ひらがなばっかりだから、読めるよ。
中沢 じゃあ、吉岡さん、お願いします。
長太 中沢さんよ、なんだか知らないが、俺はあんたから字を教えてもらいたくてはじめたのに、あんたの読ませたいもの持ってこられたって困るんだ。
中沢 こういう詩をやるのもいいと思ってるんですけど。
長太 こんなもの読んで、役に立つのか。とにかく俺は、自分の名前しっかり書いたり、文を書けるようになりたいんだ。
中沢 （きっぱりと）役に立つと思いますよ。
環 私は詩、好きよ。
達吉 まあ、せっかく先生が用意してきなすったんだ。読んでみようじゃないか。なあ長さん。
環 「いきるちからに……」（プリントを読み始める）
さくら ちょっと、あたしが読むんだよ。じゃあ読むよ。

いきるちからにする
はたらくちからにする
かんがえるちからにする
じぶんいがいの人のことをおもうちからにする
べんきょうするちからにする
はねかえしていくちからにする
しきじをやるちからにする
あしたからのじぶんのちからにする
みんないきるちからです

中沢　どうですか。この詩を読んで、何でも感じたことを自由に言ってくれますか。

さくら　あたしたちはさ、人並みに「いきるちから」なんかないからさ、こんな所まで落ちて来ちまったんだよな。

環　「かんがえるちから」も「べんきょうするちから」もなかったからね。もうちょっと頭がよけりゃ、もうすこしましな生き方ができたかな。

達吉　いや、そんなことはない。みんな一生懸命生きている。

長太　うん、一生懸命生きている。はたらくちからだってある。だけど、はたらかせてもらえないんだ。字の読み書きができないってだけで、まともな仕事につけない。

中沢　それだから、負けないで今を生きようって詩なんです。

長太　俺は、この「はねかえしていくちからにする」ってところが気に入った。今まで俺を馬鹿にした奴らをはねかえしてやりたいんだ。そのために字を学んでるんだ。

環　（突然泣き始める）ほんと、今までどれほど馬鹿にされてきたことか……。

さくら　それはさ、あんたのやってた商売がいけないんじゃないの。

環　なによ、あんたまで私を馬鹿にするわけ。

さくら　あたしはいくらおちぶれたって、そこまではできないね。

環　何よ、私だって好きでこんなことやってるんじゃないわよ。

（さくらにつかみかかる）

さくら　やるのか、このあばずれ！

環　悔しいー！

二人で取っ組み合い。みんなが二人を引き離す。

みんな　やめろ、やめろ。

長太　みんな、ここから抜けたいと思ってるよ。俺だって、今は、日雇いで穴掘ってるだけだけど、字を学んで、それから色んな資格をとって、いつかきっと正社員になるんだ。

達吉　長さんの夢はそれか。

長太　ああ。

達吉　夢を持ってるだけで幸せだ。

長太　字書けねえ間、俺は女なんて好きになっちゃいけねえと思ってた。

達吉　どうして？

長太　字一つ書けねえ奴が、女を幸せにできるか。

環 字なんか書けなくったって、大事なのは心よ。心意気ひとつで、好きな人を幸せにできる。
中沢 環さん、いいこと言いますね。
環 いや、私も苦労したから、男を見る目だけはあるのよ。
達吉 よっ、日本一！

周りの者笑う。

中沢 長塚さんが言ってくれた通り、文字を読み書きするってことが、生きる力、働く力、はねかえす力になるんじゃないでしょうか。どうですか、みんなで元気よく読んでみませんか。
さくら よし、気合いだ、気合いだ！

大笑いした後、大声で読む。声は揃ってないが、教室に活気が出てくる。

中沢 みなさん、少しは元気が出てきましたか。
さくら 私はここに来るだけで元気がでるよ。
環 私も。
長太 今日も生きているなってね。
達吉 それは、俺のことか。

みんな笑う。

●プロジェクター 手書きの「いきるちから」
中沢 じゃあ、みんなで、心をこめてこの詩を書いてみましょう。

みんな、思い思いに詩を読み上げたりしながら、にぎやかに書き始める。

溶暗。

七　居酒屋「すず」

長太 小夜ちゃん、もう一杯。
小夜 はあい。（底抜けに明るく）
達吉 小夜ちゃん、俺にももう一杯。
小夜 はあい。
達吉 「はあい」。いいねえ。小夜ちゃんの「はあい」を聞くと、若返るね。
小夜 はあい。どうぞ。（二人にコップ酒を渡す）
達吉 ああ、腹にしみるなあ。（コップ酒を飲む）
さくら 達吉さん、最近識字に顔出さないけど、具合が悪かったんだって。
達吉 ああ。
さくら 糖尿病だっていうのに酒ばっかり飲んでるんだもんね。
達吉 いや、ちゃんと食事もとってる。給食センターが弁当届けてくれるからな。
長太　糖尿病だったら、酒やばいんじゃない。
達吉　もう長いことないし、好きな酒飲んであの世へ行けるんなら上等だ。
小夜　そんなこと言わないで長生きしてよ。
達吉　あいよ。小夜ちゃんのために、達吉、長生きするであります。
長太　他人のこと俺も言えないけど、一度医者に診てもらいなよ。
達吉　医者に行ったたって、どうせ言われることは決まってる。酒のむな、薬飲め。女抱くな。
長太　抱けんのかよ。でもいいよなあ、達ちぁんは。生活保護をもらえるから、医者代も家賃も心配なくて。
達吉　お国のために身体がボロボロになるまで頑張ってきたんだ。生活保護くらいもらったって、罰はあたるめえ。
長太　保険証、俺に貸してよ。
達吉　何で？
長太　一年以上保険料を滞納してたら、保険証を取り上げられちまってよ。
さくら　あたしもだよ。ひどい話だよ。あたしら貧乏人は病気しても医者にかかるなってことだね。
小夜　生活館の赤ひげ先生に診てもらえばいいんじゃない。あの人ならお金とらないから。
さくら　それがいい。生活館が開放されたおかげで、色々助かるね。
長太　あ、そうだ。あの、ノー天気の看護師に相談するのもいいかもな。
さくら　あの人、名前何て言ったっけ？
小夜　ええと……志織さん!?
さくら　そうだ、そうだ。志織ちゃん。とにかく明るい人だから話してるだけで元気がでてきちゃう。

初めての客が入ってくる。一同、その男を見る。

小夜　いらっしゃい。何にしますか。
茂　焼酎のお湯割り。
小夜　はあい。
茂　ここで、一番安い、宿ってどこっすかね。
小夜　どこでも似たようなもんだからね。達吉さん、どこがいいかしらね。
達吉　朴さんとこなら空いてると思うけど。一晩、二千円近くするぞ。
茂　二千円もするの。ネットカフェと変わらないじゃん。
長太　他はもっと高いよ。「ヨコハマ・ホステル・なんとか」っていう計画で、ドヤをホテル並にしようっていって、次々値上げしたからな。おかげで外国人観光客がどっと増えてね。
達吉　お前さん、ドヤって安いと思ってるかもしれないけど、一ヶ月借りれば七、八万かかるんだぞ。
茂　え七、八万もするの。２ＬＤＫくらい？

みんな思わず失笑。

長太　二畳か三畳一間だよ。
さくら　お兄さんも仕事失った口？
茂　ゼニガネーゼ、イエガネーゼ。なんにもネーゼってわけ。（リズミカルに）
長太　ここ来ても仕事なんかないよ。
茂　……。（無言でうなずく）
小夜　おまちどうさま。
長太　とにかくお前さんが来る町じゃねえさ。
さくら　長さん、やめなよ。最近、あんたみたいな若い人がこの町にも増えたよ。どこにも行くとこがなかったら、生活館か公園に行ってごらんよ。炊き出しもやってるし、相談にも乗ってくれるんじゃないかな。
茂　うん。
さくら　どこから来たの？
茂　横須賀。
さくら　私も昔、横須賀にいたことあるよ。
茂　ふーん、横須賀のどこっすか？
さくら　大滝町。
茂　横須賀じゃ一番賑やかなところっすね。
さくら　懐かしいね。
茂　どこへ行っても不景気で、だめっすね。

長太　まったく世の中どうなってんだ。
茂　ぶっちゃけ、うまい汁吸っている奴もいるんすけどね。
さくら　六本木ヒルズに住んでいる奴らのことだろ。
達吉　あいつら他人の生き血を吸うドラキュラだからな。
さくら　ヒルみたいだからヒルズ族って言うんだ。
達吉　まあ、そういうことだ。
長太　金持ちなんか、俺たちのこと、虫けらか、ぼろ雑巾みたいにしか見てないからね。

店に輝男がやってくる。

小夜　いらっしゃい。
達吉　おっ、ぼろ雑巾がやってきたぞ。
輝男　何だって？
小夜　達吉さん！（厳しくとがめる）
長太　輝さん、たまには識字に顔出したら。来週から、生活館でやるようになったからさ。
輝男　俺は勉強なんか嫌いだ。
長太　俺だってそうだったけど、字書けるって嬉しいもんだぞ。
輝男　まあな。小夜ちゃん、ぬる燗頼む。
小夜　はあい。（困った顔になる）
長太　（小夜の表情を察して）金あるのかい？
輝男　今日は空き缶をごそっと売ってきた。
さくら　あんた、また顔色悪くなったね。

輝男　そうかあ……。
達吉　輝さん、あんた酒しか飲まないから、からだ壊しちゃうんだ。
さくら　（笑いながら）お互いさまだ。
輝男　あとは野となれ山となれだ。
達吉　ああ、今日も一日生きていられたことに感謝しなくちゃな。
長太　何か暗い話ばっかりだな。小夜ちゃん、元気の出る歌でも歌ってよ。
小夜　そう、じゃあ景気づけに一曲歌おうかな。
長太　待ってました！（みんな手をたたく）

小夜、歌を歌う。みんな大きな拍手で盛り上がる。ステージ上では中沢が机や椅子を並べている。

長太　これで不景気も吹っ飛んでくれたらなあ。
輝男　不景気なんぞ今に始まった訳じゃないさ。
さくら　ホームレスの先輩が言ってるんだから間違いない！

みんな大笑い。

茂　腹減った。飯もらえます？
さくら　あんた、お金あるのかい。
茂　飯代くらいあるっす。
小夜　何にしますか。
茂　お腹にたまるものがいいっすね。
小夜　じゃあ牛丼でいいかしら。
茂　いいっす。
小夜　輝さんも牛丼食べる？
輝男　俺はいいよ。
小夜　サービスよ。
輝男　じゃあ、もらおうか。
さくら　全くげんきんな人だね。
輝男　俺、現金ないよ。元気もないし、やる気もない。

みんな笑う。

小夜　はい、牛丼。（何人かに出す）

茂たち、うまそうに牛丼を食べる。

長太　金持ちはいくらでも金が増え、貧乏人はどんどん貧乏になっていく。
達吉　嫌な世の中だな。
さくら　まじめに働こうと思っている人が暮らしていけない世の中なんかどう見ても変よ。
長太　貧乏って悲しいなあ……。（実感をこめて）

みんな長太の言葉に感じ入る。

小夜 （重たい空気を振り払うように）長太さん、その識字っていうの、私なんかが行ってもいいのかな？
長太 えっ、小夜ちゃん、字、書けるだろ。
小夜 うん。でも、私も、ちょっと真面目に勉強してみようかなって思って……。
さくら いいんじゃない。誰が参加してもいいんだよね、長さん。
長太 うん。
達吉 そうか、小夜ちゃんが来たら賑やかになるなあ。
長太 俺も、気合い入れて頑張らないとな。
さくら あたしだって負けないよ。

みんな明るく笑う。

溶暗

八　寿識字学校

ステージ。長机がコの字形に並んでる。入り口には段ボールに「文字の読み書きから人間を　寿識字学校　毎週金曜日午後六時から九時まで」と書かれた看板が掛かっている。
達吉、さくら、環が酒を飲んで騒いでいる。茂はその反対側で机に足を載せて、雑誌を読んでいる。朴が入って来る。長太と小夜も入ってきて、あいさつを交わす。

朴 みなさん、こんばんは。
達吉たち おお、朴さん、こんばんは。
朴 スズキさん、あまり飲み過ぎてはだめよ。（茂に気付いて）これからここで、しきじが始まるのです。あなたは机から足をおろしなさい。

茂、無言で従う。中沢が入ってくる。

中沢 こんばんは。元気ですか。

みんなもそれぞれにあいさつ。達吉だけ無言。

中沢 今日は大勢集まっていますね。やあ、達吉さん、久しぶりですね。お元気でしたか。
達吉 ………。
中沢 えーと、初めて参加された方は、名前を教えていただけますか。
小夜 はい。山下小夜です。一生懸命、勉強したいと思います。よろしくお願いします。
さくら よっ、小夜ちゃん。（拍手）
中沢 「居酒屋・すず」の小夜ちゃんですね。こちらこそ、よろしくお願いします。
さくら あ、先生、やだぁ。若い子に、もう目つけちゃって。（か

らかう）

中沢　いやぁ、そんなつもりじゃあ……そちらの若い男性は？

茂　え、俺？　俺は関係ないっす。

中沢　そうですか。では今日は、「五十音のことばづくり」をしたいと思います。

達吉　（突然立ちあがって）先生よ。

中沢　はい。

達吉　あんたは、あいさつもできんのか。

中沢　ええっ？

達吉　やっぱりお前は冷たい男だ。

さくら　ちょっと、達ちゃん、どうしたのよ。

達吉　お前は冷たい男だって言ってるんだよ。

中沢　何が冷たいんですか？

達吉　お前は、この前、宮城で地震があってたくさんの人が亡くなったのに、お悔やみの言葉も言えんのか。ひと言でいいんだよ。ひと言で。情けない。

中沢　……。

達吉　字を教えるってことは、生きてる人の温もりを教えるってことじゃないのか。

中沢　……そうです。

達吉　お前は何も分かっていない。

達吉、そのまま出て行ってしまう。中沢、立ちつくしている。

中沢　そうか、達吉さん、宮城の出身だって言ってたよなぁ。そうだったのか。

長太　先生、勉強始めようよ。

中沢　そうですね。えーと、「五十音のことばづくり」でした。この紙に五十音が書いてあります。「あ」から順番に思いついた言葉を考えて書いてください。

環　「あ」だったら「あめんぼ」でもいいの？

中沢　はい。

さくら　「あいがほしい」でもいい？

中沢　はい、いいよ。

中沢、用紙を配る。茂の前にも置く。

中沢　よかったら、やってみませんか。

茂、首を横にふる。皆真剣に考えている。そこへ、輝男が入ってくる。

輝男　……。

中沢　あ、こんばんは。いやあ、久しぶりですね。

輝男　先生、俺の名前を黒板に書いてくれ。

中沢、少し考えて、黒板にゆっくり書く。「柳沢輝男」

輝男 （驚き喜んで）やっぱり先生はちがう。一回しか参加したことがないのに、俺の名前を覚えててくれるなんて、先生はえらい。うん。よし、よし。うん。

輝男、そのまま出て行ってしまう。みんなは体全体で考えている。書いている。静寂。

茂、DSを取り出して、ゲームを始める。茂のゲーム音だけが響く。しばらくして朴が、たまりかねて立ち、茂の所へやって来る。

朴 あなた、静かにしなさい。

茂、憮然として出ていく。静けさが戻ってくる。

突然、賑やかな歌声が聞こえてくる。酔っぱらった男が入って来て大声で怒鳴る。ひしゃげた缶ビールを振り回し、顔は笑っている。

隼人 こらっ、ナカザワ！ 寿を文化侵略するな。
中沢 これは、隼人さん。よく来てくれました。
隼人 プロフェッサー・ナカザワ。トコロテンという漢字を黒板に書いてくれ。

中沢、すらすらと「心太」と書く。

隼人 そうだ。心が太い、太い心だ。では、また来週来るぞ。労働者諸君！ 重層的差別構造をぶちこわせ！

隼人、言いたいことをいって去っていく。再び静けさが戻ってくる。プロジェクターに文字が次々浮かび上がる。

●プロジェクター 「あ あいがほしい い いぬころ う うさぎ え えかお お おとさん……」

さくら できた。先生、見てよ。
中沢 「うれたんとりよう」「おいるすていん」「くりああこおと」……なんか専門用語ですか？
さくら うん、昔ね、やってたんだ、ペンキ屋。
中沢 なるほどね。クリアーコートか。
環 先生、私のも見て。
中沢 この「しやねるのりぷすてく」って何ですか？
環 （唇をとがらせて）うーん、これよ。私のたからもの。
さくら にせシャネルの口紅。
中沢 ああ、シャネルのリップスティックですか。
さくら にせもんのね。
中沢 どうですか、他の人もずいぶん書けたみたいですが。
長太 うーん。どうしても一カ所だけできねえ。
中沢 どこですか。
長太 「へ」

さくら　あっはは「へ」は「へ」でいいじゃん。
長太　いやだ。
環　私はね、「へんたい」にしたわ。
さくら　すけべ。
環　違うわよ。何考えてんの。空飛ぶ「へんたい」。
さくら　すけべなスーパーマン？
環　違う！
中沢　飛行機の編隊かな。（黒板に書く）
環　そうよ、先生。ありがとう。
長太　へ、へ、へー。うーん。（頭を抱えている）
中沢　産みの苦しみだね。
さくら　長さん、がんばれ。
長太　へ、へ、へ、へ、へ、……うーん。うーん。

フロアーで、達吉、輝男、茂が酒盛り。
みんな見守る。輝男、よろよろと立って倒れる。

長太　わかった！
さくら　何？
長太　へそくり！
みんな　おおー。

みんな、拍手する。そこへ茂が飛び込んでくる。

茂　大変だ！
みんな　どうした？
茂　輝さんが倒れた！
みんな　（口々に）何？　本当！　どうしたんだ？

暗転

九　ドヤの優しき住人たち

フロアー。倒れた輝男を囲むように住人たちが心配している。

長太　輝さん、輝さん！
中沢　柳沢さん！
さくら　大丈夫かい？
環　死んじゃったのかな？
長太　馬鹿、縁起でもないこと言うな。
環　でも、ぴくんともしないわよ。
さくら　輝さん、イイ奴だったね。
小夜　本当。
長太　酒飲むしか取り柄のないやつだったけどな。
環　普段、無口な人が、この間、小夜ちゃんの店ではよくしゃべってたわよね。
長太　あれでプツンと切れちゃったんじゃないか。

環 普段使わない頭使ったから、ショートしたんだ。
茂 救急車呼んだ方がいいんじゃないっすか？
中沢 脈はあるし、息もしているけど……。輝男さん。
長太 輝さん。
茂 やっぱり救急車……。

そこへ看護師の志織がやってくる。達吉も後から。

志織 柳沢さん。柳沢さん。けが外傷はありませんね。（脈を診る）どなたか倒れた時の状況を知っている方、いますか。
茂 はい。そこに座ってみんなで酒を飲んでたんすよ。で、輝さん、おしっこに行くって、立ち上がって何歩か歩いた所でヨロヨロ、アレレって感じで倒れて。
志織 バタンじゃなくて？　柳沢さん。柳沢さん。（揺り動かす）

輝男、ゆっくり起きる。

さくら 生きていた！
みんな （口々に）おお。（環）良かった。（中沢）大丈夫か？（長太）死ななくて良かった。
志織 吐き気とか、痛いところとかないですか。
輝男 ああ。何で俺が死ぬんだ。
達吉 何でじゃないよ。お前さんが、急に倒れたから、みんな心配して集まったんじゃないか。
茂 そうっすよ。救急車呼ぼうって
輝男 救急車なんか乗るのいやだよ。
志織 一応、念のため病院へ行って診てもらった方が安心です。
輝男 俺は、救急車とパトカーは大嫌いなんだ。
長太 好きも嫌いもないさ。この際二、三日病院で寝てた方がいいじゃないか。
輝男 そんな金ないし、どこも悪くないよ。
長太 じゃあどうして倒れたんだ。
輝男 いや、俺、全然覚えてないから。
達吉 何で倒れたか分かるか。
輝男 記憶にございません。
さくら 国会議員の真似なんかしてどうするのさ。
輝男 ……。
小夜 ご飯ずっと食べてなかったんじゃない。
輝男 そうだな、三日、四日喰ってなかった。
環 お腹が空いて倒れたのか。
朴 情けないね。
愛 はい、おにぎり！
輝男 （おにぎりを受け取り）ああ……。
中沢 君は誰？
愛 えーと、通りすがり、というか、ボランティアというか。
中沢 ボランティア？
愛 はい、まあ、そんなところです。あ、どうぞ私にはお構いなく。

志織　なんか皆さん顔色の悪い人が多いですね。ちょっと、血圧を測ってみましょう。特に、男の人は全員測りましょう。
長太　俺、いいよ。
さくら　どうせ血圧が高くたって医者にいく金もないもんね。
志織　じゃあ、あなたから。
輝男　俺かよ。

輝男、測ってもらう。

志織　ええっ！　あなたはちょっと高すぎですよ。
輝男　どのくらいだ？
志織　下が一一〇で、上が一七〇です。やっぱり診てもらった方がいいな。とにかく柳沢さんは、少しお酒を控えたほうがいいですね。
輝男　冗談じゃない。酒やめたら死ねっていわれたようなもんだ。
さくら　あんた、このさい酒やめたら！　金もないんだから。
輝男　うるせえな。
環　けんかしてると血圧あがっちやうわよ！
愛　本当ですよ。
輝男　こういう連中のせいで血圧あがるんだよ。
さくら　何言ってるんだい。酒ばかり飲んでるから、血圧あがっちゃうんだよ。
志織　次、あなたです。
達吉　いまさら測ったってしょうがないさ。
さくら　冥土の土産に測ってもらうといいさ。
達吉　結果を聞いたら、そのまま冥土に行っちゃうよ。

志織、測る。

志織　ええっ！
達吉　その声やめてくれ。
志織　ええと、下が六〇で、上が八〇です。
達吉　そんなに低いのか。
志織　低血圧です。
長太　なんか、高血圧の方が金あるような感じがするな。
達吉　馬鹿なこといってるんじゃない。
志織　次の人。（長太測ってもらう）ええと、下が八五で上が一三五。まあまあです。
長太　やったあ！
志織　じゃあ、次、朴さん。
朴　私はいい。ちゃんとお医者、かかってる。
さくら　お金がある人はいいよね。
環　さくらさんも、測ってもらえば。
さくら　冗談じゃないわ。
志織　さくらさん、測ってみましょうか。はい、出ました。ええっ！
さくら　あんた、そのええっ！て言うのやめなよ。
志織　すみません。ええと。（くせを出そうとして）正常です。

みんな肩すかし食らう。そこへ給食センターの薫が来る。

薫 あらっ、今日はみなさん揃ってお出迎え？
環 何が？
薫 お弁当待ち遠しくてみなさんで待っていたんじゃないの？
長太 また、ノー天気なのが来たよ。
薫 はい、達吉さん。配達が遅れてごめんなさい。（弁当を渡す）
達吉 はいよ。ありがとさん。
志織 薫さん、お弁当、あまってない？
薫 一つならあるよ。
志織 じゃあ、ちょうだい。
薫 ええっー？
志織 （弁当を横取りして渡す）はい、柳沢さん、お弁当食べて元気出して。ちゃんと食事をとらなきゃ。
輝男 俺、金ないよ。
志織 大丈夫よね、薫さん。支払いは今すぐじゃなくても。
薫 これから毎日取ってくれるなら、今日のはサービス。
輝男 いらない。
薫 生活保護費が入ったらすぐもらうから。
輝男 俺、住所不定だから生活保護受けられないんだ。
薫 まあ、それは残念。じゃあ今日のは、ほんとのサービスだ。
朴 あんた、商売、向いてない。そんなサービスしてたらもうからないね。
薫 そうなのよ。本当に儲からない。
志織 だからって、朴さんみたいに儲けようなんて気もないんでしょう。
薫 そこが悩みなの。儲けるべきか儲けざるべきか。ああ、ハムレットの心境。で、今日のおかずはハムレッッツ。
みんな え？
薫 ハム入りオムレツ。
愛 そのお弁当、毎日届けてくれるんですか？
薫 ええ、一日二回。
愛 で、月いくら？
薫 二万五千円から二万八千円。一食四〇〇円から五〇〇円ってとこ。生活保護費が入った時に、翌月分を前払いでもらいます。じゃないとみなさん飲んじゃうからね。
愛 どんなおかずですか？
薫 今日は、ハム入りオムレツとサバのみそ煮とカボチャの煮物ともやしのナムル。
愛 あ、けっこう豪華。
志織 それに栄養計算もしてあって、バランスもいいのよ。
薫 なるべく身体にいいものをって努力してるのよ。

みんな物欲しそうな目でじっと見ている。

薫 どうです、注文しない？
愛 いや、私は通りすがりの者なんで。

薫　みなさんも注文しない？　おいしいよ。
長太　俺はいいや。金ないから。
さくら　長さんは、毎晩、小夜さんとこで食べてるんだもんね。必要ないや。
長太　いやぁ、毎晩て……。（照れる）
小夜　毎晩じゃないって。毎晩来てくれればうれしいけどね。
さくら　こりゃ、ごちそうさまだぁ。
環　お弁当、おいしそうだけど。私も生活保護をもらえるようになったら頼むわ。
さくら　そうだね。
薫　なにケチッてるの。「金は天下の回りもん」。使えばまた入って来るって。ね、朴さん。
朴　いいや、使ったら、もどって来ないよ。あんたたち、毎晩飲むから、残らないんだよ。
長太　やっぱり残す人は違うや。
薫　じゃあ、注文する気になったらいつでも声かけてね。毎度どうも。（去っていく）
志織　柳沢さん、月曜日に、生活館に来てくださいよ。赤ひげ先生に診てもらいましょう。あ、そうそう、達吉さん、いつもきちんと自転車並べてくれてありがとう。
さくら　ええっ、達吉さんそんなことやっていたの。
志織　そうなんです。私たちが乗り捨てるようにそのまま生活館の中に入っていくでしょう。そうするとすぐ出られるように前向きに直していてくれるんです。
達吉　わしは、曲がっているのが嫌いだからな。
志織　雨の日も風が強い日もやってくれているんです。
中沢　なかなか出来ないことですね。
愛　寿のみなさんって優しくて、本当に仲がいいんですね。
みんな　え？

暗転

十　愛、寿識字校を取材する

フロアー、上手。中沢と愛が座って話している。

中沢　（レポートを見ながら）戸田愛さん。
愛　はい。
中沢　そうか、鮫島さんの紹介ね。大学生なんだ。
愛　はい。中沢さんに話を聞くといいよって勧められました。
中沢　鮫島さんの方が、僕なんかより先輩なんだけどね。で、どういうことを聞きたいの？
愛　始めは「ワーキングプア」が研究テーマだったんですが、色々調べているうちに寿町のことを知りまして。こんな世界があるなんて、正直ショックでした。もっとショックだったのは文字の読み書きのできない人が今の日本にいるってことです。
中沢　そうだね。あなたの知らない世界だよね。

愛 はい。だからこそ、私たちが知らなければいけないんじゃないかと思ったんです。

中沢 うん、君たちのような学生や社会人が、よくこの町に来るよ。

愛 日本の識字率は九九・八パーセントと言われています。文盲といわれる人はほとんどいないものだと思っていました。

中沢 君ね、まずその「文盲」ってことばだけど、相手に失礼だと思ったことない？

愛 え？

中沢 めくらとか、障がいをさすことばがあるけど、それは障がいを持った人からすると、不愉快な言い方なんだよ。ハンデを持った人について研究しようと思うのなら、まず弱い人の立場になって、その痛みを一緒になって感じられる感性を持たなくては。

愛 すみません。気をつけます。

中沢 謝らなくたっていい。偉そうに言っている僕だって、ずいぶん、みんなに叱られたものだ。ところでその数字だけど、仮に日本の識字率が九九・八パーセントだとして、文字の読み書きの出来ない人は何人になるかな？　総人口は一億二千万人として計算してみてごらん。

愛 ……二十四万人？

中沢 すごい人数だろう。ほとんどの人が字が読めるんだっていう認識そのものが間違っているんだ。大体九九・八パーセントっていう数字だって一体誰がどんな調査をして出した数字だと思う？　きちんとした調査なんかしてない。何の根拠もないんだよ。在日外国人や、海外から出稼ぎに来た日系二世、三世なんか入れるともっと増える。

愛 どうして、文字の読み書きができなくなってしまったのですか。

中沢 いろんな事情で学校に通えなかった人たちだ。君の小学校・中学校時代のことを思い出してごらん。クラスの中に、よく学校を休んでいる子はいなかったかい。ずっと休んでいて、そのまま二度と顔を見せなかった子、休みがちでいつの間にか引っ越していなくなってしまった子、あるいは学校に来ても友だちと話もせず下を向いているような子、そんな子はいなかったかい。

愛 （はっとする）います。

中沢 理由は色々あるだろう。いじめや人間関係のトラブルで不登校になったり、あるいは貧しさから。親の放任から。あるいは被差別部落の出身だったかもしれない。在日外国人だったかもしれない。みんな文字を学ぶチャンスを奪われたまま義務教育を一方的に終了させられたんだ。

愛 …………。

中沢 文字の読み書きができないってことが、今の日本の社会で生活をして行く上で、どれほどハンデになるか想像できるかい？

愛 はい。何となく。

中沢 今、識字学校に来ている人たちは、なかなか自分のことは話そうとしないが、文字の読み書きができないことで、就職や結婚など思うようにできず、大変な苦労をしている。でもね、苦労している分、彼らには何か人間的な優しさを感じるんだ。

愛　中沢さんは、どうして、識字学校の先生になろうとしたんですか。

中沢　僕は、昔、学校で教師をやっていたんだ。でも、そこにいても、いつも自分の居場所がないように感じていた。点数をつけたりして評価するのも耐えられなかった。随分子どもたちを傷つけたりしたからな。

愛　先生は正直な人ですね。

中沢　ハハハ。識字に来ている人たちに嘘やごまかしは通用しないんだ。でも彼らのお陰で、僕も少しは、役に立てるんだ。文字を教えているのは僕なんだけど、僕は逆に彼らに人生を教わっているのさ。まあ、一度、学校に来るといい。一緒に学ぶつもりでね。

愛　はい、ぜひそうさせてください。

　ステージ、シルエット
　ホリ、消える。

十一　輝男、殺される

ステージ。公園。段ボールの家で寝ている輝男がシルエットになって見える。忍び寄る人影が、輝男を棒で何度かつつく。逃げる輝男。棒を振り上げ、輝男を追い回し叩く。何度も。最後はブロックで叩く。
やがて倒れ伏す輝男。ステージの明かり消える。
フロア、下手に明かりがつく。飲み屋「すず」。長太とさくら、志織が飲んでいる。

小夜　長太さん、お待たせ、はいモツ煮。

長太　お、うまそうだな。じゃあ、もう一杯。

小夜　はあい。

志織　何だか私はおじゃま虫のようだから、そろそろ帰ろうかな。

小夜　何言ってるのよ。志織さんは今日の主賓だよ。帰っちゃだめ。

さくら　そうだよ。今日は志織ちゃんの慰労会なんだから。いつもこいつら（長太を指して）のために走り回ってお疲れ様。カンパーイ。

みんな　カンパーイ。

長太　あと、誰が来るんだ。

さくら　環、達吉さん、茂さん、中沢先生、あと輝さんも来れたら来るって。

小夜　そういえば輝さん、あのあと赤ひげ先生に診てもらったの

志織　ううん、来るわけないって。それで今日、公園まで探しに行ったのよ。そしたら「志織、俺たちのことなんか、どうでもいいから、早くいい奴見つけて結婚しろよ」だって。よけいな

お世話よね。
長太 向こうもそう思ってるよ。
志織 え？
長太 よけいなお世話。
志織 何が？
中沢 （飛び込んで来て）大変だ！ 大変だ！
長太・さくら 先生、どうしたんだ？
中沢 輝男さんが……。
志織 またお腹の空きすぎで倒れたの？
中沢 殺されたんだ！
みんな 何だって！ ええっ!?
小夜 どうして？
中沢 中学生の浮浪者狩りにあったんだ。
みんな ええっ!?

暗転・公園にたたずむ達吉。スポットの中。

達吉 輝さん、あんた青森から出てきたって言ってたね。雪が降る寒い夜、ダンボールにくるまりながらここで二人で燗酒飲んだとき、めずらしく自分のこと話してたよな。故郷に残してきた子どものこと嬉しそうに話してたよな。他の仲間が浮浪者狩りにあったとき、あんたは「中学生は悪くない」って言ってた。何でだって俺が聞いたら、「あの子たちだって学校じゃきっと弱くていじめられてんだろう。世の中で一番弱い俺たちだからよくわかるんだ」って。「あの子たちが悪いんじゃなくて弱い者いじめする世の中が悪いんだ」ってね。そんなこと言ってた輝さんがどうして殺されなくちゃならなかったんだ。なんでゴミ箱に入れられて殺されなきゃなんねえんだ。俺たちゃゴミなんかじゃねえよ。輝さん（泣きながら）それでもあんたは中学生が悪くないっていうのかよ……。あんた、いつも故郷に帰りたいって言ってたよなあ。死ぬとき、冬の青森の雪景色見てたんだろう、そうだろ輝さんよー。（泣きじゃくる）

溶暗

十二 自分史を語る

寿識字学校。中沢、長太、達吉、さくら、環、朴、小夜、茂が席に着いている。

中沢 皆さん、元気ですか。
みんな （それぞれに）元気です。一応。ま、生きてるぜ。など。
中沢 今日は、まず始めに、輝男さんの冥福を祈りたいと思います。合掌。「涙とともにパンを食べた者でなければ人生の味はわからない」と言いますが、私たちはまだ涙を流し足りないのでしょうかね。
朴 私はもう、涙も枯れ果てました。だからあとは笑うだけ。

中沢　朴さんに言われたら、返す言葉がありません。

達吉　先生、こんな言葉を知ってるか。「人間に残された最後のものは笑いしかない。」泣いてグチって生きても一生。楽しく笑って過ごしても一生。同じ一生なら、笑わにゃ損だよ。

中沢　本当にその通りですね。

さくら　先生、私、この前、すごくうれしいことがあって、いっぱい笑ったよ。そのことを作文に書いてきたから読んでもいいか。

中沢　すごいなぁ、宿題をやってきてくれたんですね。じゃあ、読んでくれるかな。

さくら　はーい。

『今日　たーいへん　おやくに　たちました　よろこんで　かきます　いせさきちう横浜ぎんこうにいて　つうちうつくりました　かみにかきなさいと　いわれて　かきました　がっこうの　よりは　ちっと　くぬくぬはしましたけど　かくときがっこうをおもいだし　えがをで　ちしんまんまんに　かきましたおところと　なまいと　かいたら　かんちと　かなと　けこう　ありました　ぎんこうのうけつけのしとも　にこにこてした　私も　にこにこしたと　おもいます』

中沢　通帳が作れて良かったですね。

さくら　お父ちゃんが生きてる時は、字を書くのも、銀行いくのも、全部やってくれてたからね。ペンキ屋がうまくいかなくなって、お父ちゃん無理しすぎて、ぽっくり逝っちゃったあと、私一人でほんと困ったよ。銀行や役所の人がとても怖くて行けなかったよ。でも本当は字が書けないことが恥ずかしくてそういう自分が怖かったんだと思う。

長太　俺なんか今でもそういう場所に行けないよ。

環　先生、私も宿題やって来ました。読んでもいいですか。

中沢　環さんも作文書いてきてくれたんだ。それはうれしいですね。じゃあ、読んでください。

環　『わたしは　おさない　ころ　がっこういく　のが　ゆめ　でした　せんせい　おはようございます。こんにちはこんばんはせいとの　すがたに　とっても　あこがれました。　でもわたしは　おかげさまで　しきぢがっこうに　であって　ゆめをはたした　と　おもい　とってもうれしい　です。』

さくら　環、すごい上手じゃん。

中沢　そうか、環さん、学校へ行くのが夢だったんだ。夢を実現する手伝いができたと思うと、私もうれしいですね。

環　私、こんな性格でしょう。だから周りの人にいじめられて、学校に行けなかったんです。親にもいろいろ言われて、十五の時に家出しちゃった。でも、学歴もないし、仕事もちゃんと出来なくて……。で、結局、私に出来ることといったら、夜の町で……。（こみあげてきて泣く）辛かった。こんな生活もういやだって思って、何度も死のうと思った。

さくら　環、ごめんよ。あんたのこと何も知らないで、ひどいこと言っちゃって、ごめんなさい。

環　いいの、そんなこと気にしてないよ。寿に来て私はほんとの仲間に出会えたよ。これからは明るく、笑って生きていきます。

（泣き笑い）

さくら たまき。（泣きながら環に抱きつく）

達吉 そうだ過去は過去。いやなことはみんな水に流して ♪ケセラセラ、なるようになる。

中沢 みなさん、だいぶ文字が書けるようになってきましたね。みなさんが書いてくれることは、みなさんの生きてきた歴史そのものです。どうですか、「自分史」を書いてみませんか。

みんな じぶんし？

中沢 はい。（書きながら）「自分史」です。前に、長塚さんが言ってましたよね。みんなスネに傷を持っているから、自己紹介なんかできないって。でも、人生の傷って、隠したり、ごまかしたりするのではなく、きちんと向き合うことで乗り越えられるんじゃないでしょうか。これは、僕自身の体験から感じたことなんですが。辛かったことも、嬉しかったことも、全部含めて自分の過去を振り返ってみませんか。

茂 そういうのカミングアウトって言うんだろ。

中沢 そうですね。

さくら 書けるかな。

中沢 話すように書けばいいんですよ。みんな、話す時は、自分の気持ちが正直に出ていますよ。

長太 自分史……。

みんな思い思いに、しかし真剣に取り組む。しばらくして、茂が立ち上がる。

茂 できた！

中沢 もう書けたの？

茂 俺、こう見えてもまじめに学校行ってたんすよ。

達吉 タンスの学校だ？

茂 ちがうよ。

さくら （覗き込んで）なんだひらがなばかりじゃん。

茂 うるせえ。じゃあ、俺のカミングアウト、聞いてください。『パクさんを見ていると俺のおふくろを思いだす。このまえパクさんにしかられたとき、俺はオモニにしかられているようなきがした。俺は在日朝鮮人だ。小さいときよくからかわれた。朝鮮人のくせしてなまいきだ、朝鮮人は国へかえれと。そのたびにケンカして、あいてをボコボコにしてやった。そしたら先生が俺のことを朝鮮の子はしまつにわるいといった。オモニは先生やあいてのおやにぺこぺこあやまった。俺はなんであやまるのかわからなかった。あやまんなきゃいけないのはおれをバカにしたやつらだ。なんで朝鮮人だとバカにするのか、いまでもわからない。アポジはよく言っていた。「人をうらむな、うらむなら時代をうらめ。どんなにバカにされてもわらってろ。それが宿命だと思えばなにもくろうなんてない。でも朝鮮人のほこりだけはすてるな。どうどうとむねをはって生きていけ。」　オモニもアポジも死んでしまった。親こうこうができなかったことがざんねんだ。』

みんな拍手と歓声。茂をほめたたえる。長太は膝を抱えて考えこむ。長太だけスポットライトに残して、周囲は暗くなる。ややあってフロアーにあかりがつく。長太の子ども時代。大人の長太もいつの間にかフロアーにおりて、子ども時代の自分を見つめている。

A　まんずほれ見ろ。あいつ男のくせにサロッぺへで。
B　あいや、ほんに　みだぐない。

仲間と笑う。

A　あざな　みだぐないかっこして　よく学校にきたじゃ。
C　んな　おなごか　男だべ。

ばかにして笑う。

A　なんかしゃべれじゃ。(こづく)
C　んな　はだしであるくって　くづどこさやった。
A　くづ　はかんねえど　学校さいかれんどぞ

長太、相手のむなぐらをつかむ。

A　何だ、したって　おめぇ　やんのかよ。
長太　やがます!

C　なんたら　けづ　しゃべったぞ。
A　あめくせえ。ふくが　あめくせえ。
B　けづの　からだが　あめくせえ。
A　おおっ、やばっけねぇ。
C　んな、ゆさ　へってねぇのか。
A　しかたがない　びんぼうだ。
みんな　びんぼう!　びんぼう!

子どもたち、はやしたてる。

長太　ちきしょう。(なぐる)
A　このやろう、やったな。

とっくみあいのけんかになる。

B　いきなりだぞ　たたきつけてやる。

みんなでなぐったり、けったりする。長太も負けてない。

A　こったらやつ　あいてにしてると　あめくせぇのが　うつっちゃうぞ。
みんな　んだ　んだ。
C　ほれ　いくべ。

みんなかえっていく。長太、さけぶ。

長太　びんぼうでなにがわるい！（泣きながらいう）

反対側に母が出て来る。一生懸命畑仕事をしている。大人の長太、思わず声をかける。

長太　おっかあ！
母　長太！
長太　おっかあ、俺、工場で稼ぇでんから　一緒に住むべ。
母　あいや、私が行ったら二人分生活費かかるべ。
長太　何しゃべってんだ。一人も二人も同じだべ　部屋さ狭いけんどな。
母　でも、わし何とかやっていけるから　気ぃもまねくて大丈夫だ。
長太　俺、わらすのときから迷惑ばっかりかけてきたから、としょったら一緒に暮らすのが夢だったんだ。
母　ありがでこと言ってくれるね。
長太　まんず早くいくべ。いま厚木さいるだから。
母　厚木ったら、どこだ？
長太　神奈川だ。岩手と違ってぬぐいぞ。
母　んだか、そったにおめぇが言うなら　世話っこなるか。
長太　ああ。おとうが死んで　しばらく　おっかあ一人でおもしぇぐねがったべ。
母　…………。
長太　おっかあ、なんじょした？
母　おめえ、優しいな。んだな　世話っこになるか。

反対側に明かりがつく。

工場長　どうして「さわるな・危険」って張り紙してある機械にさわるかなあ。
長太　すいません。うっかり。
工場長　危ないからわざわざ紙貼っておいたのに。上からは安全管理はどうなっているのかって叱られるし。ほんといい迷惑だよ。とにかくこっちには責任ないからね、そこんとこはっきりしておいてよ。
長太　はい。
工場長　で、傷の具合は？
長太　はい、何とか。痛みはまだ残ってますけど。
工場長　まあ、ちょんぎれちゃった指はもとにもどらないけどね。
長太　はあ。
工場長　でもまあ、不幸中の幸いっていうか、左手の小指と薬指でよかったんじゃないの。
長太　はあ。
工場長　ま、話は聞いたと思うけど、うちでは、もう雇えないんで。これ、少ないけど退職金ね。はい。
長太　ありがとうございます。

工場長　普通は出ないんだよ。特別なんだからね。
長太　はあ。
工場長　それからこの紙読んで、サインして。ハンコでもいいよ。
長太　はあ。(紙を見つめて困っている。やがてポケットからハンコを出すが、押すのに手間取っている)
工場長　(ハンコを奪い取ってさっさと押す)はい。これで今後いっさい、君と我が社は関係なし。まあ、達者でな。

長太、とぼとぼ帰っていく。反対側に明かりがつく。

母　長太、今日は稼ぎにいかねえのか？
長太　すったなこと　いいじゃねえか。
母　かあちゃん心配してるさ。
長太　俺だって考えてるんだから黙ってろ。
母　んだか、おめえも変わったな
長太　こんな大けがすりゃ誰だって　まめしくしてられねんだ。
母　ゆるくねぇなら、母ちゃん　けえるぞ。
長太　勝手にけえればいいべ！
母　おめえと一緒にいるだけで　母ちゃん　たんだうれしいのに……。
長太　しつこいよ。
母　長太、また酒っこ飲んだのか。
長太　やかましい。
母　朝からなじょした？
長太　関係ねえべ。
母　ほんに　稼いでぇのか？
長太　やかますう！(母に手をあげる)
母　うわっ。

母親、倒れる。うろたえる長太。気まずい空気。
フロアーの明かり消える。
ステージに明かりがつくと、長太が一生懸命作文を読んでいる。

長太　『あつぎでこおじおうにつとめたとき、おふくろと二か月だけくらしました、おやこみずいらずでほんとうにしやわせでした。私がはたらいてかへってくるとおふくろはおちゃおついで、きようもいちにちごくろうさまとにここしながらわらっていました。おふくろのいものにころがしはおいしかった。でもこおじおうでけがしてくびになて、おふくろにておあげたこともありました。すまないことおしました。それからおふくろはびょうきになてしまいました。おふくろはどんどんよわつていきました。そのばん、私わおふくろのそばでぼやつとしていました。ねずにまくらもとにいました。よがあけて。あさになると　いきづかいがあらいのでびっくりしました。となりのおくさんもしんぱいして　いっしよにいてくれました。それからしばらくしておふくろはねむるようにいきおひきとりましたおかさんと大きなこえでおもいきりなきました』

「おかさん」というところは思いっきり叫ぶように言う。
母を思い出すように、震えながら言う。

暗転

十三　新たな旅立ち

輝男が亡くなった公園で花を手向ける長太。手を合わせている。小夜がやってくる。

小夜　長太さん。
長太　小夜ちゃん。すまねえな、こんなところへ呼び出しちまって。
小夜　ううん。それよりどうしたの？
長太　俺、ドヤを追い出されちゃった。
小夜　ええっ！　どうして？
長太　家賃を二ヶ月滞納したんだ。ずっと仕事がなかっただろ。
小夜　……お金、少しならあるよ。
長太　やめてくれよ。そんな、借金頼むために、小夜ちゃん呼び出したわけじゃねえよ。
小夜　だって行く当てあるの？
長太　また船に乗るんだ。
小夜　え！
長太　まぐろ船の船長さんに電話したんだ。昔、ケンカして飛び出したことわびて、もう一度、漁をやらせてくれって。
小夜　そうか、出ていくんだ。
長太　でも、今度は房総や三浦半島あたりで漁をする近海の船だ。
小夜　ふーん。そうやって、みんなこの町にやって来ては、去っていったわ。次から次へと通り過ぎて行った。じゃあ、元気でね。（くるりと後ろを向いて歩き出す）
長太　（とてもうろたえる）待ってくれよ。小夜ちゃん。俺は、他のやつらとは違う。
小夜　ふん、笑わせないでよ。どこが違うのよ。この町捨てて勝手に出ていけばいいよ。
長太　この町を捨てるわけじゃない。
小夜　識字はどうするのよ。識字で字を覚えて、色んな資格を取って正社員になるのが夢だって言ってたでしょ。その夢も捨てるんだ。
長太　違うんだ。俺、識字で字習ってわかったんだ。今までの俺は、逃げてばっかりの人生だったたって。短気だし、こらえ性がないし。だから今度こそ、本気でやろうと思う。夢を捨てたわけじゃない。漁師やりながら、勉強して船の免許を取るんだ。そんで、一人前の漁師になって……。
小夜　そう、頑張ってね。（冷たく言い放って歩き出す）
長太　俺には……もうひとつ夢があるんだ。家族を持ちてぇんだ。だから、小夜ちゃん……一人前の漁師になって……、迎えに来るから、そうしたら、俺と一緒に……。

小夜　私は家族の絆なんて信じちゃいない。誰にも言ってなかったこと、自分史にも書けなかったこと、長太さんに話すね。私の家族めちゃくちゃだった。父親なんか私が生まれる前からいなかったし、母親も自分勝手な人でね。私、小学校に入る前から自分でご飯作ってたんだよ。小学校に入った時、給食が出て本当に嬉しかった。これで食べる心配しなくてすむって思ってね。ところが中学一年生の時、義理の親父《おやじ》に犯されて。そのことを知った母親、何て言ったと思う？　お前が色仕掛けで誘惑したんだろうって。私、もうこんな家族なんていらないって思った。それで家を飛び出して、暴走族の仲間に入って、シンナー、ガスパン、喝あげ、何でもしたわ。リーダーの女になって最後は薬《やく》まで打たれて、少年院。それでその頃、保護司をやっていたすずさんに引き取られた。私って、意志が弱いからさあ、昔の男に声かけられて、よりを戻そうとした時、すずさんに思いっきり殴られて、思いっきり抱きしめられて、「自分をもっと大事にしなさい」って言われて……。本気になって私のこと思ってくれたのすずさんが初めてだった。それですずさんの店を手伝うようになった。でも、癌になってあっという間に亡くなっちゃった。五十八歳の若さで……。綺麗なひとだったよ。亡くなる前「この店は寿の人たちのやすらぎの場所だから、私の代わりに続けてね」って言って……。だから私、あの店やっていると、今でもすずさんがそばにいてくれるような気がする。でもね、私バカだからそのあとも、男に惚れて、信じちゃ捨てられて、その繰り返し。ね、わかったでしょ。私は汚れきったどうしようもない女なの。私は家族なんて持つ資格ないし、持ちたいとも思わない。そのかわり、この寿の仲間が家族だと思ってる。

長太　汚れてなんかいねえよ。小夜ちゃんはきれいな人だよ。身も心も。

小夜　あははは。長太さん、嘘つくの下手だ。自分で言いながら白々しかったでしょ。嘘つき、嘘つき。あはは……。

長太　（全身全霊で）汚れてて何が悪い！　貧乏で何が悪い！　ボロボロで臭くて汚くて何が悪いんだ！　おまけに俺は指二本落としたし、不器用だし、バカだし……でもよぉ、このボロを一枚一枚ひんむいてぜーんぶ取り去ったあとに、一つだけ残るんだよ。キラキラ輝く、透き通った宝石みたいなものが。ちっこいけどよ。魂っていうのかな。いや真心、……夢、……かもしんねえ。バカにされて踏みつぶされて、ボロボロになって、そんでも一生懸命生きていこうっていう真っすぐな心なんだよ。俺には見えるんだ。小夜ちゃんの中で、その宝石がキラキラ輝いているのが……。

小夜　……。

長太　俺は、俺は、小夜ちゃんが好きだ。（叫ぶ）大好きだ！

小夜　……。

叫んだあとで、どうしようもなく照れてとまどう。小夜もどうしていいかわからない。不器用な二人。

長い沈黙。

長太　俺の故郷の裏山にふくろうが棲んでるんだ。夜になると森の奥からふくろうの鳴き声が聞こえてくる。ホーホーって、そうするとおふくろが言うんだ。「ふくろうは夜の闇の中で、木の枝にとまってじっと考えているんだよ。どうしたらお天道様の下を堂々と飛べるようになるか。どうしたら苦労しないで、幸せに暮らせるか。ホーホーって鳴きながら考えているんだ。お前もふくろうのようによく考えて、幸せをつかまなくちゃいけないよ。」って。俺はずっと考えてきた。闇の中でずっと。そんで……ようやく答えがみつかったんだ。

ふくろうが鳴く。

長太　俺の幸せは、小夜ちゃんだ。今の俺は金も家も何にもねえ。だから、小夜ちゃんにプ、プロ、プロポーズする資格もねえ。でも、必ず一人前の漁師になって戻ってくる。……だから……待ってて欲しいんだ。

小夜　（涙で声にならない。なかなか返事ができない）……うん。……。待ってて……あげる。

長太　本当か！　小夜ちゃん、ありがとう……。

小夜　でも……。

長太　うん？

小夜　早くしないと、他の男にさらわれちゃうかもよ。

長太　頑張る。……俺、頑張るよ。

泣き笑いの二人。そして……。

——幕——

作品のてびき

横浜中区にある寿町（ことぶきちょう）は、東京の山谷（さんや）、大阪の釜ヶ崎（かまがさき）と並ぶ日本三大寄せ場の一つです。戦後占領軍から返還されたこの地は、高度経済成長期、日本の輸出入を蔭で支えてきた人々が暮らす港湾労働者の町でしたが、今では生活保護で暮らす人々が八割以上の長寿の町になっています。寿はある意味で日本の縮図とも言えます。最近は派遣切りにあった人や「就職避難民」の若者、外国人も訪れるようになっています。この寿町で、文字の読み書きの出来ない人のために三十年も「寿識字学校（しきじがっこう）」を主宰していたのが大沢敏郎さんです。識字に通うある女性は「みそやしょうゆは、となりからかりられたけれど字はかりられなかった。」と書いています。学校教育から切り捨てられ、文字を学ぶチャンスを奪われた人たちは、「識字」で文字を学ぶことによって、自分の人生を生き直してきたとも言えます。僕は若いとき山谷で働いていたせいか、社会の底辺で生きている人たちに対してずっと共感してきました。この作品は故大沢敏郎さんの実践への鎮魂歌であり、識字で学んだ全ての人々に捧げます。

【上演記録】 二〇〇九年八月二十二日（土）・二十三日（日）、横須賀市立青少年会館、演劇集団ＴＨＥ素倶楽夢　第21回公演（三浦半島演劇祭２００９参加作品）

街に陽が昇るとき
～俺たちはゴミじゃない～

須藤泰造30回忌追悼

2012年6月　劇団ひこばえ公演

登場人物

須藤泰造
須藤陽子
永井徳治郎

《前田中の中学生》
健太
絵美
武
勇
進
ダンスパフォーマー

上島　刑事
桜井　刑事
神崎　記者
蓮見　記者

《寿の人》
佳子
五郎
鉄
佐々木
文子
宮本

ボランティアの人
通行人　数人
母親
子ども

《横手中の生徒》
竜也
凛子
茂
透
勇太
咲
祐樹
孝一
ダンスパフォーマー

プロローグ「浮浪者」襲撃

明かりがつくと、須藤さんが平台の上、センターで背中を向けて立っている。

ホリゾントが朝日に染まっていくのをしっかり見つめている。

山下公園から見える朝日だ。須藤さん、感慨深けに去っていく。

中学生たちが路上（舞台）に現れ、歌いながらストリートダンスを激しく踊る。

歌　貧しさと孤独に耐えた日々
大人の価値観押しつけて
いい子になんてなれない
心の奥《なか》に湧き立つ怒り
怒りの向こうに自由があるか
怒りの向こうに夢があるのか

誰もが持ってる心のキズを
大人は笑って否定する
刹那を生きる俺たちの
悪戯笑うのは簡単さ
渇いた心を満たしてくれる
諦めない　俺たちの夢

路上には一人の野宿生活者がダンボールにくるまって寝ている。

曲が終わるとストップモーション。

不気味な雰囲気の曲が始まり、中学生たちはダンボールにゆっくりと近づいていく。

気がついて逃げようとする男を囲んで殺陣のような動きのダンスが始まる。

中学生たちは男に殴る蹴るの暴行を働く。苦痛に体を折り曲げながら翻弄される男。

やがて男が倒れ、中学生たちは去っていく。

暗転

一　寿《ことぶき》の夜

舞台下手　寿町ドヤで焚き火を囲んでいる人たちの大声が聞こえてくる。

ヤンカラを飲みながら。

鉄　昨日また、やられたってよ。

佳子　え？　やられたって、殺されたのか？

鉄　いや、半殺しだ。

文子　今度は誰だよ？

鉄　鈴木って奴らしい。

文子　鈴木なんてドヤにはゴマンといるよ。
佐々木　そりゃそうだ。
五郎　だいぶ前にことぶきホテルを根城にしてた奴だって。
佳子　（文子に）知ってるか。
文子　いいや。
宮本　いつも酔っ払ってふらふらしてた奴じゃねえか？（かなり酔って半分寝ている）
佳子　おおっ、ヤンカラ飲んじゃ大声で怒鳴っていた奴がいたねえ。（同じく酔ってる）
鉄　ここにいるもんはよぉ、みんな酒飲んじゃ酔っ払ってるからな。（ひどく酔っている）
佐々木　そりゃそうだ。（酔ってる）
皆　ハハハ（笑う）
鉄　この寒さだ、焚き火あたって酒でも飲まなきゃ凍え死んじまうさ。
佐々木　そりゃそうだ。
文子　やったのは誰だい？
五郎　わからねえ。
鉄　誰がやったにしろ、許せねえ。
佐々木　そりゃそうだ
鉄　おめえなぁ、他に言うことねえのか。何かってぇと「そりゃ、」
佐々木　そうだ！
鉄　バカヤロウ！（こづく）
皆　ハハハ

佳子　全くよう！
五郎　くそったれめえ！
宮本　この寒空にとんでもねえ。（言いながら寝転んでしまう）
文子　世間の奴らはみんなあたしたちのことを虫けらかゴミだって思っているのさ。
五郎　虫けらだぁ！
鉄　ゴミってえのは何だ、ゴミとはよお！
五郎　馬鹿野郎め！
鉄　ふざけんなってんだ！（佐々木に殴りかかる）
佐々木　何すんだよ！
鉄　ちくしょう！　ちくしょう！（大声でわめき、手当り次第に蹴飛ばす）

みんなも乱闘に加わったり、止めに入ったり、ひとしきり大騒ぎ。

佳子　ここに寝転んでいる奴だってそのうちマグロにされてそこの川で土左衛門になっちまうさ。おい、起きろ！（鉄と二人で宮本を起こす）
五郎　ああ、顔まで煤けちまってるよ。
鉄　ほら、しっかりしろ！

宮本は、またずるずると寝転んでしまう

文子　しょうがないねえ。（突然歌い出す）♪赤く咲くのはけしの花、白く咲くのは百合の花、どう咲きゃいいのさこのおいら、夢は夜ひらく～♪
皆　（続いてみんなも歌い出す）♪十五、十六、十七と、おいらの人生暗かった、過去はどんなに暗くても、夢は夜開くぅ～♪
文子　あああ、夢かあ。
宮本　（突然）夢なんかあるもんか！（寝る）
佐々木　そりゃそうだ。（言ったあとでハッ）
　皆一瞬、佐々木を見る。それから深いため息。
　間
鉄　こんな寒い夜は、女を抱きてえよな。
文子　女ならここにいるよ。（ポーズを取る）
鉄　おめえを抱いたら、よけい冷えちまうよ。
文子　ふん、あたしだってお断りだい。ドヤに泊まる金もねえ奴、相手にできるか。
皆　あははは、違いねえ。（など口々にからかう）
佳子　ああ、ドヤにくすぶってたら気持ちまでくすぶっちまう。
文子　誰だってこんなとこ早く出たいって思ってるさ。
鉄　しかしよお、この不景気じゃなあ。
五郎　昔はうそみたいに仕事があったよな。
佐々木　そうさ、人手が足りないから、いくらだって好きな仕事を選べた。
五郎　ガッツリ働いて、浴びるほど酒飲めたしな。
文子　あれからだよ。
佳子　オイルショックか。
佐々木　そぉ（思わず言ってから周囲を見て）……だ。
佳子　ベトナム戦争までは何とか食っていけたんだ。
五郎　それから、こちとらも全くダメになっちまった。
鉄　コンテナ船に変わっちまって、俺たち荷揚げ人夫は仕事なくしちまったんだ。（半泣き）それまでの景気がうそみたいになっちまってよ。
佐々木　あのころはドヤにもたくさんの売春婦がいてな……。
　（色っぽくオネエふうに）
五郎　（五郎にからみながら）俺たちみんなごやっかいになったさ。
　（二人でクネクネ）
鉄　あはっはっはっ。
皆　あああっ、昔は良かったねえ。
文子　お前さん、それ言っちまったら終わりよ。
佳子　あはっはっはっ。
皆　……。
　男たち（女も）、それぞれに焚き火をじっと見つめている。
　暗転

二　中学生のたまり場

舞台上手、健太と武がグラビア本を読んでいる。傍らにラジカセが置いてある。

絵美が踊っている。絵美がそばに来ると慌てて本を隠す。

絵美　そんなに慌ててどうしたの？　今何か隠したでしょ。

武　いいからいいから。

健太　いいからいいから！

絵美　ちょっと見せなさいよ。

二人　あ、やめろ、ばか！

絵美　(隠していた本をとりあげて) あ、エロい。私の方がスタイルいいわ。

武　そりゃあ、絵美様には勝てません。

健太　絵美は日本一！

絵美　え、いつ私の裸見たのよ。

二人　見てません、見てません。

絵美　ばーか。(本で二人の頭を叩く)

二人　見てねえよ、なあ。

勇と進がやって来る。

勇　やってらんねえよな。

絵美　どうしたの？

進　セン公がたまには学校に来いって言うから昼過ぎに行ったら……。

勇　教室でだぞ。みんなのいる前でいきなり言うかあ。

絵美　何て言われたの？

進　こいつらは、他校の奴らとつるんで喧嘩ばかりやっている馬鹿者たちだ。

絵美　馬鹿者!?

勇　今度やったら停学処分だ。みんなもこういう恥ずかしい連中とは付き合うな！　だってよ。

健太　そんなことセン公が言うかぁ。

進　あいつは成績の悪い奴や俺たちみたいなもんには露骨に嫌がらせを言うんだ。

勇　学年で何でも一番じゃねえとみんなを怒鳴り散らして馬鹿呼ばわりするんだ。

進　体育祭だって合唱だって優勝しねえと、誰々のせいだって平気で名前を言って、ぐちぐちぐちぐち。

勇　俺たちのこと虫けら扱いしやがってよ、冗談じゃねえよ。

絵美　最低！

健太　セン公って俺たちを守る立場だろう。

絵美　ああいうのに限って上のもんにペコペコしてるんだよ。

健太　で、そんなこと言われてスゴスゴ引っ込んできたのか。

勇　引っ込むわけねえだろ。

進　停学でも何でも好きにしろ！　って怒鳴ってやったさ。

健太　何だ、それだけか。

勇　教室のドアも蹴飛ばして出てきたよ。
武　セン公ぶっ飛ばしてやれば良かったのに。
進　あんなゴキブリ殴ったら手が汚れるだけさ。
勇　そうだよ。
皆　♪ゴキブリ、ゴキブリ、アースでシュッ。まだ死なない！（動作化して繰り返し歌う。大笑い）

間

絵美　私、学校なんてもうやめようかな。
健太　何かあったのか？
絵美　担任が、「お前今のままじゃ高校なんか行けないぞっ」だって。「行かないよ」って言ったんだ。
健太　そしたら？
絵美　「中学卒業じゃ水商売ぐらいしか働くとこないぞ」だって。あたしふざけんなっていってあいつを殴って教室飛び出してきちゃった。
皆　さすが絵美様。ひゅうひゅう、かっこいい！（など口々に）
健太　勇と進も、こうじゃなきゃ。
勇　じゃあ、俺ちょっと行ってくるわ。進も行こうぜ。
進　え？　どこに？
勇　学校だよ。セン公殴ってついでに窓ガラス割って来る。絵美に負けてらんねえからな。
健太　お前な、今行ったら取り押さえられるぞ。
武　セン公たちがワーッて職員室から飛び出して来るだろうが。
勇　そうか。じゃあ、夜まで待とう。
進　夜は外出禁止なんだよ！
絵美　おこちゃま！
皆　（大笑いする）
絵美　私の話、まだ途中なんだけど。
健太　おう、みんな聞こうぜ。
絵美　あの担任、あたしのかあちゃんが水商売やってるの知ってるんだよ。それでそういうこと言うのってどう思う？
健太　それは職業差別だ！
武　そういう言い方はないよな。
絵美　でしょう。水商売のどこがいけないのよ。「女一人で娘を育てるために必死で働いてるんだから。」
健太　うん、えらい！
絵美　って、いつもかあちゃん酔っ払ってどなるんだよね。
勇　そうかぁ、とにかくひでえ担任だ。
武　あいつらぜってぇ誰かと比べて言うだろう。
絵美　そうそう、親が親なら子も子だって。
勇　妹は出来るのにお前は何だって。
進　比べられるのが一番嫌だっていうのを知っててわざと嫌みを言うんだ。
勇　許せねえ！
健太　世の中の大人なんてみんなそうさ。弱い者、劣っている者を差別するんだ。口では偉そうなこと言ってるけど、本心は違う。平気でうそついて生きてるのさ。
武　健太、お前は成績そこそこだから俺たちとは違うだろ。
健太　何が違うもんか。
武　だって俺たちと違って金持ちだし、親父さん一流企業のサラリーマンだろ。
健太　世間的にはそうなってるけど、家族があって家庭なしだ。
武　何だそれ？
健太　家族はいるけど家庭のあったかさなんて全然ないってことよ。
皆　そういうことか。
武　じゃあ、うちもそうだ。
勇　おれんちだってそうさ。
絵美　うちも。（進だけちょっとうつむく）
健太　とにかく口を開けば勉強しろ、勉強しろでうんざりだ。
勇　いいじゃないか。俺たちみたいに馬鹿じゃねえんだから。
健太　……（間）勉強って何のためにするんだ？
武　そんなこと考えたことないよ。
健太　いい学校行って、いい会社に就職すれば幸せになれるんだってさ。
武　確かに大企業に入れば金たくさんもらえるだろ？
絵美　最高じゃない！
進　立派な家に住んでうまいもん毎日食いたいもんな。
絵美　健太はぜいたくだよ。
健太　金があれば幸せか？
武　ないよりはあった方がいいに決まってるさ。
勇　金がないから泥棒に入るんだろ？
絵美　そうだよ。三食ご飯が食べられるって幸せなことだよ。
武　おれんちなんか一日二食食えればいいほうだ。
勇　お前二食でそんなに太ってるの。
武　うるせえなあ。（皆、大笑い）
絵美　うちなんか猫メシだよ。
勇　猫メシ？
健太　まさかキャットフード？
絵美　そうだよ。
皆　本当か？
絵美　あっはっはっ。冷めたメシと残り物ばっかりってこと。
皆　なんだ。（大笑い）
武　最近、うちのばばあ全然家に帰ってねえんだ。
絵美　……（間）きっと男ができたんだよ。
武　親父が事故に遭うまでは、まあ普通に暮らしていたんだけどな。
勇　親父さんどうしてるんだ。
武　親父はガードマンやってる。夜勤の方が給料いいんだって。
進　親父がいるだけいいじゃねえか。
勇　ウチなんてジジイもババアもヤクザの下っぱで何やってるんだか。夜遅く酔っ払って取っ組み合いの喧嘩さ。俺が文句でも言おうものなら、二人して殴る蹴るで、おまけに決まって言うことは、「誰のおかげで飯食えるんだ。生意気なこというなら、妹と一緒に売り飛ばすぞ！」だ。

進 （立ち上がって芝居がかった演説）みなさ～ん聞いてください。みなさんはとーっても恵まれています。親に捨てられて施設ぐらしの俺は、親なんて見たこともないし、家族なんてもの知りませーん。皆さん、このあわれなボクに愛を恵んでください。ついでにお金も恵んでください。

絵美 わかった。かわいそうな進君のために、この絵美ちゃんがお金を。（財布をのぞきこんで）お金はないから、愛を恵んであげるよ。（頭をなでながら）よしよし。

進 そんな愛ならいらねえよ。同情するなら金をくれ！（すねる）

絵美 もう、せっかく愛を恵んであげたのに。金持ち健太！ 出しな。

健太 何を？

絵美 さ・い・ふ！（ポケットをさぐろうとする）

健太 やめろ！ やめろ！

みんなも加わって大騒ぎ。

絵美 武、音楽かけて。踊ろう！ 思いっきり踊って、いやなこと全部忘れよう！ イエーイ！

音楽が始まり絵美、踊りだす。みんなも次々に加わって楽しそうに踊りだす。

暗転

三　年末の炊き出しと須藤さん

舞台下手に長机が出ていて炊き出しの鍋や容器が置いてある。数人のボランティアに混じって須藤さんが容器を配っている。

佳子 ああ、おいしいねえ。

宮本 はらわたに染み渡るよ。

須藤 はい、どんぞ。（ほかの人にも渡す）

鉄 炊き出しがあるお陰で何とか生き延びられるさ。

佐々木 そりゃそうだ。……（間）また一つ年を越すのか。

文子 歳ばっかとったって何にもいいことがない。

宮本 シワが増えるばっかりでな。

文子 あんたに言われたかないよ。（宮本をどつく）

佳子 今年は特にひどかったもんね。

五郎 アブレばっかりで、デズラも少なくなるばっかりでよ。

鉄 生活保護なんか受けるようになっちまったら終わりだしな。

佐々木 何でもいいから仕事が欲しいよ。

文子 この不況はいつまで続くんだろうね。

五郎 とにかく明日のことより、今日を生き延びるってことが一番さ。

宮本 俺だってこう見えて昔は中小企業の社長だったんだ。

佳子 今は寿の社長か。

皆　あっはっはっ……。（大笑いする）

鉄　俺も町工場で鋳型作ってたんだ。へ、工場長よ。タイに工場作るって話があって、どうするかって聞かれてさ、だけどかかあが嫌だっていうからそういったら、首さ。冷てえもんよ。だけどもっと冷てえのはかかあだぜ。失業したとたんに「はいそれまでよ～」だもんな。出てっちまってそれっきりだ。

五郎　俺はよ、昔からヨイトマケだ。躰だけは丈夫だったからな。横浜港周辺の開発工事じゃずいぶん岸壁工事をやったもんさ。

文子　海の藻屑にならなくて良かったね。

皆　（大笑い）あはっはっはっ。

五郎　♪父ちゃんのためならエンヤコラ、母ちゃんのためならエンヤコラ、もひとつおまけにエンヤコラ♪（大声で歌う）

皆　（皆、大声で歌う）♪今も聞こえるヨイトマケの唄、今も聞こえるあの子守唄、工事現場の昼休み、たばこふかして目を閉じりゃあ、聞こえてくるよあの唄があ、働く土方のあの唄が、貧しい土方のあの唄があ～♪

文子　（須藤さんに）お前さん黙ってよく働くねえ。

須藤　いやあ、大したことねえべさ。

文子　ベラベラ喋るより男は黙ってサッポロビールだ。

佐々木　そりゃ、そうだ。（みんなと目が合って一瞬ギクッ。何も言われないのでホッ）

宮本　ああ、ビール飲みてえなあ。

五郎　おう、姉ちゃんもう一杯！　つりはいらねえぞ！

皆　あっはっはっはっ。（大笑い）

ボランティア　皆さん、今日はこれで終わりです。また来週お会いしましょう。……須藤さん、お疲れ様でした。

須藤　はい、お疲れさま。

みんなそれぞれ去っていく。長机はける。

須藤さん、路上を歩いている。

時々何かを拾っている。立ちどまってぼんやりと遠くを見つめたりする。

若いカップルが歩いてくる。須藤さん、何気なくカップルを見つめる。

カップルは須藤さんに気付いてけが穢らわしそうに避ける。

須藤さん、慌ててうつむきながらよけ、道の端でしゃがみこむ。

カップルが笑いながら去っていくをのじっと見送る。

上手に陽子が現れる。（ここからは津軽弁で）回想シーン

陽子　泰造さん。

須藤　え？

陽子　泰造さん。

須藤　（振り返って）陽子……。

須藤さん、陽子の方にゆっくり歩いていく。

陽子　（正座して）これからよろすくたのみます。

須藤　（慌てて正座して）こちらこそ、よろすく頼むじゃ。

陽子　（嬉しそうに）ふふふ
須藤　（照れくさそうに）へへへ

二人ともどことなくぎこちない。互いに目を合わせられない。

須藤　いい結婚式だったのう。
陽子　んだね。いい結婚式だったじゃ。
須藤　本当だきゃ、鯛のお頭つきとか刺身とか出したかったんだばって。
陽子　あいや、あんなめぇもん、生まれて初めて食ったたって、妹たちだきゃ喜んでたんだ。
須藤　ほんとだきゃ、わも、あんなめぇもん、生まれて初めて食べたっきゃ。

二人、顔を見合わせて笑う。心から笑う。

陽子　泰造さんとごのじさまの歌（うだ）、うまかったきゃー。
須藤　じょんがら節、あればっかりだきゃあ。♪ハア〜ここにおいでの皆様方よ、サーサこれからじょんがら節を、歌いまするはお聞きとなされ〜　ハア〜岩木お山を　こずえに眺め〜、続くりんごの緑の中は、右も左もじょんがら節よ〜。ハア〜恋しなつかし我が家を離れ、逢った喜び、別れるつらさ〜、ほんに浮き世は　ままならぬ〜♪
須藤　へへ、わだきゃ、うだへだだんで。
陽子　なんもなんも、みんないい人ばえで、よがったきゃあ。
須藤　おめーの家族もいい人ばっかりでねえが。
陽子　そんなことねえじゃ。
須藤　そんなことあるべよ。わみたいなどごさ、よーぐ来てけだじゃ。
陽子　なんもなも。わみてえな百姓の娘を嫁っこさもらってけで、かあちゃんもとうちゃんも喜んでるってば。口減らしになるはんでって。
須藤　わのとごも百姓だきゃ。本当に貧乏で貧乏で。すたんで、一五で菓子屋の丁稚奉公さ出されで、はじめだきゃ水くみとか拭き掃除とか、風呂焚きとか。ながなが菓子作るのだきゃあ教えてもらえねんでたんだ。作りがたは盗むんだって親方に言われて。すたんで、みんな寝でまった夜ながにこっそり作ってうでっこ磨いたんだ。んだばって戦争さはんじまって赤紙さきて満州さへでがいだんだ。
陽子　んだばって（けれど）、泰造さんがこうやって帰ってきて一緒さなれて、わだきゃ本当に幸せだ。
須藤　んだなあ、わも無事、帰ってきたんで陽子さ巡り会えたんだべなあ……。

間

須藤　借金あるんで、めぇわぐ迷惑かげるなあ。
陽子　なんもなんも。わんどの店こ持でるんだきゃ、夢みたいだばな。
須藤　んだ。わんつかだばて、おらはどの（おらたちの）もぢ餅菓子屋だばな。
陽子　んだ。これがらさ二人でおめえ（うめえ）菓子えっぺぇ作って、まず町の人さ食べでもらって、借金返していぐべす。
須藤　んだな。お客さんさ喜んでもらえる、おめえもぢ餅菓子いっぺぇ作るんだきゃ。そしてよもつけ子供もえっぺえ作っては……。
陽子　んだね、もつけ子供もえっぺえ………あ（気付いて恥ずかしがる）
須藤　（咳払い）よ、陽子……。（近づいて抱き寄せようとする。ぎこちない動作）
声　邪魔なんだよ、じじい！

通行人が行き交っている。
須藤さん、慌てて陽子から離れる。陽子去っていく。

須藤　すいません。
母　歩道に座り込んじゃって、本当に迷惑。〇〇ちゃん、ちゃんと勉強しないとああいう人になっちゃうからね。
子ども　はーい。

陽子の姿はもうない。須藤さん呆然と立ち尽くしている。
暗転

四　山下公園・永井さんとの出会い

夜の公園。平台下手よりに永井さんが腰掛けている。
須藤さんがうろうろしながら行ったり来たり。思い切って永井さんの所へ。

須藤　すいません、ここに座ってもいいですか？
永井　ああ。
須藤　ありがとうございます。
永井　お前さん、どっからきたんだ。
須藤　ついこの間までは寿にいたんですが、僕にはどうもあいませんで。
永井　あそこはだめだ。俺もずいぶん前にいったんだが、一杯飲んでるちょっとのすきに荷物全部もってかれてしまった。ああいうところは性にあわねえ。
須藤　僕はどうも大勢いるところは苦手でして。
永井　そうさ、落ちるところまで落ちて周りに気を遣うなんてまっぴらだ。
須藤　僕、須藤といいます。
永井　名前なんてどうでもいいさ。
須藤　あ、すいません。
永井　あんた、ばかに礼儀正しいな。こういうところに来る奴は挨拶もろくにできないろくでなしが多いんだ。
須藤　そうですか。なんかあなたのそばにいさせてもらうだけでうれしくなっちゃって。
永井　今まで誰もここに座らせたことなんかなかった。
須藤　そうですか、ありがとうございます。
永井　まあ、ここで良ければずっといてかまわんさ。
須藤　そんなに親切にされたらバチ当たっちゃいますよ。明日になったらダンボールを探してねぐら作ります。
永井　俺、永井だ。
須藤　永井さんですか。本当にありがとうございます。
永井　ダンボールのあるところとエサの取り方を教えるから。
須藤　ありがとうございます。

五　中学生・須藤さん・永井さん　それぞれの思い

公園の明かりが消えるのとクロスして、舞台上手にあかり。いつものたまり場。
それぞれが踊っている。

健太　今日久しぶりに学校へ行ったんだ。ヒゲゴジラが進路のことで話があるって言うから。そしたら「こんないい加減な生活してたら志望校に入れないぞ」だって。
武　いいじゃない。俺なんか高校に行く頭なんかないから、始めからあきらめてる。
勇　俺も。頭もないし金もないし。
進　そうだよ、健太がうらやましいよ。
健太　うちじゃあ志望校入らなきゃ家の恥だっていうんだ。
絵美　エリートの家も大変だね。

間

武　健太さ、山手にすげえ家あるのに何で俺たちとつきあってるのさ？
健太　……（みんなを見ながら）俺がいたら迷惑？
武　そんなことないけどさ。（皆も笑いながら否定する）
進　高校行ける頭と金があるんなら、頑張って行った方がいいんじゃないの。
勇　俺なんか、いくら頑張ったって無理だから。
進　何か、生まれたときから人生が決まっちゃってるって感じだよな。
絵美　うん、やってらんないよね。
武　学校に行けば馬鹿にされ、金がねえからこの先世の中に出たって下働きでこき使われるだけだし。
進　（大きなため息つきながら）世の中結局は金だからな。
健太　世の中金で全てが決まるのか？
武　金が無ければ俺たちに幸せもやってこない。

健太　（嘲笑気味に）幸せなんてのは、テレビドラマだけの世界さ。
絵美　ああぁっ、夢も希望もない人生なんか生きていたってしょうがないわ。
進　でも俺たちには仲間がいるじゃないか。
絵美　仲間？
健太　あはっはっはっ。どんな仲間なんだ。
進　まあ、こうダベッたり、愚痴言い合ったりする仲間じゃないか。
健太　確かになあ。でもつまらねえよな。
勇　何かすかっとすることねえかなあ。

間

健太　あいつらみたいになりたくねえよ。
絵美　あいつらって？
健太　ほら、寿やその周辺をうろついている薄汚い連中さ。
武　金も住む家も仕事も何もない奴ら。
絵美　プーだ、プー。（笑う）
進　でも、奴らだって最初から乞食やってるんじゃねえだろ？
健太　そりゃあそうさ、生まれたときからプーじゃしょうがねえもんな。
進　若いときはそれなりに仕事してたんじゃないかな。
絵美　どうしてああなっちゃったんだろう？
健太　何が原因だか知らねえが、仕事にあぶれてああなっちまったんだろうよ。
進　じゃあ、元は家族があった奴もいるのかなあ？
健太　どっちにしたって奴らは仕事もしたくねえ連中ばっかりだろう。
勇　俺たちもああなるのかなあ。
健太　冗談じゃねえ、あんなウジムシみたいになるもんか！

間

健太　なあ、横手中の奴らが喧嘩売ってきたじゃねえか。
勇　え、あいつら相手にやるの？
武　でも奴らすげえ強えらしいぞ。先輩が暴力団と繋がっているらしいって。
健太　喧嘩は素手でやるもんとは決まってないさ。
武　どうするんだ？
健太　資材置き場に行けば鉄パイプかなんかあるだろう。
勇　なるほど！
健太　だから、腕試しに横浜の地下道辺りにねているゴミを片付けないか。
絵美　ゴミ？
健太　ダンボールに寝ている浮浪者のことさ。あいつら臭くてゴミみたいだろ。
武　そうさ、あいつらは世の中のゴミなんだ。臭えゴミなんだ。

健太　だから、あんな奴らきれいさっぱり掃除しなくちゃならないんだ！
進　でも、大人だから平気かなあ。
健太　なに、みんなでやれば怖くないさ。
絵美　うん。私も行く。
皆　ええっ！
健太　絵美はやめた方がいいんじゃないか
絵美　大丈夫！　うわぁ、何か興奮してきた。
健太　よし、そうと決まれば、行くぜ！

少年たち、舞台センターに向かって歩き出す。
(ダンス曲が流れてくる)
中学生たちが路上（舞台）でストリートダンスを激しく踊る
対立曲　前田中の歌

浜をさまよい　俺たちは闇の中
苦虫つぶして　寂しく歩いている
お前たちは　何を粋がっているんだ
お前たちは　何を強がっているんだ
弱い奴らよ　かかってこい
弱い奴らよ　かかってこい
真面目な奴らを　ぶっとばせ
退屈な心を　ぶちこわせ

曲が終わるとストップモーション。
反対側から横手中の連中がきて、不気味な雰囲気の曲が始まりダンスパフォーマンスを見せる。

俺たちは　街の掃除屋だ
俺たちは　街のダニを片づける
邪魔する奴らは　叩きのめす
邪魔する奴らは　叩きのめす
弱い奴らよ　かかってこい
弱い奴らよ　かかってこい
屁理屈こねてる奴らにゃ反吐が出る
真面目な顔して泣きごと言うな
泣いてる奴らにゃ　うんざりだ

中学生たち、互いに対立しながら間合いをつめていく。

竜也　(笑いながら) 前田中の弱虫たちじゃねえか。
武　うるさい！
横手中（皆）　あっはっはっ。
勇　偉そうなこと言ってんじゃねえよ。
凛子　良い子の皆さん、逃げていいんですよ。
進　ふざけんな！　それに鉄パイプなんか持って卑怯じゃないか。
茂　何寝ぼけたこと言ってるんだ。つべこべ言わずかかってきな。
健太　よし、いくぞ！

透　慌てちゃだめよ。
凜子　弱い子ちゃんはすぐかっとするから困るんだよ。
絵美　なめんじゃないよ！
勇太　おお怖わっ！
咲　お兄ちゃん、早くやっちゃいなよ。
竜也　ほいきた、任せなさ〜い！
透　竜也、お前が出るまでもないさ。
武　お前たちバックにヤクザがいるからってでかいつら顔するなよ。
茂　何を寝ぼけたたわごと言ってるんだ！
孝一　ぐだぐだ言ってないでやっちまおう。
凜子　よし、みんなやるぞ。覚悟しな！
健太　上等だぜ。
竜也　いいか、逃げないように囲め！
透　可哀想に。
祐樹　泣くんじゃないよ。
茂　絶対逃がすなよ。
絵美　みんな構えて。
勇太　あっはっは。こいつらびびってるぞ。
咲　一人残らず叩きのめして！
勇　頭以外ならどこでもいいぞ！
孝一　こっちは頭でもどこでも構わないぞ！
祐樹　みんなぁ、構えろ！
咲　お兄ちゃん、早くかたづけてよ。
竜也・凜子　みんなぁ〜。やるぞ〜！
健太　いくぞ！
皆　おおっ！（それぞれ大声を出して喧嘩が始まる）

殺陣のような動きの中、ぶつかりあう。

前田中の連中、ことごとく地べたの這わされる。

凜子　あはっはっ。だから言ったでしょう。弱い子は喧嘩なんかしちゃダメなのよ。
竜也　いいか、偉そうにこの辺りうろつくんじゃねえぞ！
進　ふざけんな！　覚えてろ。
孝一　負け犬が逃げていくぞ！
横手中（皆）　あはっはっはっ。

前田中の連中、悔しそうに去って行く。横手中の連中、笑いながら勝ち誇ったように去って行く。

横手中が去った方から、ダンボールや荷物を抱えた須藤さんが歩いてくる。

前田中の連中追いかけるように出てくる。須藤さん、中学生たちと目が合う。

中学生たちジワジワと須藤さんに近づいて行く。一触即発の緊張が走る。

遠くから大人たちがやってきたのを見て中学生たち足早に去っていく。

通行人は侮蔑したような目で須藤さんを避けるように去っていく。

須藤さん、下手に向かって歩いて行き、立ち止まって遠くを見ている。

周囲は暗くなる。回想シーン。

須藤 陽子、けえったぞ。

陽子 あら、おがえり。

須藤 なんだば休んでればえすたのに。わんつかでも休め。おめえ、あんべえよぐねえのに、朝がらはだらいでばえでばな。

陽子 んだば、これ正月に売る分だきゃ。一日でも早く借金返すためだぁ。(息苦しそう)

須藤 苦労ばれかげで、わりぃのお。

陽子 夫婦でねえが、あだりめえだばな。なんも気にさねんでけろ。

須藤 なんか顔色よくねなあ。

陽子 なんもなんも。(息苦しそう)

須藤 こんど医者さ看でもらうべし。

陽子 一晩寝れば治るはんで。

須藤 でぇじょうぶが?

陽子 んだ。今年きゃいつもより注文が多いはんで、気張らねばまえなあ。

須藤 んだ。店出して五年、やっとお客さんもぼちぼち増えで来たしな。

陽子 まめにはだらいてくれたおかげだばな。これでわんつかでも楽になるんでねが。

須藤 んだな。おめえもよぐはだらいてけだすな。これでなさべべこの一枚も買ってあげられるなあ。いや、温泉さいぐほうがえが? 五年前みてえに、またいくべ。

陽子 わぇはー、うれしきゃあ。

須藤 配達終わったらゆっくり休めへ。

陽子 んだなあ。

一度二人ともはけてから、また出てくる。二人とも相前後して寝てしまう。ややあって須藤さんが目覚める。

須藤 ああ、いげね。こんなとこで寝てまったじゃ。よほど疲れでたんべなあ。おい、陽子起ぎれ。

陽子は起きない。須藤さん、そばに寄って顔をのぞき込む。

須藤 めごこい顔して。(にやにやしながら頬をつつく)なんだば、よだれたらして。陽子!

須藤、陽子のからだが冷たくなっているのに気付き、あわてて抱き起こす。

須藤 陽子、陽子!

須藤さん、陽子を抱きかかえたまま泣いている。陽子は去って行く。一人いつまでも泣いている。周囲は夜の公園に戻っている。須藤さん涙を拭いながら遠くを見ている。

須藤　陽子、おめえには本当に苦労のかけどおしだったなぁ。すまねがったのお。

永井さんがいつのまにか傍らにいて

永井　どうだ、エサにありつけたか？
須藤　ああ、永井さん。（慌てて取り繕って）いやぁ、なかなか難しいです。
永井　そりゃあそうさ。いつでもありつけるわけじゃない。ちゃんとエサを出す時間があるんだ。
須藤　そうですか。
永井　勝手に出していたら犬や猫ときにはカラスがきて食い散らかしちまうからな。中華街なんかはどこの店に何時頃行けば出すのか長年歩いていりゃあ分かるのさ。
須藤　なるほど。
永井　俺だってむやみやたらと歩いているわけじゃない。ちゃんと考えているのさ。
須藤　さすがですね。
永井　生きていくための智恵だよ。
須藤　勉強になりました。
永井　世間じゃ「ルンペン三日やったらやめられない」なんて言うがふざけるなって言いたいよ。冬の寒空に三日もほっつき歩いていたら死んじまうさ。
須藤　ああ、そうだこの前のお礼といっちゃ何ですがコップ酒一緒に飲みませんか。
永井　お前さんどうしたんだ？
須藤　ああ、大丈夫ですよ。盗んだりしたもんじゃないですから。
永井　すまん、遠慮無く頂くよ。
須藤　ドヤに泊まろうと持っていた金のあまりなんです。
永井　酒なんか久しぶりだ。ああ、うまい。
須藤　良かったらこれも食べてください。（咳き込む）
永井　おおっ、あたりめか。でも俺は歯がボロボロだからな。
須藤　これ、噛まなくてもしゃぶっていればいい味がでますよ。
永井　すまん。（あたりめをしゃぶる）うん、なかなかだ。
須藤　いいでしょう。それにあたりめは縁起がいいんです。（咳き込む）
永井　大丈夫か？（コップ酒を飲む）あ〜あうまい！　何だか正月気分だなあ。
須藤　永井さんの故郷はどこなんですか。
永井　山形だぁ〜。鳥海山が見えるどごさぁ。季節によっていろんな鳥海山が見えでなあ。子どもんとき、みんなで十五キロも歩いで行って初めで日本海見だどぎは感動したなあ。海を見てると何だか心まで強くなった気がしたもんだ。

須藤 そうですか、僕は青森なんです。うちの方は田舎で、あっそうだ岩木山が見えるんです。津軽富士って呼ばれている。わが好きだったのは雪を被った岩木山でした。青森のしんばれる寒さの中できりっとした姿さ見でいるとわも頑張らなきゃと何度も思いました。

永井 おだがい東北人だからなあ。

須藤 いつがらここさ？（咳き込む）

永井 まあ、いろんなこどあったぁ。

須藤 ぜひ聞かへでください。

間

永井 若げえ頃北海道の夕張炭鉱で働いていだどきに落盤事故があってたくさん犠牲者が出たんだ。それで嫌気がさしてそこでまかないやっていたおなごと結婚して東京の世田谷に引っ越してきた。何とか暮らしがたち始めたどぎ赤紙がきて満州に引っ張られで、ソ満国境でソ連相手ににらめっこだ。日本が戦争に負げでまって戻ってきたどぎ、東京は空襲で一面焼け野原さ。かかあと子どももあのとき亡くなったんだろう。骨ひとつ見づからながった。それからはいぐどごなぐで上野でルンペンさ。地下道には戦災孤児がいっぺえいだけ。あんどぎ「花売り娘の歌」が流行っていで、それで花売り娘に会いたくて横浜さきだんだ。横浜もやっぱり焼け野原だった。たまたま拾ったお金で花売り娘から花一輪買ったんだ。黒いスカートはいたパーマもかけていない若い娘だったよ。気づげば横浜で沖仲士や土方をやってた。

須藤 （咳き込む）わも戦争で満州に行きました。終戦後青森に戻ったんだばって。仕事なんかねーんで、手さ職つける餅菓子屋を女房と始めたんです。働き者の女房でその年は注文がたくさん来て二人で喜んでのし餅さ作って、大晦日に配達を終えたあど、疲れて二人して土間に寝こんでしまったんです。女房はそれっきりでした。それからです僕の人生はすっかりおがすく（狂って）しまった……。気がついたきゃ山谷で働いていだだばって、それからいろんなことがあって寿町で世話になったあど、今はここさえるというわげです。

永井 お前さんも辛い目にあってきだんだなあ。

須藤 いやあ、……でも何だろうなあ。わの夢とはまっだぐ違った人生になったことは確かですが、これぱっかりは誰さ恨んでもすかたねえですからね。（咳き込む）

永井 本当だ。でもよ、俺なんか戦争で狂ってしまっだのは確かだ。今さらどうこう言ってもしょうがねえがらな。前を向いて生きでいぐのが一番だ。もうこれ以上落ぢるどころはないがらな。あっはっはっ。

須藤 もうわんずかで夜が明ける。この公園から見る日の出が好きなんです。永井さんはご存じでしょうけど、大晦日の一二時さなると港に停っている船が、一斉に汽笛をボーッて鳴らすでしょう。そうへば、ああ、みんな、死んだ女房のために泣いてくれてるんだって、そんな気がして、涙が止まらなくなるんです。元日は女房の命日だから。そのあと中華街の爆竹が鳴って、海の向こうさ元旦の朝日が昇るのを見ると、死んだ女房がお天道様の中で微笑んでいるような気がするんです。そんで、おめえさん、しっかり生きてけろって励ましてくれる……いや叱ってくれるんです。こんなどうしょうもない人生だばって、もうわんつか頑張って生きてみようかな。少しは人様の役さ立つように生きていかなきゃって。そんでねばあの世で女房さ会った時、恥ずかしくて顔合わせられないですよね。だから……。

永井　お前さんの連れ合いはおひさまみてぇな人だったんだなぁ……。

須藤　(うなずきながら咳き込む)僕はこの十二月で六十になるんです。

永井　そうか、俺はもう七十五を過ぎたのがなあ。

須藤　永井さん、若いですよ。

永井　おだてだって何にも出ねえよ。あはっはっはっ。

二人　(笑う)

間

永井　こんなに長いこと話したのは生まれて初めてだよ。

須藤　(咳き込む)ねえ、永井さんいづが一緒に二人の故郷に行ごうさ。

永井　そりゃあいい考えだ。でも山形と青森まで歩いていくの大変だなあ。

須藤　いいじゃないですか。昭和の松尾芭蕉ですよ。

永井　んだばこれがらからだを鍛えていかねばなんねえなあ。あはっはっはっ。

須藤　あはっはっはっ。本当ですね。

六　野宿生活者　須藤さん、襲われる

須藤さん、壇上中央辺りで立ち止まって、手の平を出す。

須藤　雪？　青森は今頃雪が積もっているだろうな。もう一度雪の岩木山を見てみたいなあ……。陽子、お前ともっともっと一緒に暮らしたかったぁ。俺が気を遣ってやればお前を死なせなくてすんだのに……。(泣く)陽子、本当に済まなかったぁ……。

いつの間にか回想シーンになる。周囲は美しい

陽子　あんたあ、見てぇー。乙女の像だっきゃあ。

須藤　んだなあ。陽子だきゃ智恵子さんのこと大好きだからな。ここちゃ　へできたがったんだばな。

陽子　ありがと。新婚旅行なんて夢みてぇだ。

須藤　ああ、しばらぐ、旅行なんてでぎねんでなあ。明日は、白神温泉だきゃ。

陽子　わえ～、えじゃ～。

二人で歩く。

須藤　ここだきゃ今でもブナの森さ手つかずで残ってる所なんだきゃ。

陽子　あれ～ブナの葉っぱ踏んでるとなんだきゃ絨毯の上さ歩いでるみたいだきゃ。

須藤　上さ見てごらん。木漏れ日さ透かして見えるブナの葉っぱがきれいだきゃ。

陽子　わあ、きれいだじゃ～ほら、あんた見て、ブナの葉っぱさ重なり合ってまるでダンスさ踊っているみたいだきゃあ。

二人でブナの葉を見つめている。

須藤　この先さ暗門の滝というのがあるんだ。人があまり入らないせいか今でもひっそりとした滝なんだきゃ。

陽子　わぇは～、早ぐ見てぇじゃ！

手をつないで歩く。

須藤　陽子、今度来るときはおらほんどのわらすことく来いべし。

陽子　そった日が来ればええな。

二人とも幸せそうに笑う。須藤さんだけ立ち止まり、陽子さんは去っていく。

回想シーン終わる。

元の場所（山下公園）須藤さん壇上で横たわって寝ている。

中学生たちが現れ、ストリートダンスを踊る。

貧しさと孤独に耐えた日々
大人の価値観押しつけて
いい子になんてなれない
心のなか奥に湧きたつ怒り
怒りの向こうに　自由があるか
怒りの向こうに　夢があるのか

誰もが持ってる心のキズを
大人は笑って否定する
刹那を生きる俺たちの
悪戯笑うのは簡単さ
渇いた心を満たしてくれる
諦めない　俺たちの夢

曲が終わるとストップモーション。やがてスローモーションでそれぞれがゆっくりと動き始める。そして、寝ている須藤さんを取り囲む。中学生たち示し合わせたように殴る蹴るの暴行を働く。須藤さん、うめき声や叫び声を出す。

須藤さん座り直すようになって。

須藤　君たち大勢で寄ってたかって襲うなんて卑怯じゃないか。

健太　おおっ、ゴミがしゃべったぞ。

須藤　ゴミ？　ゴミか、確かに薄汚れたかっこしているからな。でも、君たちのお父さんと同じようにニンゲンなんだよ。

武　お前みたいな奴がウチの親父と同じ訳がないだろ。

勇　仕事もしないでブラブラしているだけの薄汚れたウジ虫じゃねえか。

須藤　ゴミにウジ虫か……。

絵美　そうよ、お前みたいな役立たずが世の中のゴミじゃなくて何なの。

健太　ぐたぐた言ってねえで早いとこケリつけちゃおうぜ。

須藤　みんなでやれば怖くないか。おじさんはそういうのが大嫌いだ。どうしてもやりたいなら一人ずつかかってきなさい。

子どもたち躊躇する。

進　どうする？

武　こいつ度胸がいいじゃん。

勇　やべえんじゃないか。

絵美　もういいから帰ろう。

健太　お前たち何ビビッテるんだ。俺から先に行くぞ。

健太、須藤さんに蹴りを入れる。ボキッと骨が折れる音がする。

須藤　うっ、(胸を押さえて苦しむ)

武　よし、今度は俺だ。

次々と蹴り（ゲソパン）を入れていく子どもたち。やがて倒れ込む須藤さん。

健太　偉そうに言って、たわいもないやつだ。

勇　もう行こう。

少年たち、歌ったり踊ったりしながら賑やかに去っていく。
残された須藤さんは暗闇のなかでうめき声をあげ続けている。

須藤　陽子～陽子～。

夢想の世界　上手に陽子現れる

陽子　泰造さ～ん。おがえり。今までわを一人にしてどこさ行っておったん？　どんだけ寂しかったかぁ……。二人で約束したごと覚えていますっか？　雪《ゆぎ》の岩木山見につれでってくれるごとずっと夢でしだ。やっと夢さかなえられるどきがきたんですねえ。

それから、もつけ子供もえっぺえ作って……。

陽子、嬉しそうにほほえんでいる。暗転
次第に空が白んでいく。美しい朝日に照らし出される須藤さん。遠くから話し声が聞こえる。シルエットになっているので顔は見えない。

進　うわあきれいだなあ！
勇　本当だ、俺こんな日の出見たの何年ぶりだろう。
絵美　小さい頃、この山下公園に家族で日の出を見に来て以来だわ。
健太　日の出ってずっと見ていても飽きないよな。
進　俺が生まれたときもやっぱりこういうお日さまが出ていたのかなあ。
武　太陽見ていると今までの悪いこと全部忘れて違った世界になるようだ。
絵美　本当！
武　小さい頃は良かったなあ。

みんなそれぞれの思いを抱きながら、日の出を見つめている。
公園が朝の光に包まれる。横たわっていた須藤さんがピクッと動く。
少年がゆっくり振り返る。

勇　おい、見ろよ。
進　まだ生きているぞ。
武　しぶとい奴だ。
絵美　もういいじゃないの。
健太　馬鹿野郎！　びびったのか。
絵美　そうじゃないけど、こいつほっといても死ぬよ。
勇　こいつらウジ虫にはそれなりの死に方をさせてあげなきゃかわいそうだろう。
進　よし、息の根を止めてやれ！

激しく暴行を加えていく。

武　最後の一撃だ。（ブロックの塊で頭部を打ち付ける）
須藤　うわっ〜ああ〜!!（断末魔のような叫びをあげる）
健太　社会のゴミはゴミらしく、ゴミ箱へ入れて転がしてやれ。

みんなで、そばにあったゴミばこに須藤さんを入れる。
中学生たち、転がる様子を見て笑う。そして去っていく。
暗転

七　寿のドヤの人々

舞台下手　寿町ドヤで焚き火を囲んでいる人たちの大声が聞こ

えてくる。
ヤンカラを飲みながら。

鉄　また殺されたってよ。
佳子　殺された?!
文子　やられたのは誰だい？
鉄　須藤って奴らしい。
佳子　須藤？
佐々木　知らねえな。
鉄　ドヤにいたこともあるらしいってよ。
宮本　そんな奴いたか？
五郎　どこでやられたんだ？
鉄　山下公園だって。
佐々木　山下公園!?
鉄　何でもゴミ箱に転がされていたんだとさ。
皆　ゴミ箱!?
宮本　ひでえことしやがる。
佳子　全くねえ。
文子　誰にやられたんだ？
鉄　ガキらしいよ。
五郎　ガキ?!
鉄　中学生だってよ。
宮本　何でまた中学のガキがそんなことすんだ？
佐々木　そりゃそうだ。（周りの雰囲気を感じて）分かりませ〜ん。

五郎　中学生って、一四か一五のガキだろ？
鉄　俺にもそんなガキがいたよ。息子みたいなガキに殺されちゃ世の中終わりだ！
五郎　今のガキは何考えてるんだ！
鉄　俺たちを何だと思ってるんだ。
佳子　どん底で這いつくばっていたってニンゲンはにんげんだ。
宮本　しかし、どうしょうもねえ世の中だ。
皆　ちくしょう！
文子　（やりきれない気持ちが覆う）………。須藤さんて何年か前の炊き出しの時、手伝っていた人じゃないかな。
宮本　そうだったか？
文子　あの人だったらよく働いていたよ。薪割りしたり、米研ぎしたり、火加減を見たり、本当に働き者だったわ。
佳子　そういえばいたねえ！
文子　あんたらと違って無口でにこにこしながらみんなのためによく働いていた人だ。
佳子　何であんなに気のいい人が殺されたのかねえ。
五郎　このドヤには長いこといなかったみたいだけどね。
宮本　そうだよ、みんなドヤに泊まれる金やヤンカラ飲む金がなくなりゃ寿から消えちまうのさ。
五郎　好き好んでこんなとこいるわけねえさ。
佐々木　そりゃそうだ。（同意を求めるように皆を見る）俺たちだって仕事があれば働きたいさ。
佳子　そうさ、まじめに働いてそのあと一杯飲むのが最高だもんな！　金があれば、ここを出て行った奴だって、好き好んでアオカンなんかするもんか。

暗転

八　警察で

桜井　（机をドンと叩く）お前ら、悪いことしたと思わないのか！
絵美　別に。
桜井　お前らがタコったプー太郎は死んだんだぞ。
武　ぼくらのせいじゃない。
上島　何だと！　お前らがやったんだろう。
勇　別に僕たちがやらなくたって、冬になれば道で凍死してたり、中村川にプカプカ浮いてたりしてるじゃないですか。
桜井　お前らがやったんだろって聞いてるんだ！
絵美　そんなに怒鳴らなくたって聞こえてますよ。私たちがやらなくたってあいつらは死ぬんだから。
桜井　話にならん。
進　ダサイなあ。
上島　何だと！
武　ゴミ掃除しただけなのに。
桜井　ゴミ掃除だと？
武　やつら、仕事なんかやりたくなくてぶらぶらしている社会のゴミじゃないですか。
上島　そういうことか、確かにそう言えるかもな。あはっはっはっ。
絵美　（安心したように笑う）そうでしょう。刑事さんだって、本当はあんな汚い奴らがいなくなってせいせいしてんでしょ。
桜井　馬鹿野郎！　どんな奴でも殺したら罪になるんだよ。
進　ゴミを片づけてやったのになあ。
桜井　ゴミ？　こういっちゃ何だがアジトにしているお前たちのアパートだって谷底みたいな川のほとりにあるゴミ屋敷じゃないのか。
武　うるせえな！
上島　川から見上げると高級住宅地が見えるだろう。
勇　だから何だよ！
桜井　そこに住んでいる金持ちと違って、お前たちと寿にいる人たちの生活は変わらないんじゃないか。
絵美　冗談言わないでよ！
桜井　自分たちのどうしょうもない生活やイライラを彼らにぶつけたんじゃないのか。
上島　お前たちが言う弱いゴミみたいなやつらを的にな。
皆　…………。
上島　お前たち、いつから浮浪者狩りをするようになったんだ。
武　最初は寝ているプー太郎を見つけると、遠くから石を投げたりダンボールの家を棒やパイプで突き刺したりしていたんです。
勇　突き刺すとブスッブスッとダンボールに穴があいて、中でギャッて悲鳴を上げるのが面白くてね。

絵美　そのうちタコルようになったんです。

進　タコみたいにグニャグニャになって、悲鳴をあげて這うように逃げていくんです。

桜井　（あきれたように）弱い者をいじめてそんなに面白いのか。

武　だって、あいつら生きている価値もないゴミなんだから。

上島　お前たち学校や家で、そんなに面白くなかったのか？

絵美　……どこにも私たちの居場所なんかありゃしない。（ため息をつく）

桜井　横手中学の連中との喧嘩の力試しにやったって本当か？

勇　どこでそんなこと知ったんですか？

上島　警察は何でも知っているんだよ。

進　へえ、そうなんだあ。

別室　刑事上島・桜井移動する。

上島　君はどうして黙っているんだ。

健太　別に。

桜井　みんな反省文をかいているぞ。

健太　うそですよ。

上島　うそなもんか。最初悪気なんか全然なかった彼らも自分たちがしでかしたことの重大さを感じたんだ。

桜井　人殺しの殺人犯だからな。

健太　人殺し？

桜井　当たり前だ。いくら中学生だって人殺しにはそれなりの罰がある。

健太　…………。

上島　君みたいな立派な家の子がどうしてこんなことしたんだ？

健太　（黙っている）

桜井　おい、聞いているのか。

健太　はい。

上島　何か不満でもあったのか？

健太　不満？……。「あの人たち」と僕は住む世界が違うんです。

桜井　「あの人たち」って君の両親のことか？

健太　そうです。

桜井　どうしてそういう言い方をするんだ。

健太　だって気持が繋がっていませんから。

上島　ご両親は君に期待していたんだろう？

健太　それがウザイんです。

上島　ウザイ？

健太　僕の人生は僕が決めることです。

桜井　そりゃあそうだが。

健太　「あの人たちは」、僕の気持なんかどうでもよかった。世間体だけが全てだったんですよ。

上島　大人っていうものは社会で生きているから、世間体を気にするのは当然だ。

健太　だから嫌だったんです。親も教師も大人たち全て、僕たちの敵なんです。

桜井　敵？

健太　そうです。だからあのプー太郎だって僕たちにとって殺しても構わない敵だしゴミだったんです。
上島　ということは、君たちのやったことは大人たちへの反抗だということなのか？
健太　とにかく薄汚くて臭いゴミを始末しただけです。
桜井　ゴミなんかじゃない！彼らだって人間なんだよ！
健太　そんなこと分かっていますよ。相手がニンゲンだから、骨がポキッと折れてスカッとしたんです。ゴミみたいに臭いニンゲンだから……。あのポキッていう音を聞いた時、ニンゲンに会えた気がしたんだ……。
桜井　え？
健太　僕は……ニンゲンに会いたかったんだ！……。

暗転

九　須藤さんの思い出

永井　何であの日に限ってあそこにいたのかなあ。
蓮見　いつもと違うところにいたのですか？
永井　いつもは売店の奥に寝ていたんだ。
蓮見　売店の奥？
永井　そうだ。俺も須藤も東北生まれだから、あの売店で流す民謡に惹かれてあそこをねぐらにしていたんだ。
蓮見　どうしていつもと違ったところにいたんでしょう？
永井　それはこっちが聞きたいよ。俺の隣にいれば殺されなくてすんだのによ。
蓮見　何ででしょうね。須藤さんのことで何でもいいので話して下さい。
永井　とにかくあいつほど人が良い奴はいなかった。この辺りにいる連中は挨拶一つできないのが多いんだが。
蓮見　礼儀正しかったってことですか？
永井　そうだ。でも、ここで生きていくには人が良いだけじゃだめなんだ。特にああいうガキ相手には大声で怒鳴ってやれば手なんか出さないんだ。
神崎　そんなもんですか。
永井　きっと須藤は声も出さなかったからやられたんだよ。
蓮見　他に須藤さんのことで何かありましたらお話下さい。
永井　……俺が山形で須藤が青森出身なんだ。須藤の家からは岩木山が見えるそうなんだ。この間はやけに故郷を恋しがっていたなあ。雪の岩木山をもう一度見たいって言っていたよ。
神崎　故郷へ帰りたかったんでしょうか？
永井　そのうちに二人で故郷へ歩いて帰ろうなんて話していたんだ。
蓮見　歩いてですか？
永井　金がないから歩いて行くしかないだろう。
神崎　そうですね。
永井　胸騒ぎがしたのかなあ。

蓮見　そういうことってあるのかもしれませんね。
永井　あいつは本当に優しい奴でよう。よくかみさんのことも話していた……。
神崎　奥さんがいたんですか？
永井　餅菓子屋をやっていたそうなんだが、かみさん一生懸命働きすぎたのか疲れで死んじまったそうだ。子どもがいなかったし、それで青森捨てて出てきたそうだ。
蓮見　そうだったんですか。
永井　そうさ、俺たちは……。（声につまる）
神崎　永井さん、須藤さんを殺した中学生をどう思いますか？
永井　どうって、（怒りに満ちて）とんでもねえ奴らだよ！
蓮見　やっぱりそうですよね。
永井　人を殺して何が面白いんだ。馬鹿ものが！（吐き捨てるように）須藤は言っていたよ。「今はからだ壊してなかなか働けないけれど、額に汗して働いて少しは世の中のために役立ったか、なんて思いながら一杯だけ酒が飲めたら幸せです」ってな。
神崎　「人のために働きたいって」言ってたんですか。
永井　そうさ、俺たちはサボって仕事しないわけじゃないんだ。
蓮見　……。
永井　お前さんたち、寿の匂い、この街の匂いってわかるか？
神崎　寿の匂い？
蓮見　街の匂いですか？
永井　煤けた、カビ臭い、すえた匂いだよ。
蓮見　煤けた……。
神崎　カビ臭い、すえた臭い……。
永井　その匂いに吐き気を感じて俺たちをゴミ扱いにしてきたんだ。その嫌悪感は、ガキよりも大人たちの方が強いのさ。
蓮見　大人の方が強い？
永井　取材しているあんたたちもそのことを自覚しなきゃなあ。
蓮見　永井さん、こんなこと聞いて失礼かもしれませんが貧乏をどう考えますか？
永井　貧乏か？　あはっはっはっ。俺は貧乏じゃないよ。貧乏っていうのは多くのものを望む奴のことだ。
蓮見　そうですか。
神崎　永井さん、人の命をもてあそぶようなことってどう思いますか？
永井　？……。どんな身になっても自分は生かされていると思えばそんなこと考えないさ。
神崎　なるほど。
永井　あいつら学校じゃどうだったんだ？
神崎　学校なんかつまらないって言って、あまり学校へ行ってなかったらしいですよ。
永井　学校の落ちこぼれが社会の落ちこぼれの俺たちを殺るなんて……どこか間違っているんだ。
神崎　確かに変ですよね。
永井　あいつらどうしようもないガキだが、あいつらを罰したって何にも変わらないさ。
蓮見　どういうことです？

永井　あいつらは社会の鏡なんだ。だから、悪いのは弱いものが救われない今の世の中なんだ。
神崎　今の世の中ですか。
永井　なんでも金と物で片づけようとする今の世の中じゃ、まっとうな人間なんて育たないさ……。
蓮見　……。ありがとうございました。
神崎　（おじぎをする）

記者、去って行く。その場に立ち尽くして。

永井　須藤よ。今ごろどこほっつき歩いているんだ。お前ともう一度酒を飲みたいよう。（つぶやきながらすすり泣く）

暗転

エピローグ

十数年たったある日の山下公園。早朝
健太が歩いてきて立ち止まる。檀上に佇む。しばらくして振り返る。
彼は遠い過去を思い出すように眺めている。
公園の傍らに野宿生活者が座っている。

健太　あれから何年経ったんだろう……。（野宿生活者がいるのに気づく）俺もあの人と同じようになるのか。

絵美が歩いて来て、健太に気づく。

絵美　健太？　久しぶり！
健太　（びっくりして）おおっ、絵美じゃないか。こんな朝早くどうしたんだ？
絵美　私、近くのスナックで働いているの、いま仕事帰りなの。
健太　へえっ、定職についてるのか。
絵美　あはっはっ。そんなわけないでしょう。
健太　じゃあ今は。
絵美　バイトよバイト！　あのときあんなことして、おまけに中学卒業だけじゃまともな仕事なんか就けるわけないわ。健太今どうしてるの？
健太　親が望んだ高校には行けなかったし、中退して町工場で働いたり、いろいろやってるよ。
絵美　そう……。
健太　お前みたいな恥さらしはこの家に置いておけないから出て行けって言われ、それ以来家に帰っていない。
絵美　ええっ、じゃあ今どこにいるの？
健太　飯場を転々としている。
絵美　えっそうなの！　で、また今日はどうして？
健太　俺、……あれからずっと心にひっかかってていたんだ。

絵美　……うん（健太の顔を見て）……あのことでしょう……。
健太　自分がこういう立場になったせいか、あのときの親父さんのことが身近に感じられるっていうか……いや、殺ったことを後悔しているわけじゃないさ。
絵美　……何で私たちあんなことしちゃったんだろう……。
健太　今更そんなこと言ったってしょうがない……。留置場にぶち込まれた夜、鉄格子の窓の向こうに星空が光っていた。船の汽笛が聞こえたとき、「俺はひとりぼっちなんだ」って感じた。あの親父さんも一人で汽笛を聞いていたのかなんて……。
絵美　……私もときどきあのときのこと夢に見るの。
健太　あの人が最後に言った言葉が頭から離れないんだ。
絵美　あの人、なんて言ったっけ？
健太　「君たち、大勢で寄ってたかって卑怯じゃないか」って。……俺そのとき、「おおっ、ゴミがしゃべったぞ」って言ったんだ。そうしたら「ゴミ？　ゴミか、確かに薄汚れたかっこしているからな。でも、君たちのお父さんと同じニンゲンなんだよ」ってな……。
絵美　…………。（小さくうなずく）
健太　今思えば、うちの親よりよっぽどニンゲンだったかもしれないと思っている……。
絵美　あの人、名前何て言ったっけ？
健太　須藤泰造さんだって。だいぶたってから刑事さんが言っていた。
絵美　そうだったわ。須藤さんて、青森の人だったらしいわね。
健太　そうらしい……（間）。俺たちは、あの人の人生を潰してしまったんだ……。
絵美　ええ……。（うなずく）
健太　俺、……怖いんだ。
絵美　何が？
健太　俺、もしかしたらあの人と同じような人生を歩むのかもしれない……。
絵美　そんなこと……。

二人とも遠くを見つめている。ゆっくりと空が朱色に染まっていく。

絵美　ねえ、見て……。
健太　……。

健太、黙ってうなずき、朝日を見つめている。

――幕――

作品のてびき

一九八三年二月五日、須藤泰造さんは、山下公園の売店の横に寝ていたところを中学生たちに襲われ二日後に亡くなりました。享年六〇歳でした。何故彼が殺されたのか、殺されなければならなかったのか。襲った中学生は加害者ですが、須藤さんのような野宿生活者たちとともに、中学生たちもまた被害者だったのかもしれません。

須藤さんはいっとき「ドヤ」の住人でした。僕は、若いころ東京の山谷で働いていたことがありました。夏には道端で昼間から横になっていた人をたくさん見ました。独特のすえた匂いはあの時と変わりません。一日二〇〇円のドヤ代は一か月で六千円になります。当時東京の六畳一間の家賃が同じ六千円位でしたので、「〇〇パレス」「〇〇ホテル」と名前をつけたとしても当然だと思いました。因みに「ドヤ」とは「やど」のことで、利用者たちが自虐的に呼んだものだそうです。

事件のあと偶然、須藤さんの知り合いだった人に話を聞いたことがあります。その人は、「中学生は確かに悪いし許せない。でも奴らだって学校じゃ誰にも相手にされない弱者だったんじゃないか。」あのときの言葉は忘れられません。

現在もいじめが後を絶ちません。差別や偏見、貧富の差は資本主義社会の本質的矛盾に他なりません。因みにこの作品の中にも「プー太郎」「ゴミだ、ウジ虫だ」とあえて書いているのはそのことを自覚的に考えて欲しいとの思いからです。「プー太郎」は「人夫」の差別表現です。

あれから三十年が経って何が変わったのでしょう。人は昔から「豊かさと幸せ」を求め生きてきました。しかしそれは一部の人が享受しているだけかもしれません。二〇一一年三月一一日に起こった東日本大震災は人間が築いてきた科学や技術が大自然の前ではいかに儚く脆いものだったか、感じざるを得ませんでした。多くの日本人が戦後求めてきた「豊かさ」が虚栄のものでしかなかったという思いに、改めて「物やお金」では買えない真の意味での心の豊かさを実感したことでしょう。真面目に働く人たちが慎ましくも幸せに暮らせる世の中、人と人が信頼し合って絆を深められる世の中、人が当たり前に生きていくことが尊ばれる世の中になっているでしょうか。三十年前の日本と現代の日本。本質的に変わらない構造が今も現実的に横たわっています。

作品を通して社会の底辺で働いている人たちに理解と共感を願うとともに、子どもたちも社会の写し鏡だということを考えて欲しいと願っています。

【上演記録】二〇一二年六月三十日（土）・七月一日（日）、神奈川県立青少年センター多目的プラザ、劇団ひこばえ公演

貧しさと孤独に耐えて

作詞：石渡アキラ
作曲：金子 忍

まずしさとこどくにたえたびー おとなのかちかーん
おしつけてー いいこにーーなんて
なれないー こころーのなかに
わきたつ いかり いかりの むこうに
じゆうが あるかー いかりの むこうに ゆめがー あるのか
だれもがー もってるー こころーの きずを
おとなは わらって ひていする せつなを いきるー
おれたちのーー いたずら わらうのは かんたんさー
かわいーたー こころ みたして くれる
あきらめない おれたちの ゆめ

前田中の歌

作詞：石渡アキラ
作曲：金子 忍

※メジャーコードはパワーコード（3度音を抜く）

横手中の歌

作詞：石渡アキラ
作曲：金子 忍

須藤さんのテーマ

作曲：金子 忍

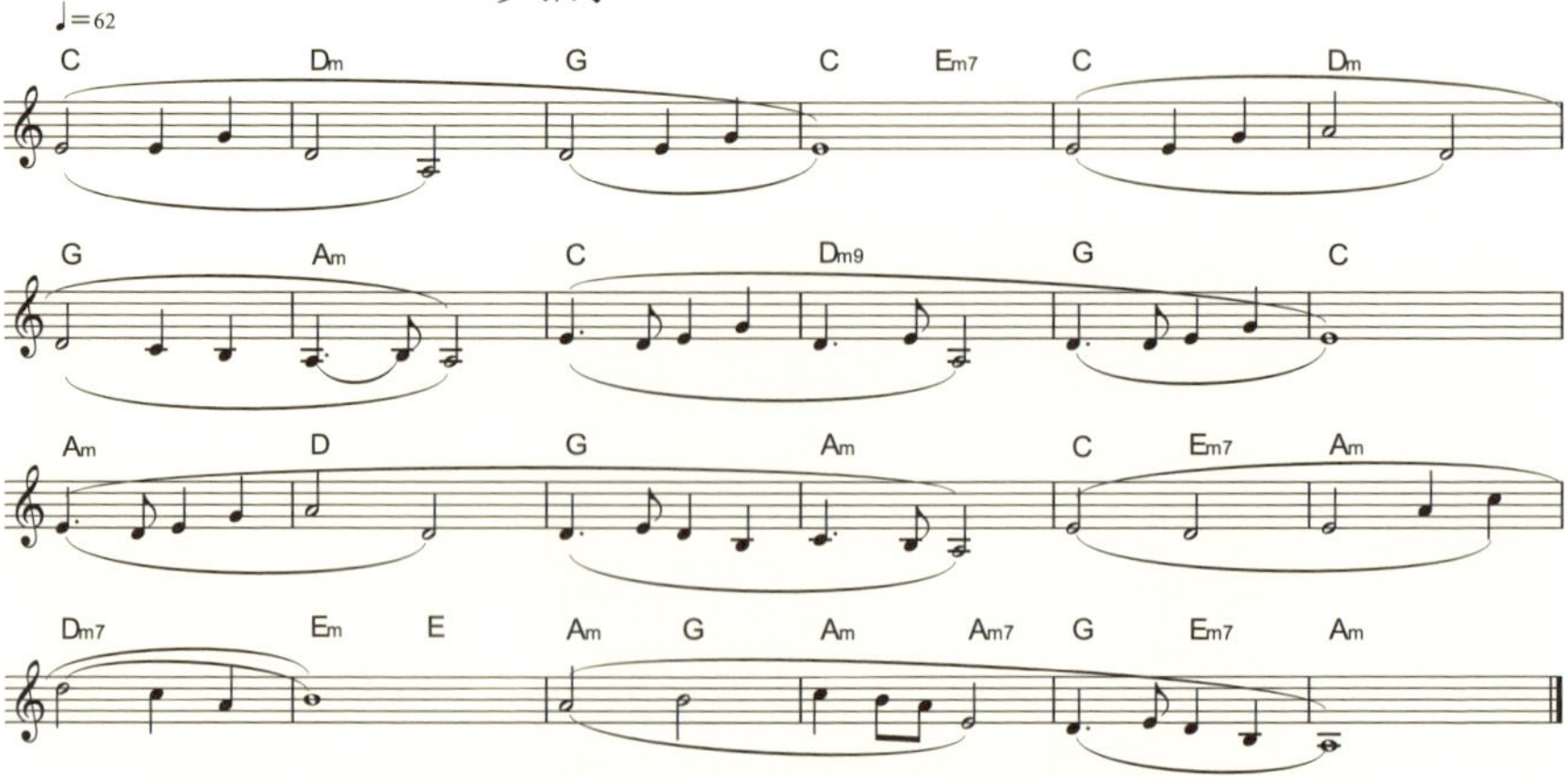

※初演の際は、劇中使われる場面によって、繰り返しやコードを変えた変奏曲を用いました。

よこはまの夜間中学に燈が灯る

横浜の夜間中学創立六十五周年記念

2013年12月　劇団ひこばえ公演

登場人物

《昭和二三年（一九四八）》

語り
大川先生
東田先生
西口先生
吉田先生
寛太
文子
豊
努
夏子
舞子
貞子
一郎
緑
慎平
慎平の父
寛太の父
漁師１
漁師２

《昭和四六年（一九七一）》

語り
鈴木
漁師１
漁師２
老漁師
企業主

《平成七年（一九九五）》

語り
校長
内田先生
山下先生
杉野先生
後藤
スリット
ブンデン
ダンリット
葉子
健二
矢島
相楽
藤造

プロローグ

語り手がとつとつと浦島中学校夜間学級のことを語り出す。

語り手　六十五年間続いた横浜市立浦島中学校夜間学級が二〇一三年三月の春に閉級しました。日本で初めて創られた夜間中学だったのですが、学ぶ生徒が一人もいなくなってしまったからなんです。時代の流れを感じます。あの頃、一九四八年（昭和二三年）頃。その前年にはイワシが大漁にあがり、子安浜は活気にあふれていました。戦後の復興にいち早く乗るように、漁師さんたちや子ども達は元気いっぱいでした。

子ども達が舞台上・下から飛び出してくる。

「海に願いを込めて」

一、茜色　空が染まれば
互いに声かけ　沖に出て行く
波の軌跡に　船は進むよ
海は漁師の　夢だ希望だ
漁場《りょうば》をめざし　今日も行く

二、浜に着いたら　獲物を下ろす
イワシにあなご　鯛にシャコ
今日は大漁　笑顔はじける
子安漁師は　網を下ろして
明日《あした》の希望　語り合う

歌と踊りが終わると大人や子ども達は、網をたぐる動作を表現する。そこに、浦島中学の先生達が分教場を開くために説得にやってくる。子どもたちは遠巻きに見ている。

第一場　一九四八年（昭和二三年）子安浜

大川　こんにちは！　精がでますね。

漁師1　何だ、また来たのか。

東田　去年、新制の教育制度が出来まして、小中学校が義務教育になったので、ぜひ子安浜の子ども達にも授業を受けさせてあげたいのです。

漁師2　なんべん来てもだめなものはダメだ。

西口　しかし、他の地区の子どもたちはみんな学校に通っています。

漁師1　子どもらがいなかったら、漁なんかできねえじゃねえか。

大川　だから今までどおり、昼間は漁の手伝いをしていけば良いと思います。夜間に中学で勉強させてあげたいんです。

漁師2　漁師に学問はいらねえ。こいつらだって昼間働いて疲れてんだ。夜勉強なんかできるか。

漁師1　ああそうだ。居眠りこくだけだ。

東田　私たちは、昼間の生徒を教えた後に交代で夜学として教えていけばと考えているんです。

漁師2　お前ら学校にいきたいんか？

寛太　おら、勉強嫌いだ。

努　うん、漁やってる方が面白ぇ。

豊　でもみんなとおしゃべりできたらいいな。

文子　おら、勉強したい。

夏子　学校に行きてえ！

西口　子どもたちの気持ちを大事にしてあげてください。

大川　漁協のみなさんで相談していただけないでしょうか。

東田　よろしくお願いします。

漁師1　先生たちの給金はどうするんだ。

漁師2　そんなもん払えんぞ。

西口　もちろん、私たちはボランティアでやりますので心配いりませんから。

一郎　おらたち、学校へ通えるの？

漁師1　うるせえ、まだ許したわけじゃねえぞ。

東田　子どもたちのためにもよろしくお願いします。じゃあ、失礼します。

文子　おら、がんばって勉強するさ。

寛太　勉強苦手だけど、みんなと遊ぶぞ！

舞子　まず字を覚えなきゃ。

夏子　私は音楽やってたくさんの歌歌いたいなあ。

貞子　私、裁縫しっかり習って洋服作りたい。

努　給食食べたい！

緑　私、お兄ちゃんと一緒に勉強したい。

寛太　お前は小学生だから中学には通えないの。

緑　いやだ、私も行きたい。

文子　先生に頼んであげるよ。

漁師2　お前達、疲れたからだで本当にやれるのか。

みんな　はーい！

子どもたち歓声をあげながら去る。ややあって机と椅子をにぎやかに運び座る。大川も並べる。

子安浜漁協東浜分教場

椅子と机を運ぶ。

大川　良かったね。お父さんたちが漁協の二階を貸してくれたので分教場ができました。今日から勉強を始めます。君たちは昼間漁に出て、夜疲れたからだで勉強するのは大変だと思いますが、やがて君たちがこの子安浜を背負って立つ若者に成長することを願っていますので頑張りましょう。

みんな　はーい！

大川　次にみなさんの先生方を紹介します。東田先生です。

東田　東田です。音楽を担当します。音を楽しむと書いて音楽です。楽しみながらやっていきましょう。

西口　西口です。国語を担当します。美しい日本語を学んで下さい。

吉田　吉田です。家庭科を担当します。この教科は戦後新しく男女が一緒に習うことになりました。これからは裁縫も、木工も男女が家庭の中で助け合ってやっていく時代なのですからね。

大川　大川は社会を担当します。あと君たちのために近くのパン屋さんが特別パンを届けてくれます。

みんな　わーい！　口々に「給食！」「給食！」

大川　ちなみに給食はいつも一時間目が終わってからですが今日だけ二時間目が終わってからです。

みんな　ええっ！

大川　それじゃあ、一時間目は音楽です。東田先生宜しくお願いします。

他の先生方は退場する。

東田　それでは、元気よく「われは海の子」を歌いましょう。

♪われは海の子　白波の　騒ぐ磯部の　松原に

煙たなびく　苫屋《とまや》こそ　我がなつかしき　すみかなれ……♪

寛太　オースッ！（おどけた表情で入ってくるがみんな無視するように歌っている）何だよ！　あいさつくらいしろよな。

文子　何言ってるの！　いつもいつも遅刻しないで、たまには早くきな。

寛太　しょうがねえだろう。仕事なんだから。

夏子　仕事？　私たちはみんな漁が終わってから来るんだよ。

寛太　はいはい、分かったよ。

文子　「はい！」は一度でいいの。

豊　いいから早く中に入れ。

寛太　はいはい！

貞子　「はい！」は？

寛太　一度でいいの。

東田　寛太君が来たのでもういちど歌うわよ。

寛太　はいはい！

夏子　「はい！」は？

寛太　一度でーす！

東田　みんな「海のこと」思い浮かべて歌いましょう。

寛太　先生、苫屋って何ですか？

東田　苫っていう植物の一種でそれを屋根に葺《ふ》くんだけどちょっと貧しい家を思い浮かべて歌いましょう。

貞子　じゃあ、うちみたいな家のことだ……。

東田　あなたの家は知らないけれど、まあとにかく海辺のさびれた家ってことかな。

豊　近所のばばあ、朝から酒飲んでうるさいんですけど、いいですか！

努　ウチの親父も漁から帰ってくると酒ばっか飲んでます。

東田　とにかく海を思い浮かべて歌いましょう。

寛太　先生、波は子守歌がわりになんかなんねえよ。
東田　とにかく自分たちが海の子になって歌うと良いですよ！
一郎　先生、怒ってませんか？
東田　そんなことありませんよ。
一郎　何か急にでかい声だしたからびっくりしちゃいました。
東田　じゃあ、いいですか。
寛太　先生、網打ち仕事って知ってるか。
東田　何ですか急に？
寛太　この歌歌っていたら、急に漁のこと思い出して今日網打ちしなかったなあなんて思い出したもんで。
東田　それは偉いわ。寛太くんのように、歌詞の意味を押さえて歌うことが大切なんですよ。
寛太　俺、偉いですか？
東田　偉いわ。
豊　俺も今日魚をたくさん獲りました。
努　俺も今日よく働いたっておとうにほめられました。
東田　みんな偉いわね。じゃあ、今度は二番ね。
みんな　はーい！（元気な声で）
♪生まれて潮《しお》に　湯浴《ゆあ》みして　波を子守の　歌と聞き
千里寄せくる　海の気を　吸いて童《わらべ》と　なりにけり♪

♪カランコロン♪

東田　はーい！　じゃあ、これで一時間目の音楽を終わります。

文子　気をつけー、礼！　二時間目は西口先生の国語でーす。
みんな　よ〜し！

ストップモーションになる。
♪カランコロン♪　ストップモーション終わり
西口先生が教室に入ってくる。

文子　気をつけ！　礼！　着席。
西口　みなさん、元気ですか！　元気があれば何でも出来る！
じゃあ、今日は漢字のテストをやるぞ！
努　ええっ！
みんな　やだー！

一同、「やめろ、やめろ」の大合唱。

西口　はい、それまで！　さあ、紙を後ろに配って！

みんな、ぶつぶつ文句を言いながら配る。

西口　いいかあ、じゃあ始めるぞ！　はい、始め！

みんな、一生懸命やり出す。（五秒くらいたってから）

西口　はい、終わり！

寛太　ええっ、もう終わりかよ！（みんなぶつぶつ良いながら）
西口　さあ、答え合わせをするぞ！（黒板に辛い、若い、苦しいと書いていく）
貞子　努、何にも書いてないじゃないか。
努　何で見るんだよ。
貞子　真っ白けだから見えたの。
努　カンニングだぞ！
文子　答えを見るのがカンニング。努のは何にも書いていないのでカンニングとは言わないの。
努　うるせえ！
夏子　舞子、あんたこれ何て読むの？
舞子　幸せでしょう。
夏子　残念でした。幸せに似ているけれど、この字は下が「い」になってるでしょう。
舞子　本当だ。じゃあ、何て読むの？
夏子　これは、「からい」とか「つらい」って読むの。
みんな　ええっ！
西口　何だ、他の子も読めなかったのかあ！
みんな　はあい！
西口　これは何だ？
緑　若い！
西口　緑、読めるんだ！
緑　この字、お兄ちゃんに教わったもん。
努　じゃあ、これは？
寛太　俺分かる。からい！
豊　寛太、それさっき夏子が読んだだろう。
寛太　じゃあ、若いだ。
一郎　それは妹の緑が言った！
西口　読める人！
文子　はあい！
西口　文子読め！
文子　くるしいです。「し」を抜かすとにがいです。
西口　その通り！　辛《から》い、辛《つら》い、苦しい、苦《にが》い、よく似ているな。若いときには、辛いこと、苦しいこと、ほろ苦いことが多いんだ。
みんな　そうだ、そうだ！
舞子　本当、ぴったりな言葉だ。
文子　ぴったりな字ということでしょう。
夏子　若いときは苦しいことが多いけど、夢を持って生きていこうということなの。
努　寛太そういう気持ちで頑張ろうな！
寛太　だから、俺は遊ぶのだ！
豊　そうだ、遊びたい。
寛太　それが俺たちの夢だ！
一郎　漁を休んで一日中寝ていたいなぁ！
夏子　私は、映画を見たいな。
西口　みんな、慎平は休みか？
努　あいつ、父ちゃんと遅くまで漁に出ているからなかなかこれないんだよ。

西口　母ちゃんいない分、父ちゃんと頑張っているんだな。よし、今度家庭訪問に行ってこよう。

♪カランコロン♪

文子　気をつけ！　礼！　あっ、吉田先生！

吉田　さあ、給食よ。近くの浜島パンから特別頂いたから味わって食べてください。

みんな　はーい！（寛太給食のパンをもらいおいしそうに食べる。他の者も）

吉田　学級委員さん、頂きますの号令してから食べましょう。

文子　みんな、ほら、寛太！　もう食べてるんじゃないよ。他の人も。みんな揃って頂きます。

みんな　頂きまーす！

みんなおいしそうに食べながらワイワイガヤガヤとおしゃべりが始まる。

豊　俺、今日これがあるから来たんだ。

努　実は俺もそうなんだ。何でもタダっていうのは最高だよな。

夏子　おいしいね。これからもずっと続けて欲しいな。

一郎　本当だね、うまいなあ。

寛太　お前らは卑しいね。タダなら何でも良いのか？

舞子　寛太は違うの？

寛太　当たり前だろ、タダで上等じゃないか。

文子　みんなと同じじゃないか。

みんな複雑な笑い。

貞子　おいしいね。

女の子　浜島パンに感謝しよう！

吉田　地域の人たちがみんなを応援しているんだよ。夜学は辛《つら》いでしょうけど頑張ろうね。

男の子　辛《つら》い！　でもうまい！

♪カランコロン♪

文子　はい、休み時間終わりです。次の時間は吉田先生の家庭科です。

吉田　じゃあ、これから始めるわね。

豊　何で男が家庭科なんてやるの？

努　そうだよ、男は家じゃえばっていればいいんだよ。

夏子　昔と違うんだよ。

貞子　そう、これからは男女平等なんだからね。

寛太　民主主義ってのは面倒くさいんだな。

一郎　僕、料理作ったりするの好きなんだ。

努　お前は女か！

文子　だから、これからは男も女もないの。ねえ、緑ちゃん。
緑　うん、お兄ちゃんも手伝うといいなあ。
貞子　寛太、妹がこう言ってるよ。
寛太　緑は中学生じゃないし、おみそだから発言権はないの。
吉田　それは違うわ。どんな小さい子も一人の人間として尊重されることが、憲法で保障されているのよ。
夏子　先生、今日は何するんですか？
吉田　初めての授業だから、ぞうきんをぬいましょう。出来たらそのぞうきんを使って家をきれいにしましょう。
女の子　はーい！
男の子　ええええー！

みんななんだかんだといいながらぞうきん作りをする。

♪キンコンカンコン♪

文子　気をつけ、礼！

暗転
机と椅子を片付ける。

二場　家庭訪問

慎平が父と漁をしているところへ西口が訪ねてくる。

西口　こんにちは！
父　ああ……。
西口　慎平君、元気か？
慎平　あっ、はい。元気です。
西口　仕事頑張っていて偉いな。
慎平　先生、今日はどうしたんですか？
西口　ずっとこないからどうしているのか来てみたんだ。
慎平　すいません。朝早くから夕方遅くまで漁やっているんですけど、稼ぎが出ないんで……。
西口　船で漁に出ないのか？
慎平　ウチは……、他の家みたいに船を持てないし、せいぜい腰までしか入れないので、渚にいる小魚や貝や海草くらいしか採れないから、食うのがやっとなんです。
父　余計なこと言ってないで仕事しろ！
西口　(父に) すみません。(慎平に) 漁協の事務所を借りてやっているから、たまには顔を出せ。
父　勉強なんかどうでもいい。ウチはこいつがいないと食っていけねえんだ。
慎平　先生、すみません。そのうちに顔を出しますから。みんなにも会いたいし……。
父　ウチらのことはほっといてくれ！
西口　お父さんの気持ちも分かりますが、慎平君は十二歳で勉強しなきゃならない年齢なんです。

父　そんなのは生活に余裕がある連中のことだ。ウチは朝から晩まで働いたって食うのが精一杯だ。先生はワシらがどんな人間か知ってるんか？　ワシらには漁業権も船持つ権利もありゃあせん。もちろんそんなお金もありゃあせんがな……。とにかく慎平がいるから何とか生きていられる。ワシらの生活には勉強なんて必要ないんだ。

西口　…………。

慎平　先生せっかく来てもらったのにすんません。漁協の二階に明かりついているので、みんな頑張っているななんて思っているんですけど、からだが疲れていて行っても寝ちゃうだけだし……。

父　とにかく、ワシらのことはもう構わんでもらいたい。

西口　突然お邪魔して失礼しました。（頭を下げて帰ろうとする）

慎平　俺は元気だってみんなに言って下さい。

西口　ああ、みんなに伝えておくよ。お父さん、仕事中にお邪魔して申し訳ありませんでした。

父　………。（片付けしていて返事はしない）

慎平、哀しそうな表情を見せるが、お辞儀したあと、笑顔になって手を振り続ける。西口も振り向いて黙って手を振る。

三場　喧嘩はストレス発散

子安浜東部漁協組合分教場。

海に生きる　浦島が丘中学校三年　中村良夫

朝もやにぬれた浜を
じっと見ていた　午前五時
突き刺すような風だ
もやは晴れ
今日のえものに期待して
舟はほがらかに出ていく
青い空　青い海
潮のにおいをかぎながら
ビューとくる風も
ドンとたたく波も
ふくらんだ胸でうけて
海に生まれ　海に生きる
漁夫のほほえみ

歌とダンスが終わると、取っ組み合いのけんかが始まる。みんなで止める。机と椅子は出さない。

豊　お前、何でそんなこと言うんだよ！

努　その通り言っただけだろう。

豊　何もみんなの前で言う必要ないだろう。

努　隠すようなことじゃないだろう。

またけんかを始めようとする。

夏子　いい加減にしなよ。
文子　何が原因で喧嘩してるの？
豊　俺が、俺が……。
貞子　はっきり言えばいいでしょ。
豊　だから……。
努　豊が上野の地下道で拾われた子どもだって言ったんだ。
みんな　ええっ！（それぞれがびっくりした表情で）
緑　本当なの？
豊　だったら何だよ！　馬鹿野郎！（教室を飛び出して行く）
寛太　豊、待てよ！（追いかけていく）
夏子　努、あんたどうしてそんなこと言ったの？
舞子　最低！
文子　信じられない！
努　……。親父が酔っ払ってそんなこと言ってたのを聞いたんだ。
夏子　それを何で豊に言うのよ。
貞子　ばっかみたい！
夏子　努、豊がどんな気持ちになるか考えてごらんよ。
努　だから俺は励まそうと思って……。
舞子　励ます?!
貞子　あんた、そう言われて豊が励まされるって本当に思ったの？

努　……うん……。（うなずくように）
舞子　誰だって、ふれられたくない過去があるのよ。
一郎　馬鹿！（努を思いっきりたたき、馬乗りになってさらに殴り続ける）
文子　一郎！　やめなよ！（一郎を引き離そうとする）

一郎も努も泣いている。

貞子　一郎、どうしたの？
夏子　いつもおとなしい一郎君が本当にどうしたの？
一郎　ぼくは、ぼくはいつも花や虫と話してるんだ。ときどき地面とだって……。（泣きながら）どんなものだって一生懸命生きてるんだ。だから……。
文子　一郎君、分かったからもう泣かないで。

努も泣いている。そこに寛太が帰ってくる。

寛太　だめだった……。豊のやついくら説得しても、「もう学校には行きたくない。」だって……。
努　みんなごめん……。俺は、俺は……。
夏子　やってしまったことはもう戻らないよ。
努　どうすればいいの？
舞子　分からない……。
貞子　豊に謝るしかないでしょう。

努　今更謝ったってきっと許してくれないよ。
夏子　それでも謝るしかないよ。
努　俺、豊の所に行ってくる。
文子　努が一人で行ったってだめだよ。

みんな、重たい気持ちになっていく。

一郎　ぼく、努と一緒に行く。
みんな　ええっ……。（驚きの声をあげる）
寛太　しょうがねえな。じゃあ、俺も行くか！（明るく陽気に）
女子　私たちも行こうか？（女子たち口々に）
寛太　こういうことは俺たち男に任せるんだよ！
女子　カッコイイ！（みんなの笑い声が響く）

しばらくして、（この間ストップモーション）寛太たち豊を連れて帰ってくる。

緑　あっ、帰ってきた。
貞子　豊、大丈夫？
夏子　努、ちゃんと謝ったの？
努　うん……。
文子　仲直り出来たの？
豊　努、ちゃんと謝ったからもう大丈夫。
舞子　よかったぁ！
一郎　ちゃんと握手したからもう平気だ、ね。
寛太　男はぐちぐち言わない！
女子たち　何か偉そうね！

みんな大笑いする。

四場　風雨の中で

船に乗っている親子。

父　寛太、雲行きが怪しくなったから港へ戻るぞ。
寛太　ああ、でもこの風心配だなあ。
父　少し収まってくれれば大丈夫だ。
寛太　波が高いなあ。
父　雨も激しくなってきた。
寛太　前が全然見えない。
父　寛太、大丈夫か。
寛太　まるで木の葉のようだ。
父　まずい、スクリューがやられた。
寛太　父ちゃん、大丈夫か？
父　とにかくこの嵐が収まれば大丈夫だが……。
寛太　どっちが港の方だ。
父　濃霧が出てきたのでよく分からん。

寛太　困ったなあ。
父　とにかく今は船を安定させるようにしないとな。
寛太　みんな今頃どうしてるだろうな。（半泣きで）みんなに会いてえ……。
父　大丈夫だ。きっと嵐が収まれば帰れるさ。
寛太　帰りたいよ。（泣く）
父　今日は無理して出なければよかったな。
寛太　海の男は後悔なんかしないんだ。
父　そうだなあ。
寛太　父ちゃん、今どこだ。
父　だいぶ流されているけど、二番瀬あたりに行けば、浅瀬があるし、杭があるからロープでつなげる。
寛太　うわっ！
父　舳先につかまっていろ。
寛太　俺、大きくなったら父ちゃんの後継いで立派な漁師になるよ。
父　ああ、寛太が一人前の漁師になって早く父ちゃんを楽にさせてくれよな……。母ちゃんが亡くなった後、お前と緑には苦労かけて本当にすまなかった。
寛太　もうこれで終わりみたいな言い方やめてくれよ、父ちゃん。
父　学校も行けてよかったなあ。
寛太　うん。わあっ……。

船から投げ出される寛太。

父　寛太あ！　どこだあ！　顔を出せ！　寛太ぁ……！　寛太、ロープに掴まれ！　助けるから待ってろ！

父はロープを腕に巻き付け海に飛び込む。

父　寛太、しっかりしろ！　ロープだ身体に巻け！　寛太、大丈夫だ、あと少しで船に着く……。
寛太　…………。

五場　子安浜分教場夜間中学の教室

たくさんの参列者が出席している。椅子と机はなし。

子全員　寛太！　寛太！　寛太！（大声で叫ぶ）
豊　寛太！　なんで死んだぁ！
努　早く戻ってこいよぉ！
文子　あんなに元気だったのに！
夏子　優しかった寛太ぁ！
一郎　寛太ぁ！
慎平　一緒に勉強したかったのに……。
舞子　何やってんのよ……。
貞子　もう一度笑ってよ……。

緑　お兄ちゃん、お父さん、どうして私一人にしちゃうのよ……。
(泣く)

仲間の涙に大人達は答えられない。

大川　寛太……。嵐の中、ロープにからだを巻き付けながら最後の最後まで生きることを諦めなかった君たち親子に返す言葉もありません……。

東田　私たちは、寛太君の明るい笑顔と元気一杯な姿をずっと忘れません。

吉田　これからの世の中に寛太くんのような元気で明るい子が絶対必要だったのに……。

西口　子安浜の宝が一つ消えました。希望の、かけがえのない宝が……。

間

夏子　寛太とお父さんのために詩を読みます。

君をたたえて
君が言ってた　ことばを思いだす
俺はいつも　弱い者の味方だよ
明るさと元気さだけが　取り柄だが
笑顔があれば　生きる力が湧いてくる
船と生きた　君のこと忘れない

僕らの心　涙で曇る
君がどんなに　辛かったか悲しいか
あきらめず嵐に負けずたたかった
僕らはみんな　生きて生きてと祈ったが
海に沈んだ　君はもう帰らない

文子　夏子、今の詩、夏子が書いたの？

夏子　これ青年会の機関誌「がち」に載せるつもり。

一郎　悲しい詩だけど、きっと寛太笑っているよ。

大川　本当だ。

男の子達　よーし！

女の子達　天まで届くように！

海に願いを込めて

一、茜色　空が染まれば
互いに声かけ　沖に出て行く
波の軌跡に　船は進むよ
海は漁師の　夢だ希望だ
漁場《りょうば》をめざし　今日も行く

二、浜に着いたら　獲物を下ろす
イワシにあなご　鯛にシャコ
今日は大漁　笑顔はじける
子安漁師は　網を下ろして
明日《あした》の希望　語り合う

全員　寛太ぁー！（全員が遠くの海に向かって叫ぶように）

語り　あの日の哀しみを乗り越えて、子安浜でスタートした夜間中学校の燈が着実に灯ったのでした。

さて、時代はもう少し過ぎて。ここ子安浜の漁師さんたちが漁業をめぐる大変な時期にさしかかっていたのです。時は一九六〇年代から七〇年頃。高度成長と港湾都市計画の波は、東京湾を一変させるものでした。工業の発展は漁業の衰退をもたらしました。横浜市の港湾都市計画は、京浜港の中心部にある大黒埋め立て地先に大規模な埠頭の建設を計画していく。これが子安浜漁業の息の根を止めることになったのです。

写真を映し出す。（夜間中学や当時の漁や漁師さんの姿など）

六場　全国漁民大会

壇上から会場に訴える。

語り　一九七五年（昭和四五年）東京湾のヘドロ汚染をはじめ全国的な公害追放運動が起こっていました。昭和四五年九月一四日、神奈川県漁民が公害追放漁民大会を開きました。

漁師１　「俺たちの漁場を返せ！」

漁師２　「政府よ、漁場と資源を守れ！」

漁師１　「魚が泣いている。きれいな海を返せ！」

語り　十月十八日、全国漁民大会が神田共立講堂で開催され三千人が集まりました。その中で子安浜の鈴木組合長が意見表明しています。

鈴木　「先祖伝来より、東京湾で国民に汚れのない新鮮な食料を供給するために、暑さ寒さにもめげず一生懸命働いてきた何の罪もない漁民だけが何故、大もうけしている工場の尻ぬぐいをしなければならないのか。何故黙っていなければならないのか。皆さん、こんなばかな話がどこにありましょう！　我々漁業者の生活を奪うなら、汚水垂れ流しの企業である工場も、当然操業停止にすべきです。東京湾ＳＯＳ！　船で言うなら沈没寸前です。もう我慢ができません。日本の海を守るために、一致団結して、水質汚濁追放のために戦いましょう！」

写真を写す。（公害に汚れた東京湾など）

語り　もはや内湾に安心して漁ができる場所などありませんでした。内湾の中だけで生きてきた子安浜の漁師にとって、それは「死」にも等しかったのです。

鈴木　完全転業か半分でも存続するのか。もし残すなら誰を残せばいいのか。やはり完全転業しか道はないのか。長年連れ添った海を捨てろなんて、とても自分には言えない……。しかし、組合員全員、陸に上げよう……。転業が組合員のためになるのなら労はいとわない。しかし組合員を陸に上げて、本当に幸せになれるのだろうか。もうあの海では生きられないのだ……。

うめくような痛苦な叫びが響く。

語り　完全転業、全面補償を子安浜東西の臨時総会が開かれ、長い議論の末に決定されました。この交渉は、たんなる漁業被害補償ではない。漁業権放棄、完全転業による組合員の生活補償を含めた全面補償なのです。組合員全員の将来がかかっている、まさに命がけの交渉でした。

そして一九七一年（昭和四六年）から本格的な交渉が何十回となく積み重ねられていったのです。

七場　埋め立て交渉

鈴木　硫酸ピッチや廃棄物が捨てられ、大切な地先漁場を荒らしている。沖で漁をすればいいというが、ヘドロはどんどん沖へ向かって流れているのだ。これでも漁業が続けられるというのか！

企業主　おっしゃることは、全部ごもっともです。我々としてはできるだけ誠意を持って対応していきたいと思っています。

語り　当初二十億円も開きがあった補償額がその後の交渉の結果、ようやく結論を出すまでにいったのです。

西神子安浜漁協と子安浜漁協合わせて八十二億円、他に転業資金、預託金、補償用地などについて打ち合わせをして妥結したのです。一九七一年（昭和四六年）九月二十二日でした。こうして江戸時代からの伝統を誇った子安浜漁業がその幕を閉じたのです。

漁師2　自分は海でしか生きられない。船に乗れないなら死んだ方がました。

漁師1　海はおふくろであり、ふるさとだった。

老漁師　東京湾の水は、もう死んじまった。若い者は漁業権を返上して、一千万か二千万円貰えればそれで良いと思っている。けれどそんなもんじゃねえ。おらのところ、三百年続いた漁師だ。やれ埋め立て、やれ工場進出で大金貰ってオカへ上がった漁師はいっぺいいる。でもちゃんと食っている奴はどれだけいると思うか……。女狂い、酒狂いしたり、慣れぬ工場勤めが嫌になって昼間からブラブラしてよう。結局、食いつぶしもたくさん出てなぁ……。漁師は海を離れたら生き甲斐なんてなくなっちまうよ。

語り　一九六三年（昭和三八年）五月、西浜分校が閉校、一九六五年（昭和四十年）四月、東浜分校が閉校したのです。子安浜の漁業と無縁ではなかったのです。そして本校に移った子どもたちも様々な職業や全国各地からあるいは外国籍の生徒達が学ぶようになったのです。

八場　一九九五年四月始業式

生徒が机と椅子を運ぶ。

大川　今日から新しい学期が始まります。職場と学校の両立は大変ですが、仲間と過ごす時間はかけがえのないものです。それぞれの夢に向かって思い出をたくさんつくって欲しいと思います。では一人ひとりから一言お願いします。

スリット　スリットです。春休み、仕事を一生懸命しました。豆腐屋で働いている、朝早い辛い。でも良いことあったよ。店行くとき千円拾ったの。大川先生が国語の時間に「早起きは三文の徳」と言ってたのを思い出し本当だなと思ったよ。今日は宝明楼ですこし高いものを注文するよ。

終わると拍手する。互いに苦労しながら頑張っていることを励ましあう夜間学級の良き伝統です。

ブンデン　ブンデンです。溶接の仕事、冬はいいけどこれから暑くなると大変。目も火花でパチパチしちゃう。社長、親切なのでしばらく頑張るよ。

拍手する。

ブンデン　それからスリットさんに言います。拾った千円、交番に届けた方が良いよ。

スリット　先生、本当？

大川　校長先生どう思いますか？

校長　そうだな、そのまま使うと横領罪になるかもしれないね。

スリット　横領？　分かんない！

大川　他人のお金を勝手に使ってしまうことだよ。

スリット　それ犯罪か？

大川　校長先生どう思いますか？

校長　犯罪です。

スリット　捕まるの？

大川　校長先生どう思いますか？

校長　捕まるかも知れません。

スリット　じゃあ、授業が終わったら届けるよ。それから、宝明楼の注文はカレーライスに変えるよ。

大川　君の大好きなカレーライスですね。

スリット　はい！

ダンリット　ダンリットです。僕は共同食品工場で働いているさ。夜十一時から朝八時まで弁当づくりをしているさ。夜通し働いてるので眠たい。給料が良いので頑張れるさ。今も眠たい！

拍手する。

大川　じゃあ、次に葉子さんお願いします。

葉子　葉子です。ある事情があってここで学んでいますが、みんなど一緒に勉強しているととても楽しいです。小さな町工場で電気プラグを作っています。単調な仕事ですが、社長さんが親切にしてくれるので、私なりに頑張らなきゃと思います。

拍手する。

大川　最後に後藤さんお願いします。

後藤　後藤です。私は皆さんと違って五十を過ぎていますが、中学卒業の資格を取ろうと思って夜間学級に通い始めましたが、勉強が難しく大変です。旦那と子どもがいるのでなかなかこれませんがよろしくお願いします。

拍手する。

大川　みなさんそれぞれの事情を抱えながら頑張る姿に僕も身を引き締めて頑張りま〜す。校長先生、何かありますか？

校長　いや特には。何か相談事があったら遠慮せずに私の所に来なさい。

みんな　はい！

大川　二時間目は音楽です。それでは一端休憩です。

大川先生退場。休憩時間と給食の時間は生徒が最も楽しみにしている時間です。

スリット　私つかまるか？

葉子　心配なら私がついて行くわ。

スリット　ありがとう。ちょっと気が楽になったよ。

後藤　日本の警察優秀だからどこまでも追いかけてくるよ。

スリット　やめて、怖いよ。これからは落ちていたものは絶対拾わない。

後藤　大丈夫。拾ったお金を届けたらもしかしたら「正直だね。」って言ってくれるかもしれないわ。

スリット　本当！　それなら嬉しいけどね。

葉子　正直者は報われるって言うわ。

ダンリット　報われる？

葉子　良いことが返ってくるってこと。

ブンデン　じゃあ、良いことは良いことだね。

四人　うん?!（オーバーアクションで）

チャイムが鳴って山下先生が入ってくる。

山下　みなさん、元気ですか！　元気があれば何でもできる！

みんな　はーい！

山下　みなさんが好きな季節はいつですか？

スリット　冬です。

ブンデン　僕も冬だ。雪が降るからね。

ダンリット　同じだ。僕の国雪降らない。だから日本に来て雪が降ったときれいで感動したよ。

葉子　私は秋が良いなあ。恋の予感がするの！
みんな　恋の予感⁉
葉子　そう、恋の予感！（うっとりと遠くを見つめて）
スリット　私も恋したい！
男たち　ひゅーひゅー！

みんな、明るく笑い合う。

後藤　私は春です。生き物たちが冬の寒さにじっと耐え、動物たちは眠りから目を覚まし、植物たちも木の芽を出し、新しい命が誕生するときでとっても素敵です。
山下　三人が冬が好きというのもよ〜く分かります。（大げさなアクションで）後藤さんが春が好きっていうのもワンダフルっていうかビュウーチフルですね。（これまたオーバーアクションで）今の季節は？
五人　春デース。
山下　そうです。今さくらが満開です。だから「さくらさくら」を歌いましょう。
ダンリット　何か変！
山下　考えすぎです！　いいですか、気持ちを込めて歌いましょう。

♪さくらさくら　弥生の空は　見渡す限り　霞みか雲か
匂いよいずく　いざやいざや　散りゆかん♪

山下　後藤さんは気持ちが入っていましたが、他の四人は難しいですね。
ブンデン　弥生って何？
山下　三月のことです。桜が咲くのは三月の終わり頃です。
ダンリット　僕、桜を見たことあるよ。日本の人、桜の下で酒飲んで騒いでた。
スリット　私も見た。酔っ払って喧嘩しているのを見て怖くなったよ。私の国では外で騒ぎながら酒を飲むのは恥ずかしいことでびっくりしたね。
葉子　酔っ払っている大人を見ると哀しくなります。よっぽど辛いことがあるのかなって、考えすぎかな。
山下　最近は花見というとすぐ酒盛りですが、昔の人は桜を見ると春を感じ、それが霞か雲のようでほのかな匂いを感じ、盛りを過ぎてはらはらと散っていく姿にいさぎよさを感じるということなんです。分かりますか？
三人　分かりませ〜ん！
後藤　先生、近くの公園に桜がきれいに咲いているので見に行きましょうよ。
四人　賛成でーす。
ブンデン　いついくの？
ダンリット　今でしょう！
スリット　よ〜し！（三人とも大はしゃぎする）
後藤　先生、どうしますか？
山下　気持ちはよく分かりましたのでもう一度歌ってから考えましょう。

三人　よし、歌ってからいくぞ！
山下　それではもう一度歌います。気持ちを込めて！
♪さくらさくら　弥生の空は　見渡す限り　霞みか雲か
匂いよいずく　いざやいざや　散りゆかん♪
ダンリット　さっきより気持ち入っていたよ。
ブンデン　なかなか良かったね。
スリット　完璧でした！
山下　ええっ！（大げさなリアクション）
葉子　先生、歌は今一でしたが、注文したものを公園まで届けてもらいましょう。
山下　しょうがないわね。じゃあ大川先生に話してみるわ。
ブンデン　わあい！　夜桜見学だ。
ダンリット　後藤さんのお陰だ。
スリット　後藤さん、ありがとうね！
後藤　とんでもない……。（照れる）
ブンデン　いつ行くの？
五人　今でしょう！
みんな　笑い。

♪キンコンカンコン♪
机と椅子をかたづける。

九　公園

夜桜がきれいに咲いている。（明かりで雰囲気を出す）

後藤　今年度は初めから良いことでスタートね。
三人　後藤さんのお陰で〜す。
山下　そうよ、後藤さんに感謝しなけりゃね。
後藤　山下先生が「さくらさくら」の歌を選んだお陰ですよ。
ダンリット　確かに、そうだね。
スリット　風、気持ちいいな。
ブンデン　外は最高だ！
葉子　大川先生遅いね。
スリット　宝明楼のカレーライス遅いね。
ダンリット　俺のチャーハンも！
ブンデン　タンメンも！
葉子　私の五目そばも！
山下　後藤さんは？
後藤　私はお弁当を持ってきました。
山下　偉いのね。
後藤　うちは貧しいのであり合わせのものを詰めてきただけです。
スリット　山下先生は？
山下　私はパンよ。近くにおいしいパン屋さんがあるの。
大川　遅くなってごめん！
健二　こんばんは！

スリット　おおっ、宝明楼のお兄さん！
健二　遅くなってごめんなさい。
大川　ごめん、私のも頼んだから遅くなったんだ。
ダンリット　大川先生は何ですか？
大川　ダンリットと同じチャーハンだよ。
ダンリット　うそ！
大川　本当だ！
健二　今日はどうしたんですか？
山下　「さくら」の歌を歌ってて四人がイメージが湧かないというのでここに来たの。
ブンデン　そういうこと！
葉子　「百聞は一見にしかず」ってことわざがあるでしょ、だから。
スリット　どういう意味？
大川　物事を理解するのに、百回聞いて分からなくても実際に一回見ればよく分かるってことさ。
ダンリット　なるほど！
健二　確かに言えますね。
後藤　ほら花を見て！　霞みのようにも雲のようにも見えるでしょう。
山下　その枝に付いている花の匂いをかいでごらんなさい。
三人　どれどれ……。
スリット　良い匂い。
葉子　ほのかな香り。

ブンデン　タンメンの匂いだ。
健二　あっごめんごめん。そばがのびちゃう。

各自注文した品物をもらいお金を払う。それぞれおいしそうに食べる。

食べてる姿は実に幸せそうだ。

健二　僕も夜間学級に通っていた頃、桜の時期になるとこの公園にきて宝明楼で注文したものを届けてもらって、食べたのを思い出します。
山下　健二君、夜間学級の卒業生なの？
健二　そうです。もう十年くらい前ですが。
山下　そのときの担任の先生は？
健二　大川先生です。
みんな　ええっ！（大げさにのけぞる）
大川　そうなんですよ。懐かしいなあ……。
みんな　じぇじぇじぇ〜（大げさに）
健二　「散りゆかん」って歌詞が妙に気に入って。武士道みたいでかっこいいって話したのを覚えています。
大川　あの頃、健二は口を開けば侍だ、侍だっていってよくチャンバラをしてたもんな。
後藤　先生、桜が散っています。

みんな桜を見る。

みんな　きれいだね。

間

ブンデン　僕たちも少し日本人の心わかったような気がするよ。
後藤　それは良かった。
みんな　（楽しそうに笑いあう）あっはっはっ……。

十場　我が生い立ちの記

教室、机と椅子を運ぶ。

大川　今日から国語の時間に「生い立ちの記」を書いてもらいます。
ダンリット　それ何？
大川　自分が生まれてから今までの記録です。
スリット　じゃあ自分の国のことを書くのね。
大川　そうです。
後藤　私は北海道生まれですがその頃の様子を書けばいいんですか？
大川　そうですね。自分が一番心に残っていることを書いて下さい。
葉子　私は岩手生まれですから宮古のことを書いたらいいんですね。
大川　はい、故郷と家族の思い出を書いて下さい。
スリット　私、日本語難しい、気持ちをしゃべっていいですか？
大川　そうだね、まとめるのは後にして自分の事を話してもらいましょう。
ダンリット　僕カンボジア生まれの難民として日本に来た。難しいこと分かんない。ベトナム戦争の影があること確か。ちょっと大きくなったときポルポト政権になっていて、父さんシアヌーク時代に宮廷音楽家として活躍していた。ポルポトは財産持ってる人、技術者、知識ある人を村に送り、農業生産するよう強制したんだ。そのとき、母や妹たち殺されたね。ポルポト時代に殺された人たち三〇〇万人位……。僕たち命からがらタイの難民キャンプ地へ逃れたよ。
スリット　私ラオス人。内戦や冷戦のときアメリカやソ連・中国の代理の戦争で犠牲になるのは私たち庶民だよ。一家がバラバラになるのこわい。だから隣のタイに逃げたよ。難民キャンプでダンリットに会った。日本に来て大和の定住センターで暮らしているよ。
ブンデン　僕はモンゴル人です。モンゴルは一九九〇年に民主化され一九九二年にモンゴル国に変わり市場経済が進んでいるが貧しい、金持ちの差が広がり大きな経済問題になっているさ。父は商社マンだった。だから日本に来たのさ。
葉子　うちの家族は岩手県の宮古で漁師をしていました。カキの養殖をしていました。父と母は朝早くからいかだにつけた貝が成長するのを楽しみにしていました。私たち兄弟よりもカキの方をかわいがっていたみたいです。ある日、父が船に乗っていたとき心臓発作を起こしてそのまま帰らぬ人になってしまいました。（そのときのことを思い出して泣く）

大川　辛いことを思い出させてごめんね。座っていいよ。

他の人も哀しそうになる。

後藤　私は北海道生まれです。父は夕張で炭鉱労働者で働いていました。景気が良かったのは経済成長の時だけ、公害問題が出てきた七〇年以降は石炭から石油へとエネルギーが変わり、夕張の労働者は首切りの対象となり、父もごたぶんに漏れず首切りされました。落盤事故があったのはそのあとです。父はやる気を失いそれから酒浸りの生活で肝臓を壊して六十前に亡くなりました。一家は離散して苦しい生活が続き私は住み込みで働いているとき、今の主人と知り合い結婚しました。彼はトラックドライバーでしたが、過労がたたり居眠り運転をして交通事故にあい今は車いす生活です。私は中学校も出てないで働きづくめでしたが、やっぱり中学の卒業資格くらい取りたいと思ってこの夜間学級に通っています。

みんなしみじみと我が身を振り返りシーンとしている。

大川　みんな重いものを抱えながらこうして学んでいることは素晴らしいことです。僕もみなさんに負けないように学んでいきたいな。

ブンデン　先生、どうして日本人は犬を食べないのさ？

大川　ブンデン、急に何言ってるの？（びっくりした様子で）

ブンデン　散歩しているとうまそうな犬が歩いているからね。

みんな　（笑い）

ダンリット　僕の国でも犬は食べるよ。

スリット　私食べたことがある。

後藤　日本人は昔から犬をペットとして飼ってきたので、食べるという習慣はないですよ。

大川　そうだね、それぞれの国の文化の違いがあるのでどれが良いかということよりそれぞれ尊重することが大切だ。豚肉や牛肉は食べないっていう国があったり、鯨を食べるのは野蛮だという国があったりね。これからは多文化共生の時代になっていくと思いますからね。

葉子　先生、「生い立ちの記」はいつまでに書くのですか？

大川　君たちは話が飛ぶねえ。みんなの話を聞いていると、これは無理にまとめるというよりそれぞれが夜間学級で学ぶ楽しさや苦労を話し合い、分かち合うことのほうが意義あるように思えてきたのでこの続きはまたしようよ。実は秋の文化祭で夜間の生徒達にも発表して欲しいということが、この間の職員会議で出たんだ。みんな昼間の生徒と一緒に文化祭に出ないか？

ブンデン　昼間の生徒ってたくさんいるんでしょう。

大川　そうだね。百倍以上いるね。
ダンリット　百倍！
スリット　それ以上！
ブンデン　ダメダメダメ。絶対ダーメ！
葉子　私、恥ずかしいなあ。
後藤　でも、私たちにとっては昼間の生徒に分かってもらう良い機会じゃないかな。
大川　先生方も同じようなこと言ってたんだ。昼間の生徒はやる気をなくしている子が多い。タバコ、シンナー、バイク盗、ツッパリ生徒といじめの横行、受検受験で生徒の気持ちはバラバラなんだ。もちろん頑張っている子が圧倒的に多いのは確かなんだけど。夜間じゃみんなで協力したり、学びあう関係がある。だから君たちが文化祭でやることに意味あるんだ。
ブンデン　暇なのかなあ？
ダンリット　自分のやることが見つからなくて悩んでいるの？
スリット　夢が見つからないのかぁ。
後藤　私たちは、中学卒業の資格を取るっていう目標があるからね。学力は低いかもしれないけどね。
葉子　ちょっと恥ずかしいけれど、昼間の生徒と交流が出来たら嬉しいな。
大川　君たちは仕事をやりながら疲れたからだに鞭うちながら勉強している。その姿を昼間の中学生にぜひ見せて欲しいんだ。
ブンデン　僕たち出来ることっていったら何だろう？
ダンリット　それは……。
スリット　それは……（十分ためてから）分かんない！。
　　みんなずっこける。
後藤　朗読ならできるかも？。
大川　朗読ねえ……。面白いかもしれないなあ！
三人　朗読？（大げさに驚く）
三人　ダメダメダメ！
後藤　詩とか物語の一部をみんなで分けて読むのよ。
ブンデン　日本語難しい、漢字もっと難しい！
スリット　後藤さん良いけど、私たち苦手なことして笑われたくない。
ダンリット　父なら楽器得意だし、みんなで歌ったり踊ったりする出来るかもしれない。
後藤　歌と踊りは私が一番苦手なものだわ。
大川　じゃあ最初後藤さんに朗読してもらって、それから歌と踊りをみんなでやるのってどうかなあ？
葉子　劇じゃ無理だしね。
三人　劇！（大げさに驚く）
大川　分かった。じゃあ朗読と歌と踊りをやろう！　もちろん先生もやるから。
四人　先生も！（おおげさに驚く）
大川　よし、決まった！
四人　じぇじぇじぇ！

大川　何だあ?!（大げさに驚く）

十二場　文化祭に向けて

大川　さあ今日から文化祭に向けて頑張るぞ！
後藤　大川先生、ブンデンが休みです。
大川　電話連絡がないぞ。今日は特別に杉野先生も来てるのにな。
杉野　杉野です。よろしく！　ダンス部の顧問をやっています。夜間学級の噂はかねがね聞いています。今度、文化祭に参加するという話を大川先生から聞いて手伝えたらいいなあと思い助っ人としてやってきました。
大川　杉野先生が指導しているダンス部は去年も関東大会に出て優秀な成績をあげているんだ。どうした？　みんな固まっているぞ。
スリット　気持ち嬉しい、だけど私たちそこまで……。
ダンリット　急に立派な先生が来ても……。
葉子　プレッシャー感じちゃうんです。
杉野　ごめんごめん、先生は夜間学級の生徒に協力できることがあればと思ってきたんだから、昼間の生徒達とは違う君たちの表現をすれば良いと思っているんだ。ダンスは嫌いかい？　苦手と思っているのかな？　昼間の生徒は勉強苦手、友だちうざいって思っている子が多いんだ。苦手なことを一生懸命努力して踊る姿に心を感じると思うんだ。だから、上手にやろうなんて思わないで、君たちの心をからだで楽しく表現していけばいいんだよ。
後藤　私でも出来ますか？
杉野　もちろんさ。
後藤　本当ですか！
杉野　じゃあ、歩き方やステップからやってみようか。

そこに健二が注文の品物を配達してくる。

健二　今晩は！　あれ、何やってるんですか？
大川　おおっ、良いところに来た。健二も一緒にやろう。
健二　まじっすか！　そういえば昔、俺たちもダンスやってたなあ。
大川　懐かしいだろう。
健二　今日の注文はみんなご飯類だから、踊った後の方がおいしいかもね。
杉野　じゃあやってみるか。

杉野先生と同じようにやる生徒。大川先生の動きにみんな大笑いしながら……。

みんな　難しい！　出来るかな？（それぞれの口調で）
健二　先生、昔はもうちょっとからだ動いてんじゃない。

みんな笑う。

大川 俺、やるなんて言わなきゃ良かった。
後藤 先生、私だって年甲斐もなくやってるんです。
大川 失礼しました。

みんな大笑いする。

ダンリット 難しい。でも面白い。
スリット 豆腐づくりのようになめらかに踊らないとダメね。
杉野 スリットさんいい例えだね。今日は初めてだからこのくらいにして食事とったらどうですか。
全員 賛成！

それぞれ車座になって食事をする。実にうまそうに。

健二 先生、ところでこれってどこかで発表するの？
大川 今年の文化祭でね。
健二 へえ、昼間の生徒に混じってか？
後藤 そうなの。私と先生はこんな調子でしょう。それに今日はブンデンが休み。私たちみんな働きながらやるので、これから先思いやられるわ。人数も少ないから健二君も入ってくれたら助かるわ。
健二 そこまで言われちゃやるっきゃないでしょう！
スリット 健二、一緒ならきっとうまくいく。
ダンリット 僕、やる気出てきた。
杉野 これから色々あって大変だと思うけど文化祭めざしてやり抜こうな。
みんな はーい！
葉子 ブンデン君、明日は来るかな？
大川 明日も休みなら職場に行ってみるさ。
語り（大川） そして、次の日もブンデンは来なかった。私は職場訪問をした。
大川 すみません。こちら、あしたば工場ですね。
矢島 はい、そうですが？
大川 私、子安浜中学の大川と言います。いつもお世話になっています。夜間学級でブンデン君の担任をしてます。ここ二日無断で学校を欠席しているので心配でこちらまできたという訳なんです。
矢島 ああ、そうですか。こちらこそブンデンがお世話になっています。彼は真面目な子で今まで一度も工場を休んだことなかったんですよ。ただ三、四日くらい前だったか浮かない顔してたんで心配で聞いたんですよ。何しろウチは溶接工場なんでぼんやりしてると溶けた鉄や火の粉をかぶって危ないもんですから。
大川 で、何か心当たりがありますか？
矢島 仕事がきついし、火花を見てると目が痛くなるからやめたいって言ってましたが……。

大川　そんなこと言っていたんですか？
矢島　こちらとしてはいくら外国籍の子でも単純作業ばっかりさせていたらどこに行っても困るだろうと思って、仕事の全行程を任せ一人前に育てたいと思っていたんですがね。
大川　すみません。全く知らないで……。それぞれ仕事を頑張りながら夜間に通ってきているので頭が下がる思いで接していたんです。そんな悩みがあるなんて……。
矢島　いや、先生も昼間の生徒さんを教えていながら夜も仕事なんだからそこまで手が回らないのは分かりますよ。ああいう子だちに日本語だけじゃなくて勉強を教える苦労は並大抵じゃ出来ませんから。
大川　とんでもない、私は何を教えていたのかって考えると恥ずかしい限りです。教師失格ですよ。
矢島　何を言ってるんですか。僕なんかまともな教育を受けてない。だからこそ、僕が出来ることはああいう子たちを我が子のように育てるってことだと思うんです。いや、偉そうなこと言ってたいしたことなんかやれてませんけどね。
大川　忙しい中、時間を割いてもらい生きた勉強をさせてもらいました。今日はありがとうございました。
矢島　先生のやっていることはとても立派なことです。ブンデンには仕事の悩みをきちんと聞いてやるようにします。それから学校に行くように言いますから。
大川　これからもよろしくお願いします。それでは失礼しました。
矢島　お気をつけてお帰りください。（それぞれ頭を下げて）

大川、うつむき考えながらとぼとぼと歩いて行く。そしてダンリットの勤めている食品工場へ足を向ける。

ダンリット　先生どうした？
大川　いや、ブンデンの工場から近いと聞いていたからちょっと寄ってみたんだ。仕事はどうだい？
ダンリット　だいぶ慣れたので大丈夫。ただ学校が終わってからでチョー眠いたい。（笑い）
大川　歌やダンスしてからじゃ本当に大変だよな。
ダンリット　若いから平気、平気。あっ、工場長さんでーす。
大川　突然お邪魔してごめんなさい。
相楽　ああ、先生ですか！　ダンリットは真面目で面白い子ですよ。
大川　確かに真面目なの子ですが、そんなに面白いところがありますか？
相楽　この子真面目だから日本の女の子を嫁さんにもらったらって言ったら嫌だというんです。何でだって聞いたら、女の子は小さいからダメだ。女は好きだけどってね。みんなで大笑いしたんですよ。確かにそうだなってね。（笑い）
大川　確かに面白いですね。この子達は微妙な言葉が今いちなんですが、僕らも思わずハッとすることあるんですよ。（笑い）
相楽　仕事は慣れたかい？
ダンリット　はい、ときどきボッとしているとコンベアーで回ってくるおかず入れ忘れる時あるんだ。でも機械は大丈夫。僕入れ忘れた弁当がまた回ってくるからね。

相楽　それは誰だってあるからいいよ。

ダンリット　夜中の二時から四時まで仮眠時間。ときどき寝過ごしてしまう。そのとき仲間にたたき起こされて慌ててコンベアーの所に行くんだよ。恥ずかしい、みんなに迷惑かけるから気をつけるよ。

相楽　夜中は誰でも眠いからな。でも、あまりそういうことがないように気をつけて欲しいな。

ダンリット　はい！　夜眠たいけど給料がいいから頑張るよ。

大川と相楽大笑いする。

十三場　ダンス発表の続き……。

教室、椅子と机はなし。

大川　今日はブンデン君が久しぶりに来ましたが、後藤さんがお休みです。なかなか全員が揃うのは難しいですが山下先生も来てくれていますので、曲をつけて踊ってみましょう。

山下　みんなに合った曲がなかなか見つからなかったけどこの歌詞にどうかなって思って来ましたので聴いてください。

山下先生、曲をかける。みんなは真剣に聴く。終わると拍手が鳴り響く。

ダンリット　いいね。とってもいいよ。

スリット　私たちにぴったりだ。

葉子　この曲に杉野先生がどう振り付けしてくれるか楽しみね。

ブンデン　僕もみんなについていくように頑張るさ。

大川　結局、僕が足を引っ張らないように頑張らなければなあ。

健二　先生、分かっているじゃない！

大川　こら！

みんな大笑いする。

杉野　じゃあ、この曲に合わせてステップの練習をするよ。

ステップや動きの練習が始まる。

杉野　ブンデン君、なかなか良かったぞ。

ブンデン　ありがとうございます。

杉野　大川先生は、個人レッスンが必要です。

大川　はい、頑張ります。（みんな大笑い）

杉野　今日はちょっと早いけどこれで終わります。

大川　実はこれから後藤さんの所とスリットの所に行くので早く終わらせてもらったんだ。

スリット　先生、私の所に来るの？
大川　この間ダンリットとブンデンの所に職場訪問させてもらって改めて勉強になったので、今日は残りの二人の所へ行きたいと思っています。葉子さんの所も寄れたらいくよ。
葉子　はい、待っています。
スリット　じゃあ、先生一緒に帰ろう。
大川　そうだね、その方が探さなくて早いからな。

一端はけてから二人で出てくる。

大川　こんばんは！
藤造　はい。どちらさまですか？
大川　スリット君の担任で大川と申します。
藤造　いつもお世話になっています。で、スリットが何かしでかしましたか？
大川　いや、学校じゃ真面目に頑張っていますよ。今日はスリットさんの仕事ぶりを聞こうと思ってきました。
藤造　ああ、そうでしたか。スリットは本当に真面目な良い子で、こちらも大助かりです。特に冬場の寒いときでも遅刻せずにちゃんと朝早くに来て豆腐作りをしてくれるので、それこそ店を任せてもいいと思うほどの働きぶりです。
スリット　へへへ、大したもんでしょう。
藤造　今時の若者は豆腐づくりなんかやりませんよ。まして女の子にとって大変な仕事ですから。何て言ったって四時からの仕事ですからね。このままずっとウチで働いてくれることを祈ってます。先生もどうぞよろしくお願いします。
大川　そうですか。安心しました。こちらこそ宜しくお願いします。それじゃあ失礼します。
スリット　なんだ、先生もう帰っちゃうのか。じゃあ、豆腐お土産にもらっていけば。
藤造　あっそうだな。ぜひうちの豆腐食べて下さい。
大川　いいんですか。ありがとうございます。それじゃあまた。
スリット　先生、また明日！
大川　うん。
藤造　宜しくお願いします。（深々と頭を下げる）

大川、今度は後藤さんの家に向かう。あちこち探しながらやっと家に着く。ブザーを鳴らす。

後藤　ハーイ。
大川　こんばんは。夜遅くにごめんなさい。
後藤　あっ先生、どうなされたんですか？
大川　この間から職場訪問したりしているんです。後藤さん休んだので心配して来ました。
後藤　そうですか。今日は連絡もしないでお休みしてごめんなさい。実はこのところの不況で私の勤めている会社でも人員整理があって、今月いっぱいで失業しちゃうんです。そうすると夜学には通えなくなってしまうんです。先生に話そう話そうと思っていたんですがなかなか言い出せなくて……。
大川　本当ですか。それはショックだなあ。
後藤　交通事故でウチの人がからだ不自由になってしまい、今までビル掃除をして食いつないでいたんですが、これから先どうしようと思って途方に暮れていた所なんです。
大川　確かお子さんがいるんですよね。
後藤　男の子が二人いて、二人とも高校を卒業して小さい工場で働いています。
大川　そうですか……。で、どうしても夜学は続けられないですか？
後藤　夜間学級は私の夢でした。勉強は難しかったですが楽しかったです。
大川　三人の職場に行きましたが、職場の人が親切でああいう子たちをきちんとバックアップしてくれていて頭が下がりました。
後藤　それは良かった。みんな大変な思いして日本に来て苦労しながら勉強しているなんて偉いですよね。
大川　僕もいい加減なことしていられないぞなんて今更ながら思いましたよ。
後藤　先生は昼間と夜とで大変ですよね。特に夜は私たちのような生徒を面倒見てくれて感謝しています。
大川　後藤さんが来てくれたお陰で彼らも日本語や漢字も力つきました。
後藤　何言ってるんですか、恥ずかしい。
大川　落ち着いたらぜひまた学校へ来て下さい。待ってますから。
後藤　ありがとうございます。せっかく下手なダンス披露できなくて残念です。（笑い）
大川　そうですよ。後藤さんが来ないと私の下手さが目立ってしまいますからね。（笑い）
後藤　お気の毒さまです。（笑い）
大川　本当にまたぜひ来て下さい。待ってますよ。
後藤　ありがとうございます。ダンスだけでも参加したいわ。みなさんによろしくお伝えして下さい。
大川　そうですよ。ぜひダンスだけでも参加して下さい。
後藤　考えておきますね。
大川　くれぐれもお身体大切に。旦那さんにもよろしくお伝え下さい。
後藤　ありがとうございます。
大川　失礼します。
後藤　みなさんによろしくと伝えて下さい。ぜひ文化祭の成功を祈っています。
大川　後藤さんも出るんですよ。
後藤　（笑いながら）努力します。さようなら……。

そして翌日、山下が葉子の所を訪ねる。

山下　ごめん下さい。宮沢葉子さんのお宅でしょうか。
葉子　あっ山下先生！　連絡してもらえれば迎えに行ったのにご

めんなさい。どうぞお上がり下さい。

山下　いや、ここでいいです。で、今はお一人で？

葉子　そうなんです。宮古には母と妹がいるんですけれど、こちらに出てくるにはお金がかかるので、ときどき仕送りしてるんです。

山下　偉いなあ。

葉子　でも小さな工場で電気プラグを作っているので給料なんてほんのわずかです。だから仕送りったって月に三万円程度しか送れないのです。

山下　偉いですよ。うちは三万円貯金するどころか旦那の酒代に消えちゃいますからね。（笑い）夜学の方はどうですか？

葉子　正直疲れますが、みんなと勉強してると楽しいです。今は文化祭という目標に向かって生活に張りが出来ました。

山下　本当に葉子さんは偉いなあ。じゃあ、お互いに文化祭で頑張りましょうね。

葉子　出来る限り頑張ります。

山下　また、学校でね、からだに気をつけて仕事の方も無理しないでね。

葉子　ありがとうございます。また学校で……。（お辞儀をする）

十四場　文化祭へ熱が入る

まずは腹ごしらえをしてから。

健二　今日はウチの親父さんがみんなで食べてもらえと言って持ってきたので、まず腹ごしらえしてからダンスレッスンしたらどうでしょう？

大川　それは嬉しいな。

杉野　うまそうだなあ、みんな動ける程度に食べるんだぞ。

ダンリット　いつもと違ってシーフードカレーだ、うまそう。

ブンデン　ここのカレーうまいからね。食べて良いのか？

健二　ああどうぞ！　あるだけいっぱい食べて下さい。全部食べてくれたら親父さん喜びますよ。

それぞれよそってうまそうに食べる。

スリット　カレーってインドが最初なの？

杉野　そうなんだ。若いときにインドを旅したことがあるんだけど、場所によってカレーの味が全然違うんだ。スパイスの種類でそれぞれ特徴があるんだろう。共通なのは辛いと言うこと。暑い国なので辛い方がいいみたいなんだけど日本人には辛すぎるかなって思うんだ。

ダンリット　何の肉を食べてるのか？

杉野　インドでは牛は神様のお使いということだから牛肉は食べないよ。

ブンデン　やっぱり本当なんだ。

スリット　何の肉なの？

杉野　豚とか鳥肉は食べるけど、意外に野菜だけのカレーもうまいんだ。あっ、それから僕が驚いたのは、路上に大勢の物乞いがいるんだ。子どもは勿論、お年寄りや若者、障がいがある人たちも物乞いしてるんだ。でも障がいがある人が来ると子どもだってその人を優先するんだ。インドではそういう人は貴いっていう考えあるんだよ。とにかく貧富の差がすさまじかったのが印象に残っている。
山下　杉野先生がインドへ行ったことあるなんて初めて聞きました。
杉野　僕も初めて話しました。

みんな笑う。

大川　ああ、うまかったあ！
ブンデン　ごちそうさま！
ダンリット　タダだとよけいうまいね！
スリット　これからもこういうことあると嬉しいね。
山下　甘えてはいけません。宝明楼のお父さんに感謝をしてごちそうさまでした。
みんな　ごちそうさまでした！
杉野　じゃあ、食器を片づけたらやりますか。
大川　何でしたっけ？
健二　先生、すっとぼけちゃ困りますよ。

みんな、大笑いする。

杉野　じゃあ、腹ごしらえもすんだことですし、元気いっぱい踊りましょう！
山下　シャルウィーダンス！
健二　山下先生、すごい！（みんな笑う）
杉野　昼間の生徒達も文化祭に向かって張り切っていますので、僕たちも負けずに頑張りましょう。じゃあ、山下先生お願いします。
山下　はい！　じゃあしっかりね。シャルウィーダンス！
みんな　ホー！

曲をかける。それぞれ踊り始める。

夢を追いかけて

一、僕たちには夢がある　希望がある
これからの人生　輝けるものをつかむため
遠い国からやってきて
働きながら　言葉の壁を乗り越えて
疲れたからだにむち打って　眠たい目で
学ぶ学ぶ　生きる力をつけるため

十五場　文化祭当日

大川　みんなきてくれるだろうな。
山下　大丈夫、こういうときこそみんなを信頼しなくちゃね。
杉野　いつもと違って文化祭の時間間違えたらこまるぜ、昼間だからな。
山下　大丈夫！　男の人っていざとなると本当に心配性なんだから。
大川　でもねえ、杉野先生全員集まるまで心配ですよね。
杉野　あの子たち、大勢の前でやるの初めてだしな。

間

葉子　先生、遅くなりました。
スリット　ちょっと遅れたけど平気ね。
ダンリット　セーフ！　間に合った！
山下　ほらね、腹を据えてちゃんと待ってるの！
大川・杉野　はい！
健二　ちわーす！　やっと昼間の配達終わったぁ！
スリット　良かったぁ！　でもブンデンがまだだよ。
山下　大川先生！
大川　はい！　連絡してきます。

大川、はける。

大川　もしもしもしもし！ブンデン、ブンデン、モシモーシ！……。

大川、戻ってくる。

大川　ダメでした。連絡がつきません。
杉野　電車に乗り遅れたんじゃないかな？
大川　そうだといいんですけれど……。

そこにブンデンが飛び込んでくる。

ブンデン　みんな、ごめん！　寝過ごした！

みんな、ほっとしたり、笑ったりする。

大川　ブンデン、心配かけるなよ。良かったぁ！
ブンデン　ごめんなさい。
杉野　よーし、これで全員揃ったぞ。

そこに後藤がかけてくる。

みんな　じぇじぇじぇ！　どうしたの⁉
後藤　今日は絶対に来なければと思っていたので……。

みんな　イェーイ！　イェーイ！
スリット　さあ、団結して夜学の力見せてあげよう！
みんな　おう！
アナウンス　今日は朝早くから子安浜中学校の文化祭にお越し頂きましてありがとうございます。午後から体育館で文化部の発表が行われていますが、これから本校夜間学級の特別参加のダンス発表があります。みなさんどうぞ体育館にご集合ください！
杉野　さあみんな練習してきた成果をこれから舞台いっぱいに表現しよう！
ダンリット　タマネギ、タマネギ、タマネギ！
山下　何言ってるの？
ダンリット　緊張したときお客さんタマネギって思えって誰かに言われたよ。
山下　そんなこといったの誰かしら？
ブンデン　健二くんでーす！
健二　俺そんなこと言ったぁ？
山下　健二君！　それならかぼちゃでしょう。
子どもたち　かぼちゃ！
山下　大川先生、さっきから無口になっているけどどうしたんですか？
大川　間違わないでできるか心配で。
杉野　大丈夫ですよ。先生は例え間違っても笑ってくれますから。
大川　ええっ、笑われるんですか？
杉野　馬鹿にした笑いじゃなくて、「おっ先生頑張ってるな」っていう受けの笑いですよ。
みんな　大丈夫！
後藤　大川先生、私もやりますから！
大川　本当ですか！
後藤　あれ以来やってないので、後ろで目立たないように踊りますわ。もちろん間違えながらね。
大川　後藤さんありがとう。お互いに頑張りましょう。
アナウンス　皆様、お待たせしました。夜間学級の生徒達と先生のダンス「夢を追いかけて」です。
みんな　かぼちゃ、かぼちゃ、かぼちゃ、かぼちゃ！　よーし！

時を超えて全員が揃って舞台に出て踊る。

夢を追いかけて

一、僕たちには夢がある　希望がある
これからの人生　輝けるものをつかむため
遠い国からやってきて
働きながら　言葉の壁を乗り越えて
疲れたからだにむち打って　眠たい目で
学ぶ学ぶ生きる力をつけるため
二、私たちには夢がある　希望がある
これからの人生　心豊かに過ごすため

辛い過去を振り切って　明るい未来をつかむため
生きる生きる　どんな困難も乗り越えて
駅を降りて夜のとばりが降りるころ
燈《あかり》が灯る学校で　仲間と一緒に生きていく

会場から大きな拍手が聞こえる。みんな壇上で握手したり、抱き合ったりして喜びを表現する。なかには泣いている生徒もいる。会場全体が感動に包まれている。

十六場　卒業式に向かって

夜間学級の教室。椅子だけ出す。

スリット　先生、いよいよお別れだね。
ダンリット　楽しかったよ。
ブンデン　思い出いっぱいできたね。
葉子　先生やみんなからたくさんのことを学びました。
大川　こちらこそ、みんなのお陰でいい思い出ができた。
山下　特に文化祭はみんなでやりきって本当に良かったわ。
杉野　あの一生懸命な姿を見て、昼間の生徒が変わったみたいなんだ。
スリット　そうなんですか。
ブンデン　何が変わったの？
杉野　君たちのひたむきな生き方なんだろうね。
ダンリット　ひたむきなんですか？
内田　一生懸命に取り組む姿だよ。
山下　前に杉野先生が言っていたように、昼間の生徒はなかなか自分の目標がつかめないの。
スリット　当たり前のことしてるだけなのにね。

間

葉子　卒業式まであと何日ですか？
山下　あと十日です……。
内田　卒業証書をもらうときに、一言ずつ言ってもらうからね。
葉子　どんなこと言うのですか？
内田　夜間学級の思い出、将来の夢や希望、何でもいいんだ。
スリット　自分の国へ帰ってからのことでもいいの？
ダンリット　僕も帰りたい……。
ブンデン　やっぱり国に帰って力になれることやりたい！
葉子　私もふるさとに帰りたい。
内田　みんな自分の故郷がいいんだね。
杉野　生まれ故郷か……。
山下　誰でも生まれ故郷が一番ですからね。
スリット　先生たちどこで生まれた？
内田　僕はこの横浜だ。
山下　私は相模原。

杉野　僕は東京です。
葉子　故郷を想うと何か泣けてきちゃう。
杉野　そうだね。

間

内田　「ふるさとは遠くにありて想うもの」……か。
ブンデン　どういう意味？
山下　生まれ故郷は離れてみればみるほど懐かしいってことかな。
杉野　ふるさとが懐かしいのは、そこに家族がいるからなんだろうね。
スリット　幼なじみ、住んでいた家……。
ダンリット　山、川、海……。
ブンデン　海っていえばこの浜で昔、魚とっていたんだって？
内田　今もあなご獲っている漁師がいるけれどね。
葉子　夜間学級って、子安浜の漁協の事務所で始まったんでしょう。
スリット　あれから何年経ったの？
内田　今年で六十五年だよ。
ダンリット　私たち卒業したらどうなる？

間

内田　誰も入ってこなければ閉級になるだろうな。
葉子　そしたら私たちが来ても、もうこの教室はなくなっているの？
ブンデン　寂しいね。
葉子　私たちのふるさとがなくなってしまうのと同じだね……。

みんなそれぞれの故郷を想って遠くを見つめている。

十七場　卒業式

子安浜中学校体育館。夜間生が上手側に扇状に四人、昼間の卒業生は正面にいる。向かい合う形で教職員が扇状に座っている。

山下　校歌斉唱。

全員が立つ。

スリット　昼間のみんなと一緒だね。
ダンリット　嬉しい！
ブンデン　卒業のごほうびだ！
葉子　また思い出が一つできたね。
スリット　私たち今日、本当に子安浜の生徒になった気持ち。
ダンリット　夢みたい。

泣いている卒業生もいる。それぞれが合唱の隊形に並ぶ。

校歌

一　希望の光　潮風かおる
海に船出の　汽笛がひびく
夢多き　若人集う
その名も高く　自治の門
子安浜中学　わが誇り

二　茜の空に　富士が見え
勇気と忍耐　心に刻み
世界をめざし　遠くを見つめ
未来に向けて　花が咲く
子安浜中学　わが母校

山下　卒業証書授与。スリットさん。

スリット　はい！

校長先生の前へ行き卒業証書をもらう。

校長　スリットさん、あなたは中学校の教育課程を修了したことを証する。卒業おめでとう。平成〇〇年三月十日。

スリット　ありがとうございます。（嬉しそうにもらう）

礼をして証書をもらう。職員に礼をして席に戻る。

山下　ダンリットさん。（証書授与の後、次の者が呼名され所作は同じ）

ダンリット　はい！

校長　ダンリットさん、よく頑張ったね。

ダンリット　ありがとうございます。（最高の笑顔で）

以下同じ。

山下　ブンデンさん。

ブンデン　はい！

校長　ブンデンさん、三年間よく辛抱しました。

ブンデン　はーい！（満面の笑みでガッツポーズ）やったあ。

山下　宮沢葉子さん。

葉子　はい！

校長　宮沢さん、辛いこともたくさんあったでしょう。卒業おめでとう。

葉子　ありがとうございます。（涙ぐみながら）

礼をして証書をもらう。職員に一礼して席に戻る。

山下　卒業生の言葉。

証書の順番に立って思い出や夢を語る。

スリット　私、ラオスからタイの難民キャンプに行って日本に来たのが四年前。大和定住センターの紹介で豆腐屋に就職し、夜間学級を教えてもらった。最初自分の国の言葉しか話せなくて不安だったけど、先生たちとても親切に教えてくれたので、今では新聞も少し読めるようになったよ。一番の思い出は友だちができたことかな。夢はラオスに帰って保母さんになること。子どもと遊んだり、本を読んであげたい。みんなありがとう……。（涙ぐみながら）

礼をして座る。以下同じ。

ダンリット　カンボジアでの悲しいことも、日本にきて心がやさしくなった感じ。日本の敬語いまも難しい。一番の思い出はおしゃべりと夜食だ。宝明楼のチャーハンうまかったな。運動会で五十m走とパン食い競争で一番になって最高だったよ。国に帰れたら食品工場を作って日本に恩返ししたいなあ……。あとスケートも初めてでよく転んだけど楽しかった。終わり！

ブンデン　夜間学級のみんなと先生たちのあったかさが嬉しかった。日本語むずかしい、まだまだ勉強する。思い出は、他の学校の夜間の人たちとスポーツ大会したこと。あと文化祭で頑張った歌とダンス発表忘れられない。僕、一生懸命ということば気に入ってます。これからも一生懸命生きていきます。夜間学級大好き！　みんなも大好きです！

葉子　仕事でどんなに疲れていてもここに来ると不思議に疲れがとれるのはどうしてかなと、ずっと考えていたのですが今日はっきり分かりました。それは……心をさらけ出してくれる仲間がいたことなんです。先生たちが教えてくれたのは学ぶことの大切さ、生きることの大切さです。言葉の壁を乗り越えて、かけがえのない命の尊さをスリットさんたち外国からきた仲間に学びました。この夜間学級は命のゆりかごなんです。ここに通うまでうつむいていた私ですが、これからは前を向いてしっかり生きていきたいです。先生方、みなさん、本当にありがとうございました。（泣きながら）

卒業式に参加している人たちそれぞれが胸いっぱいになっている。

山下　卒業生、退場。

卒業生、先生方に一礼して退場する。教職員拍手で見送る。卒業生退場後、先生方安堵の表情で椅子など片づける。

エピローグ

スリット　夜間学級と先生方に感謝を込めて歌とダンスをします。

先生たち予期せぬことに驚く。時を越えて卒業生たち全員が出てくる。途中から先生も加わって踊る。

夢を追いかけて

一、僕らは夢がある　希望がある
これからの人生　輝くものをつかむため
遠い国からやってきて
働きながら　言葉の壁を乗り越えて
疲れたからだに鞭打って　眠たい目で
学ぶ学ぶ　生きる力をつけるため

二、私たちには夢があるため　希望がある
これからの人生　心豊かに過ごすため
辛い過去を振り切って　明るい未来つかむ
生きる生きる　どんな困難も乗り越えて
駅を降りて　夜のとばりが降りるころ
燈が灯る学校で　仲間と一緒に生きていく
オーオー！

踊り終わった人たちはそのまま舞台に残る。

語り　多くの人たちと学び、取り組んできたことの一つ一つは、関わった全ての人たちの心に刻まれています。これからのことは分かりませんが、夜間中学の燈が灯り続けていくのは確かなことです。

――終わり――

作品のてびき
――もう一つの教育・夜間中学こそ教育の原点――

一九四八年に横浜で最初の夜間中学が誕生しました。子安浜の漁師の子どもたちに教育の機会を与えたいという地元中学の先生たちの熱意で実現したのです。それから六十五年、東京湾の埋め立てによる海洋汚染によって完全転業を余儀なくされた子安浜の漁師たちの苦悩の結果、当初は子安浜の漁師の子どもたちの学びの場として開かれた学級も、子安浜の子どもたちだけでなく、中学卒業資格を取るためいろいろな人たちが集まり、やがて外国籍の人たちの学ぶ場所になってきました。しかし、その学舎には受験（受検）や競争とは違う教育の原点を照らす、生きた人間教育の実践が脈々と流れてきたのです。

【上演記録】 二〇一三年十二月十四日（土）・十五日（日）、横浜市神奈川公会堂、劇団ひこばえ公演

海に願いをこめて

作詞：石渡アキラ
作曲：金子　忍

海に生きる

詩：中村良夫
作曲：金子　忍

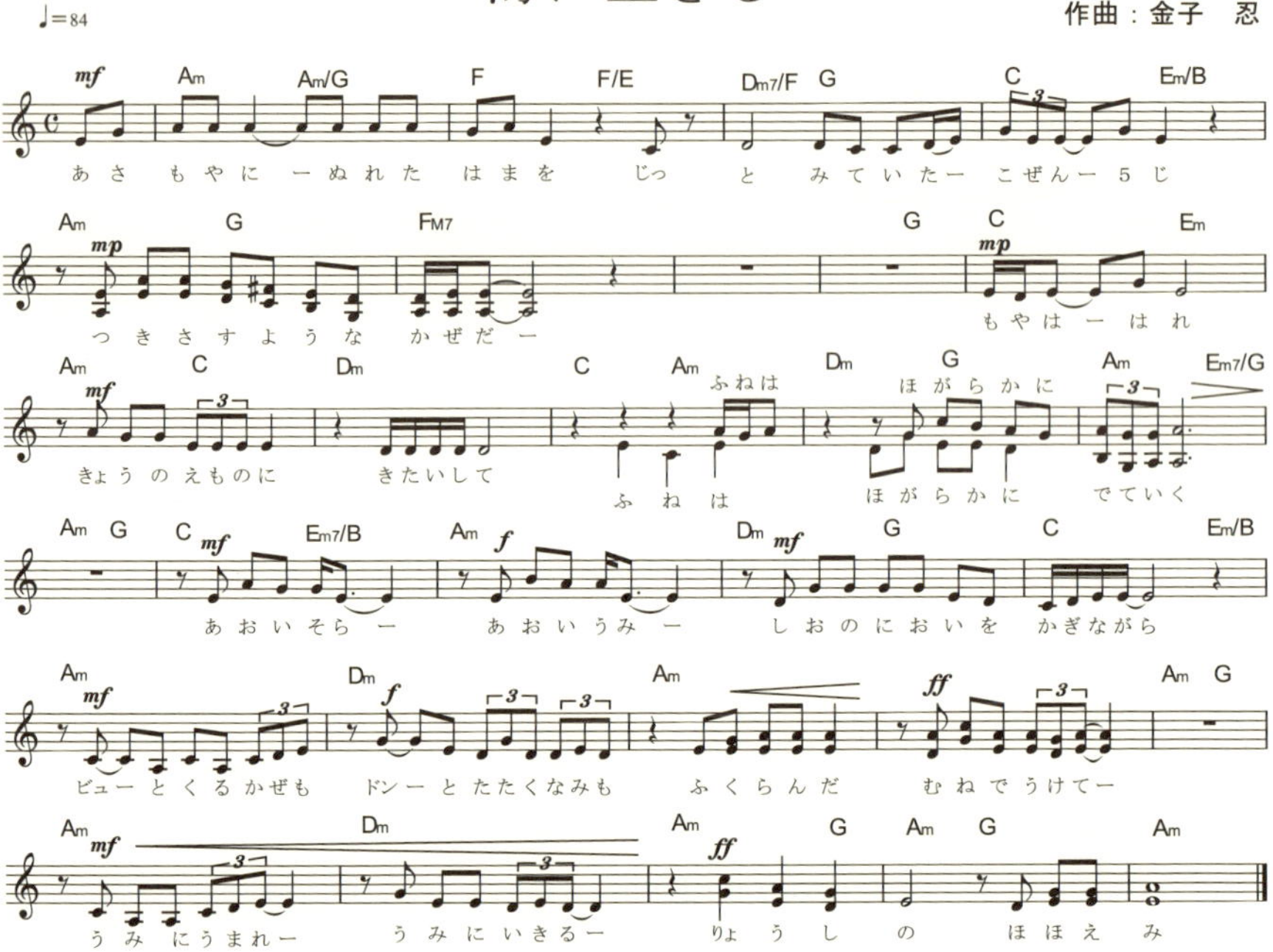

子安浜中学校　校歌

作詞：石渡アキラ
作曲：金子　忍

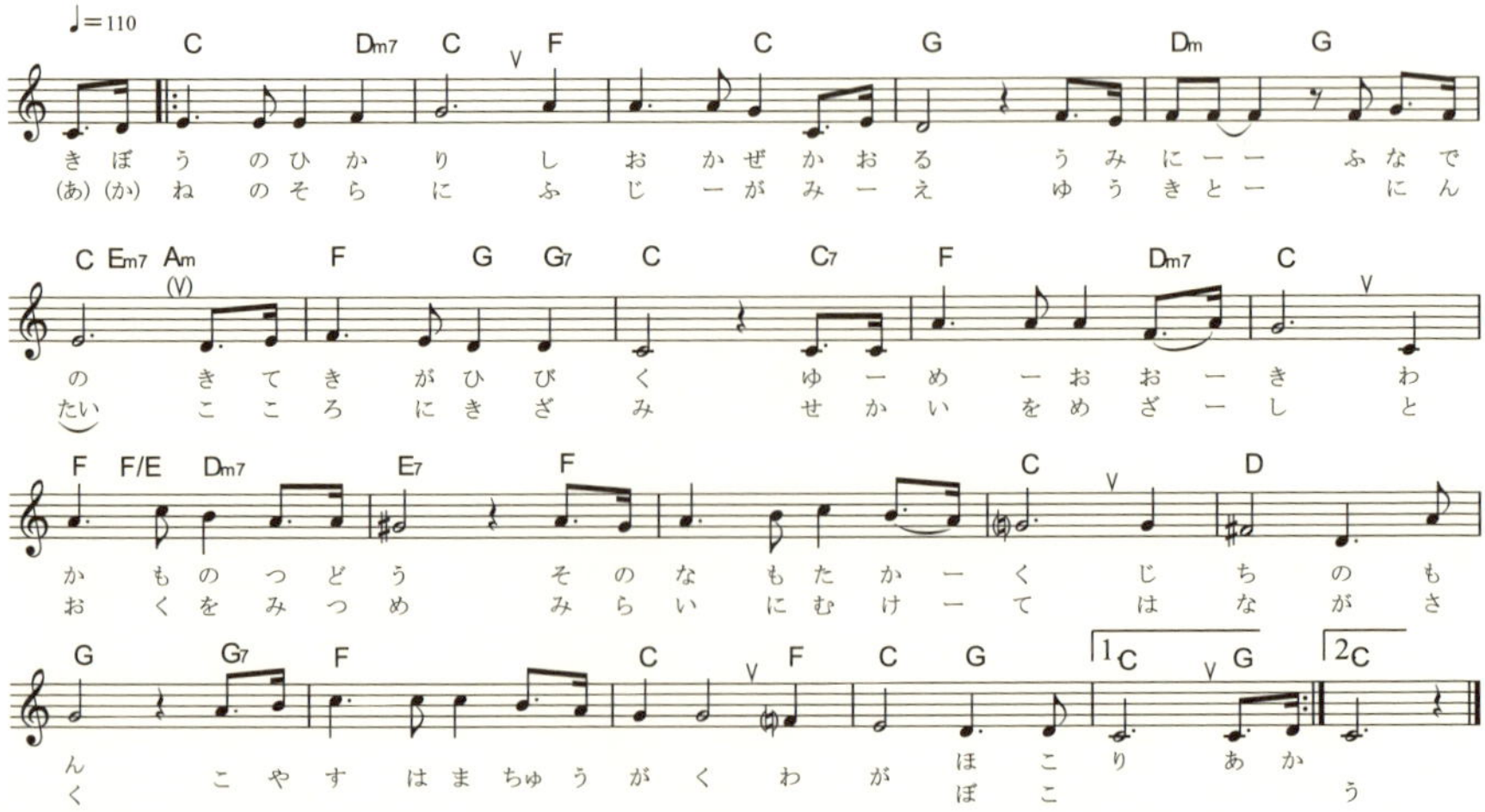

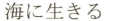

夢を追いかけて

作詞：石渡アキラ
作曲：金子　忍

いのち輝く不思議の森

2016年9月　演劇集団 THE 素倶楽夢 第34回公演

登場するもの

《森の生き物たち》
森の精
水の精
ハヤテ（雄ガニ）
シオン（雌ガニ）
オト（雌ガニ）
セイヤ（雄ガニ）
シズク（雌ガニ）
ヒロ（雄ガニ）
チー（雌ガニ）
メグ（子ガニ）
ダリ（子ガニ）

長老（老ガニ）
ウンバ（老ガニ）
ヒデ（雄ガニ）
カイト（稚ガニ）
リン（稚ガニ）
ラン（稚ガニ）
レン（稚ガニ）
ベニ（稚ガニ）

アライグマ
タヌキ
イタチ

《一九六〇年代》
吉野（地元の農婦）
坂本（地元の農婦・みどりの祖母）
みどり（坂本の孫・少女時代）
ひびき（地元の少年）

《一九八〇年代》
みどり（坂本の孫）
孝治（みどりの友人）
ゆかり（みどりの友人）
矢吹（森を守る会）
沢（ナチュラリスト）
柳（森を守る会）
水島（ナチュラリスト）
大森（小学校教師）
狩野（行政側代表）
婦人

第一場　森の世界

「いのちの輝き」

♪森はいのちのゆりかご
木々の恵みに守られて
光りが大地を照らす
いのちの輝き美しい

♪海はいのちのゆりかご
潮の香りに喜びあふれ
子どもたちが目を覚ます
いのちの輝き美しい

水の精　ああ、なんて温かい日差しだろう！
ハヤテ　まぶしいよ！
森の精　風もとってもいい気持ち。
水の精　目覚めの季節がやってきた。
シオン　もう起きてもいいの？
森の精　森の生き物たちよ、早く起きなさい！

周囲から「ソワソエソワソエ」というささやき声が聞こえてくる。舞台・フロアー上手、下手からカニたちがささやき声に合わせ床を強く踏みながら登場。やがて「ゾワゾエ」の声に変り、歌とダンスが始まる。

「アカテガニの歌」

♪ゾワゾエ　ゾワゾエ　アカテガニ
森の中の奥深く
光りと闇に守られながら
土のぬくもり　肌に感じて
僕らは　ここで生きている

♪ゾワゾエ　ゾワゾエ　アカテガニ
清らに水が湧き出でる
川のせせらぎ聞きながら
落ち葉の優しさ　肌に感じて
私は　ここで生きている
ゾワゾエ　ゾワゾエ　アカテガニ

ハヤテ　（鰓から泡を吹いている）く、苦しい！　息が。
シオン　どうしたの、ハヤテ。こんなに泡を吹いて。あああ、苦しい。
長老　ばか者！　早く水を浴びろ！

ハヤテとシオン、メグ、ウンバ、長老に助けられて川の水にからだを浸す。

ウンバ　冬眠から目覚めたら何を置いてもまず水浴びをする。当たり前のことじゃないか。

メグ　水浴びしなかったら、どうなっちゃうの？

ウンバ　水浴びしなかったら、死んじゃうよ。

メグ　わ〜っ！（慌てて川の水をバシャバシャ）

シズク　ここ（鰓）に水を貯めておかなきゃ、息ができないからね。

オト　それも清らかな新鮮な水。

ヒロ　古い水じゃあ、ダメなんですヨ。古い、古い。

ウンバ　誰に向かって言ってるんだい！

長老　泡を吹いている奴は他にいねぇか？

ウンバ　みんな水浴びしたね。

シオン　ああ〜、生き返った。

ハヤテ　ああ〜、腹減った。

みんな　腹減った〜。

ヒロ　ミミズ、発見！

みんな　ワーっ！（集まる）ミミズ、ミミズ、ミミズ！

セイヤ　（フロアから）フナムシだー！

みんな　ワー！　フナムシ、フナムシ、フナムシ！

ハヤテ　ムカデ発見！

みんな　（ぎょっ！　注視）

ハヤテ　いてててて！

シオン　生きてるムカデをつかまえちゃダメだよ。ハヤテは食いしん坊！

ハヤテ　痛いよ〜。

シオン　いい子いい子。

ハヤテ　テへへへ。

カニたち、「ミミズ、フナムシ、ダンゴムシ〜」「ミミズ、フナムシ、ダンゴムシ〜」などとつぶやきながら歩きまわって餌を食べる。

ハヤテ　シオン、森の奥に行こう。

シオン　なんで？

ハヤテ　二人だけでミミズを探しに行こうよ。

シオン　うん。

セイヤ　オト、森の奥に行こう。

オト　なんで？

セイヤ　二人だけで食い物探しに行こうよ。

オト　どうしようかな。

セイヤ　俺、ツチグモ見つけるの得意だから、ごちそうするよ。

オト　ツチグモ！　おいしそう。

セイヤ　ね、行こう行こう。

オト　うん。（二人、去っていく）

ヒロ　僕も誰かと森の奥に行きたいな。チーさん、僕と森の奥に行きませんか？

チー　なんで？

ヒロ　二人だけで食べ物探しに行きませんか。
チー　いや！
ヒロ　シズクさん、僕と一緒に森の奥に行きませんか？
シズク　一緒に行ったら何をごちそうしてくれる？
ヒロ　僕はドングリの実を見つけるのが得意だから、ごちそうしますよ。
シズク　ドングリね。いいわ。
ヒロ　やったー、やったー、やったー！（踊る）
シズク　踊ってないで、早く行くよ。
ヒロ　待って〜。
ウンバ　恋の季節だね。
長老　若い頃を思い出すなぁ。
ウンバ　まだまだ私らだって。（長老と目が合う）ね、長老。
長老　（ギョッ！）ミミズ、フナムシ、ダンゴムシ、ミミズ、フナムシ、ダンゴムシ……。
ウンバ　まあ！
チー　食べ物につられて恋の相手を選ぶなんて、みんな軽薄よ。
ウンバ　本当は怖いんだろう、恋をするのが。初めて迎えた恋の季節だもんね。
チー　違う！　私のことを本当に大事にしてくれるカニじゃなきゃイヤなの。一回断わられたくらいで、すぐ他のカニに乗り換えるなんて最低！
ウンバ　チーは面食いだから、顔で選んでるんだろう。
チー　立派な子孫を残したいだけ。体が大きくて、背中もお腹も、爪の先まで真っ赤なカニじゃなきゃイヤなの。
ウンバ　まだ若いんだから、立派な相手を探しな。
チー　あ〜あ、立派なカニと恋がしたい！
メグ　私も、恋がしたい！
ダリ　ボクも、森の奥へ行って、恋がしたい！
メグ・ダリ　恋がしたい〜
ウンバ　お前たちはまだ早い！　もっと太って、爪の先まで真っ赤になるまで待つんだよ。
メグ　もっと太って……。
ダリ　爪の先まで真っ赤に……。
メグ　どうしたらそうなれるの？
ウンバ　あと二回は脱皮しないとね。だからいっぱい食べて、早く真っ赤におなり。
メグ・ダリ　うん。ミミズ、フナムシ、ダンゴムシ、ミミズ、フナムシ、ダンゴムシ……。

フロアに残ったカニたち、ひたすら餌を探しながら去っていく。舞台上ではカニのカップルが寄り添って餌を食べたり、語りあったりして……。その様子を森の精と水の精が見守っている。

シズク　ドングリなんか落ちてないじゃん。
ヒロ　でもこの葉っぱ、やわらかくておいしいですよ。
シズク　（しかたなく葉っぱを食べる）

セイヤ　ねえ、オト、
オト　うん？　このツチグモ、おいしい～。（ムシャムシャ）
セイヤ　うん。ねえ、オト。
オト　うん？
セイヤ　ねえ、
オト　なあに？
セイヤ　（小さい声で）僕たちの子どもが欲しい
オト　え？　聞こえない。
セイヤ　（大声で）僕たちの子どもが欲しい！！！！！
オト　ブフォッ
ハヤテ　シオン、好きだ！
シオン　ハヤテ、私も、好きよ。
ハヤテ　ずっとシオンと一緒にいたい。
シオン　私も、ハヤテとこの森で暮らしていたい。

「恋の歌」

♪森が茜色に染まるころ
僕はずっと君を見つめてた
私もあなたを待っていた
赤い手と手をからめると
萌えたつ喜び未来が広がる
僕はずっと君を見つめてた
私もあなたを待っていたー

恋人たち、森の奥に去っていく。

第二場　里山風景

鳥の声。

坂本　吉野さん、精が出るね。
吉野　ああ、坂本さん。こんにちは。
坂本　うちで取れたトマト、おめえさんちの玄関に置いてきたから食ってけろ。
吉野　いつも悪いね。坂本さんの作るトマトはふんと甘くてうめえだよ。
坂本　そんなに褒められたらナスも置いていこうかね。
吉野　あら、いいよ。ナスは山ほどなってんだ。
坂本　そうだね。あ、サギがカニを食ってらぁ。
吉野　この干潟には生き物がいっぺえいるからな。鳥たちもいっぺえやってくる。
坂本　生き物の世界は食ったり食われたり、ていへんだ。ここはいい風が吹くね。汗が引いていくわ。
吉野　おらあ、この匂いがでえ好きだ。
坂本　潮の匂いか？
吉野　違う、森の匂いだぁ。

子どもが干潟にやってくる。

ひびき　おおっすげえ、ボラだ！　みどり、見て見ろ！
みどり　どこどこ？
ひびき　あそこ。
みどり　本当だ。ボラの大群だ！
ひびき　こっちにはハゼだ。（水に手を入れて遊んでるとザリガニに食いつかれる）痛てて、離せ！ザリガニの野郎！
みどり　あはっはっはぁ。ひびき、おかしい！
ひびき　うるせえな。ひとの不幸を笑うな！
みどり　あっ、フナムシだ。
ひびき　わぁー！
みどり　あはっはっはぁ。ひびきの弱虫！　フナムシを怖がってる！
ひびき　ゴキブリみたいで気持ち悪いだろ。
みどり　そうかなあ？　可愛いよ。（座って探す）フナムシさ～ん。
ひびき　気持ちわる～。
みどり　あ、カエルだ。（手に乗っけて）
ひびき　やめろ！　こっちに来るな
みどり　カエルもダメなの？
ひびき　みどり、もうカエルの話はするな！
みどり　ひびき、ヘビは平気なのにカエルは嫌いなんて変なの。
（そっとカエルを地面におく）
ひびき　人には好き好きがあるんだよ。
みどり　あっ、カニがいる！
ひびき　ええっ、どこ？　ああ、本当だ！
みどり　いっぱいいるね。
ひびき　すげぇ！　なんか怒っているみたいだ。
みどり　このカニ、手が真っ赤だね。（手に乗せて）
ひびき　うん、真っ赤だ。こっちのカニお腹がおおきいぞ。
みどり　本当だ！　もうすぐ子どもを産むのかなあ。
ひびき　きっとそうさ。（手に持っていたカニを放り投げる）
みどり　だめだよ！　カニだって生きてるんだよ。
ひびき　大丈夫、こいつらこのくらいじゃ死ぬもんか。
みどり　でも、お腹に赤ちゃんがいるんだよ。
ひびき　ほれ、ほれ！（カニをつかんでは放り投げる）
みどり　やめて！
坂本　こら！　罰があたるよ、生きものの命を粗末にすると。
吉野　あやまりなさい。
ひびき　誰にだよ。
坂本　カニに決まってるだろう。
みどり　カニさん、ごめんなさい。お腹の赤ちゃん、大丈夫だった？
ひびき　カニさんごめんなさい。これでいいか。
坂本　あっはっは。素直な良い子だ。

ひびき、言われて照れる。

ひびき　みどりは優しいな。
みどり　だって、うちにだって赤ちゃんいるもん。
ひびき　そうだったな。
みどり　あっ、カワセミだ！
ひびき　本当だ、カワセミだ。
みどり　きれい！

吉野と坂本も顔をあげて探す。

みどり　♪蒼い鳥小鳥　なぜなぜ蒼い？　青い実を食べた～
ひびき　ば～か、カワセミは魚を食べるんだぞ。青い実なんか食べねえよ。
みどり　青い実だって食べるかもしれないよ。
ひびき　食べねえよ。
みどり　食べるもん。
ひびき　食べねえよ。
坂本　みどり！
みどり　なあに、おばあちゃん。
坂本　あんたたち、森で薪拾ってくるように言われてるんだろ。
みどり　あ！
坂本　陽が暮れる前に集めないと、ご飯もお風呂も無しになっちゃうよ。
ひびき　いけね～。

みどりとひびき、フロアから舞台へ。

坂本　マムシに気を付けるんだよ。
ひびき　うん、ヘビなら俺に任せろ！　見つけたら（踏みつけるマネ）こうやって殺す！
みどり　ダメだよ。そんなことしたら、噛まれちゃう。
坂本　マムシを見つけたら？
みどり　逃げる！
ひびき　わかってら！　あ、マムシ！
みどり　うわッ！
ひびき　うそだよ～！
みどり　もう、ひびきったら！
ひびき　逃げるが勝ちだ！　わーーー
みどり　待ってよ！　坂本と吉野、笑いながら見送る。

暗転

第三場　カニの放仔

夕焼の森。ハヤテが飛び出してくる。

ハヤテ　大潮だぞ！　海へ行こう！

カニたち「ソワソエソワソエ」とささやきながら出てくる。
雌ガニがうめきだす。

シオン あ〜あ、もうダメ。
ハヤテ どうした？
シオン 産まれる〜
ハヤテ ええっ！ どうしよう！
オト 私も産まれる！
シズク 産まれる〜
ウンバ 我慢しな！ まだ陽は沈まない！
シオン 我慢できない。
セイヤ ここで産んじゃダメか？
ウンバ ダメに決まってるさ。こんな所で産んだら、赤ん坊が死んじまう。
ハヤテ・セイヤ 頑張れ！
シオン う〜うん。
ハヤテ 陽よ沈め！
シズク・オト うう〜。
シオン 産まれる〜！
ハヤテ ええー！ 産んじゃだめだ。頑張れ。
セイヤ 太陽よ、早く沈んでくれ！
カニたち 早く沈め！ 沈め！
ハヤテ 沈んだぁー！
セイヤ 海へ急げ！

音楽

♪ゾワゾエ　ゾワゾエ　アカテガニ
月の明かりに導かれ
大潮の海をめざして進め
新たな命を　生み出すために
海をめざして進むんだ
ゾワゾエ　ゾワゾエ　アカテガニ

カニたちが行進してくると、いつのまにか黒いものが紛れている。イタチ、タヌキ、アライグマだ。
ダリが犠牲になる。

タヌキ 待て待て！ ここを通すわけにはいかねえぜ。
シズク 通してください。赤ん坊が産まれそうなんです。
タヌキ 赤ん坊が産まれそうなんです。(笑う)
アライグマ それを待ってたんだよ。
イタチ 赤ん坊は柔らかくて美味しいからね。
シオン 助けてください。
カニたち 助けてください！
タヌキ 悪いな、おいら腹ペコなんだ。お前らを助けちまったら、おいらが死んじまう。

イタチ　ハッハハッハ。お前たちはあたしたちに、食べられる運命なんだ。

「強き者が勝つ」

♪弱肉強食　弱肉強食
それが自然の掟
おまえは　何も食べずに生きて来たのか
誰だって　他の奴らの命を食らって生きている
輪廻転生　輪廻転生　それが自然の法則だ
かわいそう　なんて言うやつは傲慢だ
誰だって　他の奴らの命を食わなきゃ死んじまう

長老　ワシが相手だ。みんな逃げろ！

イタチ　老いぼれに用はない！（長老を跳ね飛ばす）

タヌキ　赤ん坊をもらおうか。

シオン　キャー！　助けて！

ハヤテ　シオンーーー！　シオンを離せ！

タヌキ　うるせぇ！

タヌキ　いててて！　こいつ！（ハヤテと格闘。弾き飛ばす）

イタチ　（シオンを横取り）いただき！

タヌキ　それは俺のもんだ、返せ！

イタチ　あたしが捕まえたんだ。

アライグマ　俺のもんだ。

アライグマたち激しい格闘。シオンはぐったり、傷ついたハヤテ、シオンの名を呼びながら悲嘆にくれる。逃げ伸びたカニたち、干潟に降りる。

シズク　海だ！

オト　やっと、赤ん坊を産める。

ウンバ　待て待て！　波を良く見て。波にさらわれないように。……いまだ！

雌ガニ、波が寄せたときに海に入り、お腹に抱えていた赤ん坊を海に放つ。放仔（ほうし）が始まる。音楽。

オト　ああ、無事に産まれてよかった。

シズク　よかった。

メグ　あっ、ボラが赤ちゃんを食べてる！

オト　私の赤ちゃん！　逃げて！

シズク　早く逃げて！

メグ　ボラ！　食うんじゃない！　あっち行け！（波打ち際で追い払う）

カニたち、疲れ切って海を見つめている。浅瀬はカニの子ゾエアが充満し小さな命が広がる。

「いのちの輝き」

♪海はいのちのゆりかご
潮の香りに喜びあふれ
子どもたちが目を覚ます
いのちの輝き美しい

シズク　我が子たちよ　海に揺られて元気に育っておくれ。
オト　海には食べ物がいっぱいあるんだよ。お腹いっぱい食べて大きくおなり。
シズク　大きくなって、戻っておいで。
みんな　戻っておいで！

カニたち、森の精、水の精らが見守っている。

暗転

第四場　若者たち

若者たちが浜辺にやってくる。

ゆかり　うわー、きれい！
みどり　でしょ。しかも私たち以外誰もいないの。
孝治　プライベートビーチ！
ゆかり　みどりはいいところに住んでるね。毎日がリゾート気分！
みどり　そんなんじゃないわ。田舎よ、いなか。海と山しかない。
ゆかり　確かに不便だよね。通勤に往復三時間！　それに薪でお風呂沸かしてるんでしょ。
みどり　それは子どもの頃の話。今はガスで沸かしてま〜す。
ゆかり　お便所は？
孝治　ボッとん！
ゆかり・孝治　あははは。

みどり、ラジカセで音楽を大音量で流し踊り出す。ゆかりも加わる。途中で孝治が抜けて石を組んだりしてバーベキューの準備を始める。

孝治　おーい、焼けたぞ！

みどりとゆかり、楽し気に踊り続けている。孝治、ラジカセを止める。

孝治　焼けた！
みどり・ゆかり　わーい！
孝治　こら！　勝手に食うな！
みどり・ゆかり　おいしい！

みどり　孝治はバーベキューの天才だね。
ゆかり　あ、カニ発見！（追いかける）このカニも焼こう！（両手にぶら下げて）
みどり　そんなちっちゃいカニ、焼いたっておいしくないよ。
孝治　カリカリに焼いたらうまいかも。お、こっちにもカニ！　つかまえた。痛え！
離せ、こら！
みどり・ゆかり　あははははは！
ゆかり　カニさん、おいしく焼けたかな。（つまんで）あっちっち。
みどり・孝治　あははははは！
ゆかり　チクショウ！　こんなカニいらない！（捨てる）
みどり・孝治　あはははは！

舞台上に坂本と吉野が出てくる。みどり、慌ててゆかりの陰にかくれる。

ゆかり　？　どうしたの、みどり？
みどり　何でもない。
坂本　お前んところにも鉄道会社来たか。
吉野　うん？
坂本　来たか？
吉野　来たよ！
坂本　来たか？
吉野　南だよ。
坂本　あっ、そう。売るの？
吉野　売るよ。
坂本　売るの？
吉野　売っちゃ悪いか。
坂本　悪かないよ。悪いのは耳だけ。目も腰も悪い！
吉野　あと頭もだろ。
二人　あっはっはっ
吉野　六千万。
坂本　六千円？
吉野　六千万円。
坂本　この土地が？
吉野　ゴルフの会員権が六千万円。
坂本　へ～え、びっくりだね。鉄道も通るんだって。
吉野　そうなの。
坂本　道路も整備されるって言うし、そうしたら便利になるね。
吉野　うん。便利になったら有難い。
坂本　ああ、便利は有難い。

若者たちは食べたり、飲んだり、浜辺で貝や生き物を採ったりしてる。

孝治　あ、雨だ。濡れたらやばい。（ラジカセを持って）早く引き上げよう。
みどり　これどうする？（紙皿や空き缶）

孝治　そんなの捨てていけばいいよ。
みどり　網も？
孝治　ああ、いらねえ。（網とと石積みをけ飛ばす）
ゆかり　そう。（ポイ）
坂本　ちょっと、あんたたち。ゴミは持ち帰ってよ。
孝治　悪いね、ばあちゃん。捨てといて。

若者たち笑いながら走り去る。みどり、すまなそうに去っていく。

坂本　ちょっと！
吉野　あれ？　あの娘、お宅のみどりちゃん？
坂本　みどり？　違うでしょ。

二人ゴミを片づける。雨音激しくなる。雷。やがてやむ。

第五場

沢　矢吹さん、こんにちは。
矢吹　沢君、よく来てくれた！　遠かっただろ。
沢　矢吹さんが熱心に誘ってくださったのに、ずっと来られなくて。
矢吹　沢君にぜひ小網代の自然を見てもらいたかったんだ。雨があがってよかった。さあ、行こう。
沢　（見下ろして）うわあ、これは！

音楽

沢　首都圏にこんな所が残っているなんて……。
矢吹　僕も初めてこの森を見た時、感動で体が震えたよ。
沢　マテバシイ、コナラ、ヤマハゼ蛇柳。湧き水が何本も集まって川になっているんだ。
矢吹　川に沿って歩いていこう。ぬかるんでいるから足元に気を付けて。
沢　あっヘビトンボの幼虫だ。コエビもいる。あ、カワニナだ。カワニナがいるってことはホタルも？
矢吹　ホタルもすごいぞ。沢君子どもみたいだね。速足で歩かないと動けなくなるよ。
沢　うわ〜、足がぬけない！
矢吹　ころばないように。この辺は昔、地元の人たちが棚田をやっていた所なんだ。森も薪を取るために利用されていたみたいだ。
沢　だから森が意外に明るいんですね。人の手が適度に入って手入れされていたんだ。
矢**沢**　そうだね。右側に河口が見えるだろ。その対岸が油壷の岬だ。あの石橋へ行こう。
沢　はい。（石橋の下を覗き込んで）あっアシハラガニだ。

矢吹　この辺りにはカニだけでも二十種類ぐらいいるんだ。ウナギもいるし、少し前までは鮎もあがってきたらしい。どうだい沢君、すごいだろう、この森は。
沢　すごいです。三浦の大地に降り注いだ雨が、この谷の上に集まって源流となって斜面を下り、海に注いでいる。その途中、一軒の家も道路もないんです。源流から河口まで流域が丸ごと自然のままに残っている。奇跡的です。まさに奇跡の谷です。それにこの干潟もすごい。ここが僕の探していた場所です。ようやく見つけました。僕が本当の仕事をすべき場所は、ここです。
矢吹　沢君にぜひここを見てもらいたいたかったんだ。君ならきっとここが類いまれな生態系であることをわかってくれると思っていたんだ。源流から河口まで一、二キロメートル、南北の幅は最大で八百メートルほどの集水域が、自然のまま残っている。森と干潟と海が自然の状態でつながっている、そんな場所は首都圏ではここだけでしょ。そう奇跡なんだ。さあイギリス海岸に行こう。
沢　イギリス海岸？
矢吹　そこの海岸。僕が勝手につけたの。
沢　矢吹さんは宮沢賢治に心酔してましたからね。
矢吹　だから僕はポラーノ村探険隊と名乗っているんだ。
沢　ポラーノ村探険隊？
矢吹　この辺を観察しながら歩き回ってるの。ポラーノ村の村人も何人か一緒にね。
沢　何だか楽しそうですね。
矢吹　うん。楽しいよ。
沢　矢吹さん、三浦に引っ越して良かったですね。
矢吹　うん、よかったよ。あっ足元に気をつけて。
沢　えっ？
矢吹　ほら、チゴガニのダンス。（両手のひじを曲げて、前と上に上げる動作）
沢　何だこれは！
矢吹　オスがメスを呼んでるんだ。
沢　みんな揃ってますね。
矢吹　不思議だ。ホラ、手を上げているカニがいるだろ。プロポーズ成功だ！　でも今この谷は危機に直面しているだ。
沢　危機？
矢吹　開発計画が持ち上がっているんだ。ここをゴルフ場や住宅地にしようとしている。それだけじゃなくて、この谷の一番奥はゴミの山になっている。ゴミを不法投棄していく人たちがいるんだ。だから何とかしてこの森を守らないと。自然をこよなく愛するナチュラリストの沢君なら一緒にやってくれるんじゃないかと思って。実はそれで君をここに呼んだんだよ。
沢　はい、こんな素晴らしい森、絶対残しましょう。いや残せます、きっと。でも反対のための反対運動をしてもこの森は守れません。
矢吹　反対のための反対運動じゃあダメか。では、どうすれば？
沢　（思いをめぐらす）……。

暗転

第六場　出会い

フロアに坂本。ゴミを拾いながら歩いている。後からみどり。

みどり　おばあちゃん、もうこの土地は売っちゃやうんでしょ。
坂本　あ？（耳が遠い）
みどり　（大声で）売っちゃうんでしょ。
坂本　ああ、売っちゃうよ。
みどり　だったら、ゴミ拾いなんか鉄道会社に任せておけばいいじゃない。
坂本　あ？
みどり　（大声で）ゴミ拾いなんか鉄道会社に。（坂本ゴミ拾い）聞いてないよ。（仕方なくゴミ拾い）
坂本　もうすぐカニが卵を産みにくるだろ。ゴミが落ちてたら、じゃまになってしょうがないだろう。
みどり　そうか、（拾い上げて）間違えて缶の中に産みつけたりして。
坂本　そんなバカなカニはいないよ。
みどり　聞こえてんの？
坂本　あ？
みどり　（大声）私の声が聞こえるの？
坂本　聞こえない。
みどり　聞こえてるじゃん！
坂本　あ？
みどり　！
坂本　カニは海の中に卵を産むんだよ。みどりは知らないのかね？
みどり　知ってるよ！　アカテガニでしょ。
坂本　あ？
みどり　もういい。きれいになったよ。
坂本　ああ、きれいになったね。遊びに来るのはいいけど、ゴミは持ち帰って欲しいもんだ。
みどり　ゴルフ場になったら、ここも自由に入れなくなるのかなぁ。
坂本　あ？
みどり　ゴルフ場になってもカニは卵を産めるかな？
坂本　ゴルフ場になったらカニの住むとこなんかなくなっちまうよ。さあ、帰るよ。
みどり　おばあちゃん、先に帰ってて。
坂本　あいよ。
みどり　聞こえてるじゃん。
坂本　あ？
みどり　（大声で）先に帰ってて。
坂本　何度も言わなくったってわかってるよ。頭はぼけちゃいな

いんだから。（上手へ）

みどり石橋に座ってぼんやり。カニと戯れてる。ややあって、沢が登場し、観察したり記録したりしている。

沢　（ふと、みどりに気づいて）こんにちは。
みどり　あ、こんにちは。
沢　地元の方ですか？
みどり　はい、一応。
沢　お話聞かせてもらってもいいですか？
みどり　え？
沢　いや怪しい者じゃないです。僕は小網代の谷について色々調べているんです。
みどり　はあ。
沢　それで、この川の名前を知りたくて。ご存知ないですか？
みどり　川の名前？　名前なんかあったかな。
沢　名前がついてないのかな。地図にも載ってないんだよな。
みどり　（思い出して）うらの川！　そう、うらの川って呼んでました。
沢　うらのかわ？　三浦のうら？　それともうらおもての裏？
みどり　さあ。
沢　うらのかわ。（メモする）小網代の森にはよく来るんですか？
みどり　時々、散歩しに。子どもの頃にはこの干潟でよく遊びましたけど、今はもう田んぼもやめちゃったし、薪を集める必要もなくなったから。
沢　子どもの頃はここで遊んでたんですね。
みどり　はい。
沢　いい所ですよね。実はここは、すごい所なんです。ゴルフ場なんかにしたらもったいない。
みどり　え？　ゴルフにしたら三浦市は潤うでしょう。
沢　それはどうでしょうか。ここがどういう風にすごいのか聞きたいでしょう。
みどり　えっ⁉
沢　聞きたいでしょう。

暗転

第七場　観察会

フロアのみ照明。センターで矢吹と柳が立ち話。そこへ下手から沢と水島がやってくる。

矢吹　沢君、おはよう。
沢　おはようございます。今日は僕のナチュラリスト仲間を連れてきました。
水島　水島です。よろしくお願いします。
矢吹　矢吹です。よろしく。こちらは一緒にポラーノ村の活動をしていた柳さん。

柳　柳です。よろしくお願いします。参加者の皆さん、もうあちらでお待ちかねなので、行きましょう。

沢　はい。もう一人、今日初めて参加する人がまだ来てないなぁ。

大森が走り込んでくる。

大森　すいません。遅れました。

矢吹　ええと、あなたは？

大森　大森です。あれ？　小網代の森の自然観察会はこちらですよね？

矢吹　はい、そうです。

大森　よかったぁ。子どもが途中でトイレトイレって騒いで、バスには乗り遅れるし、置いていかれたらもう、どうしようかと。

矢吹　間に合ってよかった。大森さん、でしたね。

大森　はい、大森です。三浦の小学校の教師です。小網代の森の自然観察会に、どうしても参加したくて、やってまいりました。

矢吹　そんな強い意気込みで参加する人がいるとは嬉しいなあ。

大森　あの、私の子どもたちも一緒なんです。

矢吹　あの子たちですか。随分大勢いるなぁ。

大森　二十人です。

沢　二十人！　そんなに大勢の子を。

大森　はい。多すぎますか？

矢吹　いや、何人でも大丈夫ですよ。

大森　よかった。みんな〜、急ぎなさ〜い！　ピッピッピッピッ。（行進曲風に笛を吹く）

柳　あ、笛はちょっと。急がなくて大丈夫。そこを曲がりますから。

大森　あ、そこで止まって。止まって！　ピ〜ッ！　あ、笛は×《バツ》？

柳　はい。ここは全部私有地なんです。地主さんにお願いして観察させてもらってるので、シーッ。

大森　はい。（シーッ）小網代の森の話をしたら、クラスの子どもたちもぜひ参加したいって。

沢　クラス？

大森　はい。

沢　なんだ、クラスの子どもたちか。

水島　あら、やだ。沢さん、大森さんの子どもが二十人だと思ったの？

沢　いや、はい。

大森　やだぁ、私、まだ独身です。（沢をはたく）

水島　大体二十人も産めるわけがないでしょ。（大笑い）

沢　そうですよね。あ、来た来た。こっちだよ。

みどり　（急ぎ足で）遅くなりました。

沢　よく来てくれましたね。

みどり　はい。あの時、沢さんのお話を聞いて、小網代を改めて見てみようと思って。

矢吹　こちらは？

みどり　坂本みどりです。地元に住んでます。よろしくお願いします。

矢吹　さあ、出発だ。

一行は消える。舞台に照明がつく。大森を除く四人、舞台上に現れる。子どもたちの声。

沢　今日は賑やかですね。

水島　さっき数えたら百人ちかくいましたよ。

柳　正確には九十七人です。四捨五入して百人。

沢　すごい大探検隊になりましたね。

柳　みんながそれだけ小網代に関心を持っているんです。

沢　それがねらいです。

水島　一人でも多くの人に小網代の森を知ってもらう。

沢　自然観察会というとちょっと堅苦しいけど、実際にこの森に足を運んでもらって、生き物たちの賑わいのシャワーを浴びて、小網代の谷の面白さを体感してもらう。僕たちジョイフルナチュラリストの生き方そのものです。

みどり　ジョイフルナチュラリスト？

沢　自然にどっぷり浸りながら、ただただ楽しんでいるんです。

みどり　ああ、いいですね。ジョイフルナチュラリスト。

沢　ジョイフル！

水島　ジョイフル！

矢吹　ジョイフル！

みどり　ジョイフル！

柳　でも楽しんでるだけでいいんでしょうか？　開発計画はこうしている間にも着々と進行しているんじゃないですか。

沢　確かに。開発計画が予定どおり進められれば、小網代の森の集水域はすべてゴルフ場と住宅地になってしまいます。

柳　ある日突然、ブルドーザーがやってきて、森も湿地帯も何もかも壊されるなんてことが起こるかもしれないんです。そうなる前に先手を打った方がいいんじゃないですか。署名活動、議員への陳情、マスコミを通して告発してもらうとか。

沢　いやそういうのはやめましょう。政治家を巻き込んだり、けんか腰で行政や業者と対峙しても、いいことは一つもありません。

水島　沢さん、もしかしてあのことを？

沢　（うなずく）ともかく今は、こうやって観察会を開いて、ひたすら小網代の谷を愛し、訪ねてくれる市民の輪を広げることです。あの大森さんや子どもたちのようにね。

子どもたちのはしゃぐ声が聞こえる。四人はしばしその風景を眺める。

沢　もちろん、行政や開発業者へのアピールはしていきましょう。でもそれは告発とか抗議とかじゃない。ほら矢吹さんが、言ってたじゃないですか。

矢吹　自然を活かした代案の検討。

沢　そうです。小網代を丸ごと残せるような開発計画の代案を考えて示すんです。

みどり　開発計画の代案って、結局は開発するってことですか？

沢　ええ。今回のような大規模な開発計画は小網代保全にとってむしろ大きなチャンスなんです。

柳　意味がよくわからないわ。

沢　ここは私有地だから地主さんが家を建てようが犬小屋を作ろうが自由です。でもそうなったら小網代の流域まるごとの保全は不可能になります。だから今回のような大企業による大規模な開発計画があれば、個別の開発を阻止して、まるごと保全するような可能性が生まれるんです。市民はもとより企業も地権者も議会も、みんなが納得するような代案を考えて提示すれば小網代の保全も夢ではありません。

柳　そんな、みんなが納得するような案なんて可能でしょうか。

矢吹　可能だよ。自然は貴重な観光資源だからね。業者のリゾート開発計画をもう一度調べなおして、小網代の自然を存分に活用したエコリゾートを考えてみようじゃないか。

みどり　エコリゾート？

矢吹　自然と共存する多様な施設や産業を中心としたリゾート開発計画。柳さん、ポラーノ村のメンバーの知恵を集めて、自然と共存できる開発計画を考えていこうじゃないか。もちろん、沢君たちの知恵も借りて。

沢　ぜひお願いします。それから、僕はここでの調査探検を記録して、本を出版しようと思っています。小網代の谷の自然のすばらしさを一般の人たちにも広めるんです。ここをどうしたら守れるのか、課題やビジョンもその中に入れたいし、小網代を愛してくれるナチュラリストの文化を励ますような内容にもしたいんです。

矢吹　それはいい考えだね。

沢　小網代で活動する市民団体が色々あるじゃないですか。そういう団体が喧嘩をせずに仲良く進んでいけば、そして行政や企業も一緒に巻き込んでいけば、小網代は守れます、絶対に。

水島　あの子どもたちのためにも、未来の子どもたちのためにも、小網代を残しましょう。

　　他の者もうなずく。子どもたちの声。大森がびしょびしょ、くたくたになりながらやって来る。

水島　あら、大森さん、びしょびしょじゃない。どうしたんですか。

大森　ちょっと子どもたちと一緒にはしゃぎすぎました。それで、海にどぼ～ん。でも楽しかったぁ。こどもたちも大喜びです。次も絶対参加します。今度はいつですか？

沢　梅雨に入った頃、ゲンジボタルの観察会をしましょう。それから七月の大潮の晩にはアカテガニの産卵を見守る会を。きっとヘイケボタルの飛び交う姿も見られますよ。

大森　アカテガニの産卵！　ホタルの飛び交う姿！

　　音楽。照明が暗くなりホリゾントにホタルの光が飛び交う。

人々静かに去っていく。

やがて「ソワソエソワソエ」の声。月明りの中、アカテガニの曲が流れる。

♪ゾワゾエ　ゾワゾエ　アカテガニ
月の明かりに導かれ
大潮の海をめざして進め
新たな命を　生み出すために
海をめざして進むんだ
ゾワゾエ　ゾワゾエ　アカテガニ

ハヤテ　大潮だー！

暗転

第八場　荒れていく森

みどりが駆け込んでくる。

みどり　大変なことになりました。昨日、ずいどう配水池下の沢にブルドーザーが入ったんです。木が切り倒されていました。樹齢百年くらいのスギの木が百本以上ですよ。水源地の流れが埋められて道が作られてしまったんです。

下手サス。

沢　うかつでした。もっときちんとした監視態勢が必要かな。行政と業者と地主さんへも連絡をとってみましょう。でも回復困難なほど破壊されたわけじゃない。大丈夫、来年の春の増水で流れもいくらか回復しますよ。

上手サス。

みどり　地元の市民団体が集まって緊急会議を開くことになりました。山林伐採と小網代開発に対する批判声明を出すことになりました。三浦市にも会見を申し入れています。

下手サス。

狩野　三浦市の狩野です。小網代開発はこれから各方面と調整の段階です。スギ林を伐採された地主さんには地主さんの事情があるんです。率直に話し合えばいいではないですか。こういう声明を出されると、かえってこじれてしまう。もちろん、自然に価値のあることは良くわかっています。しかし、市の財政がどうにもならない。自然を残す開発が企業ベースにのるかどうか、それが問題なんです。

サスがいったん消えて、暗い中、歌声が聞こえてくる。舞台、薄明り。
カニたちが歌いながら餌を探してごそごそ動き回っているが、元気がない。

「いのちの輝き」

♪森はいのちのゆりかご
木々の恵みに守られて
光りが大地を照らす
いのちの輝き美しい

海はいのちのゆりかご
潮の香りに喜びあふれ
子どもたちが目を覚ます
いのちの輝き美しい

歌が終わったら、ハヤテは木に登る。

シズク 虫がいない！
メグ 前はこのあたりにケムシがいっぱいいたのに。
シズク クモもチョウもガも、みんな消えちゃった。
チー ミミズもいなくなった。
ウンバ 地面がひどく乾いているんだ。
シズク 川の水も減ってるよ。
メグ どうして？
ウンバ それに笹の葉が伸びてきて歩きにくいったらありゃしない。眠っている間に一体何が起きたんだ。
ハヤテ （木の上の方から）おーい。木の上はクモやケムシでいっぱいだぞ。登って来いよ。
ヒロ 本当か？
セイヤ よし！（脚立を登り始めるが）何だこれ！ うわっ！（滑り落ちる）
ヒロ この草は何だ？
ウンバ こんな草、今まで見たことがない。
シズク 木にびっしりからみついてる。
メグ 手にからみついて登れないよ。
森の精 アレチノウリ。遠い国からやってきて、あっという間に増えてしまった。こんなにからみつかれたら、この木もおしまいね。もうじき倒れてしまうだろうよ。
ハヤテ （上から落ちて来て）わーっーーー！
シズク ハヤテ！ 大丈夫？
ハヤテ 痛てて、痛い。（シズクに向かって）
シズク （無視して）あ〜あ、お腹がペコペコ……。
チー ペコペコ。
ハヤテ 木の上はケムシやチョウがいっぱいいるんだけど、枝が細すぎて、あぶねぇ、あぶねぇ。
セイヤ あんな高い所に登って、虫を取るのは無理だ。

ヒロ　無理だ。
メグ　森の精、どうして虫たちは木の上に行ってしまったの？
森の精　森に光がささなくなったから。
メグ　どうして光がささなくなったの？
森の精　木がぐんぐん伸びて森を覆いつくしたから。
シズク　森は真っ暗闇。虫がいなくなったら私たちは飢え死にしてしまう。
チー　光りが入らなきゃ私たちは生きていけない。
ウンバ　森の精よ、何とかしておくれ。
森の精　私には何もできない。私はただ見ているだけ。
メグ　このままだと死んじゃう。
チー　死ぬのヤダ。
森の精　木は伸びるだけ伸びたら、やがて年老いて倒れる。そうしたらまた森に光があふれ、若木が芽を出す。虫たちも地上に戻ってくるだろう。
シズク　その前に私たちは死んでしまうよ。
森の精　お前たちには足がある。行きたい所へ行けばいい。
ハヤテ　どこへ？
カニたち　(口々に) どこへ？
メグ　もう動けない……。(座り込む)
チー　動けない。(座り込む)
ヒロ　動けない。(座り込む)
シズク　仲間がどんどん減っているんだ。
ハヤテ　ああ、死ぬ前にたらふく食いたいなぁ。

セイヤ　そうだ、この川に沿って、ずっと登っていったら？
ウンバ　海から遠くなったら、赤ん坊を産むのに大変だ。
シズク　海に行く途中で、今よりもっと危険な目に合うかもしれない。
ハヤテ　稚ガニだって海から戻れなくなるよ。
ウンバ　水の精よ、教えておくれ。この川上に私たちが生きていける場所はあるのかい？
水の精　さあ、あると言えばあるし、無いと言えば無い。
シズク　どういうこと？
水の精　この上流でスギの木が切り倒されて水の流れが変わってしまったのだ。
ハヤテ　だからこの川の水も減ってしまったのか。
ウンバ　水がなかったら私たちは生きていけない。
水の精　もうすぐ梅雨がやって来る。雨が降り続けば川はもとの流れを取り戻す。
シズク　その前に私たちは死んでしまうよ。
ハヤテ　このまま死を待つしかないのか？
水の精　お前たちには足がある。行きたい所へ行けばいい。
カニたち　(口々に) どこへ……。
森の精　私は遥か昔からこの森を見つめてきたが、私の力で何かを変えることは出来なかった。
水の精　でも森の生き物たちはいつだって、自分自身の力で運命を変えてきた。
森の精　お前たちは自分自身の力で、昔から試練に耐えて生き抜いてきたのだ。
ハヤテ　自分自身の力で……。
水の精　お前たちは弱いけれど、限りなく強い。
シズク　弱いけれど強い……。
森の精・水の精　お前たちには生き抜く力がある。自分を信じて生き抜くんだ。（消える）

「歴史を紡いで」

♪僕らはずっと生きてきた
日照りの夏も　雪の日も
嵐にだって負けないで
厳しい自然に耐えながら
森の歴史を紡ぎながら
仲間と一緒に生きてきた

ハヤテ　さあ、食べ物をさがしにいくぞ！

カニたち、倒れている者を起こしたり、励ましたりしながら動き出す。

暗転

第九場　保全活動への道

明るくなる。矢吹、沢、みどりが地図を見ている。

矢吹　それじゃあ、開発計画の代案をまとめよう。（地図を示して）
沢　ゴルフ場建設には反対しますが、開発そのものには賛成という立場をとります。
みどり　保全地区をA、B、Cの三つのゾーンに分けます。
沢　Aゾーンは学びあいの広場。宿泊施設やビジターセンターなどを建設し、会議や研修の場にします。
みどり　Bゾーンはゴルフ場の計画予定地だった七〇ヘクタール余りを、そのまま残して、森と湿原と海の多様な生態系の自然観察を楽しめる自然公園にします。湿原には木道方式のトレイルを作って人間はそこを歩くようにすれば、湿原は保護されます。
沢　Cゾーンは文化と生活技術の街です。劇場や、ミュージアム、レストランやクラフト工房などを作ります。ここに鉄道や道路、住宅や農地も造成されます。
みどり　道路や新しい駅の建設は、私たち地元住民にとっては悲願ですから。
沢　自然と共存できる地域経済のありかたを提案していくんです。
矢吹　自然と人間との共生、森と海との共生、そして次の世代にこの美しい自然と文化を残す。それが我々ポラーノの村の夢だ。では「小網代の森の未来への提案」、これでいいかな。（皆を見回しうなずく）これを冊子にまとめて、市や県や国にも配布しよう。

皆はける。地図と明かりはそのまま。

狩野　七〇ヘクタールの自然公園？　七〇ヘクタールの土地をまるごと買収するのにいくらかかると思ってるんですか。三浦市にも神奈川県にもそんな予算があるわけないでしょう。ポラーノ村の夢の実現なんて不可能だ。

下手サスが消える。柳と沢と水島が上手に出て来る。柳は「小網代の森の未来への提案」の冊子を広げながら。

柳　え？　湿原に木道を作るんですか。それって自然破壊になりませんか？　保全のためには何も手を加えず、自然のままに放っておくのが一番じゃないんですか？

沢　湿原は人が歩くとみるみる破壊されてしまうんです。保全のためには木道を作るのが一番です。

水島　尾瀬ケ原のようにね。

柳　そうですか。（納得してない）

みどりが駆け込んでくる。

みどり　大変なことになりました。ゴルフ場がいよいよ建設されるかもしれないって。

沢　神奈川県が三浦市のゴルフ場開発規制の解除を検討し始めたんでしょう。

みどり　沢さん、ご存じだったんですか？

沢　うん。県の知り合いから情報は。

柳　ゴルフ場開発規制の解除って？

沢　県は今までゴルフ場開発を規制していました。つまり新たなゴルフ場の建設は認めていなかったのです。しかし三浦市のゴルフ場開発の規制をはずす検討を始めたということは。

水島　ゴルフ場建設が可能になってしまいます。

柳　そんなぁ。ゴルフ場が建設されたら小網代の森は破壊されてしまう。

みどり　どうしましょう。

しばし間

沢　よし、署名活動を始めよう。

みんな　はい！

全員走り去る。再び、書類の山を持って駆け込んでくる。

みどり　集まりました。ポラーノ村会員の署名です。

柳　労働組合と市民団体です。

水島　町田市、横浜市の市民ネットワークです。

沢　わずか四十日でこんなに。
みどり　はい。「小網代の谷にゴルフ場開発を誘導することに反対する署名」。全部で、
三人　三万七〇〇〇筆！

上手の皆はける。下手サス

狩野　県の方針が出ました。「小網代地域にゴルフ場を計画することを特例として認める。ただし自然環境保全の観点から、特に保全を要する地域については立地を規制する」。私としても立場上、開発に賛成せざるを得ないが、小網代を保全するという考えは理解できます。きっと保全の方向にいくだろうから、気長に見守ってください。

上手に沢、柳、水島、みどり、登場。

水島　ではどうしても立候補するんですか？
柳　はい。県の方針ではゴルフ場開発計画が完全に否定されたわけではないんです。だから保全のためには政治の力も利用すべきだと思うのです。
沢　小網代の保全に必要なのは政治運動ではないですよ。今、必要なのは行政や企業がゴルフ場とは別の開発計画を検討するための十分な時間と材料です。検討するための質のよい資料を私たちが提供することが一番なんです。
柳　沢さんのやってることはまるで開発賛成派じゃないですか。私は小網代全体を保全したいんです。Bゾーンだけじゃなくて Aゾーンも Cゾーンもまるごと残したいんです。特に Cゾーンにつながる北谷（ガンダ）は絶滅危惧種が数多く残る所です。それを木道建設と引き換えに業者と取引するなんて犯罪行為じゃないですか。
沢　それは違う。百かゼロではない。全面反対運動は現実的ではないです。それこそ反対のための反対になってしまう。対立からは何も生まれませんよ。開発派の人たちを巻き込んだ活動が大切なんです。
柳　あの署名を見ればわかるでしょう。開発反対は地元のみんなの願いです。
沢　開発反対をかかげて立候補して負けたら、勝った方の開発賛成派はむしろ無理にでもゴルフ場開発にこだわるしかなくなります。そうなったらもう取り返しがつかない。
柳　あれだけ大勢の人が反対署名をしてくれたんです。支持してくれる人も大勢います。きっと勝てます。
沢　署名はしても選挙となると、話は別でしょう。
柳　沢さんのように小網代の生き物を調べるだけじゃ開発は阻止できません。それに草や木を刈り取ったりして、自然を破壊しているとしか思えません。
沢　それは違う。放置しておけば乾燥化と暗黒化が進んで生物多様性は崩壊するんだ。
柳　残念です。どんなに話し合っても平行線ですね。私は選挙に

出ます。お世話になりました。（去る）

みどり　（追って）柳さん。（振り向いて）沢さん。

沢　……。

間

水島　仕方ないです。私たちの活動を理解してもらえないのだから。

みどり　政治活動することがそんなにマイナスなんですか。

沢　……。

水島　沢さんは以前、横浜の海岸埋め立て反対運動で嫌な思いをしてるのよ。

沢　水島君、もういいよ。（出ていく）

みどり　私、沢さんの言うことも柳さんの考えもどっちもよくわかるんです。どうすればいいのか。

フロア暗くなり、舞台明るくなる。森の中で沢が一人で黙々と笹を刈っている。

ややあって、みどり登場。沢の姿を見て迷ってる。水島がやって来る。みどりを促す。

一緒に草刈りを始める。ひたすら草刈り。ややあって。

沢　この森は何年も放置されている間に伸び放題になってしまいました。雑木林は伐採しないと大きくなりすぎてあちこちで崩壊を始めるし、草も増えすぎて谷全体が強く乾燥してきました。流れに沿って笹や常緑樹を切って、日差しが入るようにしないとね。外来植物のトキワツユクサもすさまじい勢いで繁殖するから見つけ次第、刈り取らないと。ここで暮らす生き物たちのためにも明るい森、明るい谷を回復しないとね。（水島、みどり、うなずく）

みどり君、私は横浜の鶴見で育ったんです。正真正銘の都会っ子だけど、それでもまだ子ども時代には街はずれの谷戸とか川とかで、ただひたすら遊び暮らす幸せな時を過ごしました。でもその川は高度経済成長の中で悪臭の漂う川になってしまった。それで自然保護運動に興味を持って、海岸埋め立て反対運動に加わったんです。ところが、反対運動を利用して自分の名前を売り出すことしか考えてない学者や政治家が運動に介入してきて、肝心の自然保護の目的はどこかに行ってしまった。反対のための反対、選挙目当ての政治運動になってしまった。結局埋め立て阻止もできませんでした。小網代の森で同じ過ちはおかしたくない。本当に現実的な運動にしなければ。わかってくれますか。

みどり・水島　はい。

三人作業を続ける。いったん明かり消え、（地図しまう）フロア上手に明かり。水島と沢登場。

手に「いのち集まれ小網代の森」の本を持っている。みどりが駆け込んでくる。

みどり　沢さん、すごいですね。重版出来！　沢さんの書いた本が重版出来ですよ！
水島　じゅうはんしゅったい？
沢　ああ、そうなんです。「いのちあつまれ小網代の森」おかげさまで第二版発行。
みどり　（表紙）アカテガニ、かわいい～！
沢　それから、もう一つすごい知らせです。この本が話題になって、テレビ局が取材に来ることになりました。
みどり　ええっ！　それは大変なことになりましたね。
水島　新聞、雑誌の取材依頼も次々と。
みどり　すご～い！
沢　企業批判や反対のメッセージは一切なしで、ただひたすら美しい小網代の谷とそこに暮らすアカテガニの感動だけを映像にしてもらいましょう。
みどり・水島　はい。
水島　ますます大勢の人が見学に訪れるでしょうね。
沢　そうですね。カニパトロールを開始して、トラブルをふせぎましょう。
みどり・水島　はい。
沢　それからもう一つさらにすごい知らせです。
みどり・水島　？
沢　世界の生態学者が大勢、見学に来ます。
みどり・水島　ええっーー！　世界の生態学者！（顔を見合わせて驚喜）

三人去る。照明やや暗くなり、しばらくして舞台フロアともに明るくなる。
沢が見学の婦人を連れて舞台上に登場。森の中を案内している。

沢　ではアカテガニ募金に協力していただけるんですね。
婦人　はい。
沢　ありがとうございます。この募金は県に寄付して、小網代の用地取得資金の一部にしてもらいます。
婦人　はい、それからトラストの方も。
沢　県民会議のナショナルトラスト有料会員になって頂けるんですか？
婦人　はい。家族みんなで入会します。
沢　それは嬉しいです。ありがとうございます。
婦人　今会員はどれ位いるんですか。
沢　四千人になりました。小網代の強力な応援団です。
婦人　私も応援団の一人になれて嬉しい限りです。今日は小網代を案内してくださってありがとうございました。
沢　アカテガニの産卵もぜひ見にきてください。
婦人　はい、参ります。

みどりが飛び込んでくる。手には新聞。夫人は去っていく。

みどり　沢さん！　大変なことになりました。
沢　え！　今度は何が起きたの?!
みどり　これを見てください。ついに出ました。
沢　神奈川県知事が小網代の森、中央の谷のほぼ全域の保全方針を表明！
みどり　やりました！
沢　やったね！

手をとりあって喜ぶ。

みどり　これで、小網代は守られるんですね。嬉しい。（泣く）
沢　ああ。
みどり　バブルが崩壊したおかげですね。（泣く）
沢　それもあるかもしれないけど、それだけじゃないです。みんなが汗を流して保全活動を行い、お金も使ってトラスト会員になり、小網代の大切さやユニークさを広めてきたおかげです。
みどり　私、うちがこの土地を売っちゃったからゴルフ場になっちゃうんだって、ずっと申し訳なく思っていたんです。
沢　それは違いますよ。小網代の地主の皆さんが鉄道会社に土地を売ってくれたから、こうしてまとまった保全が可能になったんです。
みどり　そうなんですか。（まだ泣いている）
沢　そうです。でも保全活動はまだ第一歩です。具体的な制度や、予算の決定は全く出ていません。保全制度をどうするのか、土地の確保をどうするのか。小網代の自然を誰がどう守るのか。これからが正念場です。
みどり　そうですね。
沢　（しばらく谷を見回した後で）みどり君、不思議だと思いませんか？
みどり　え？
沢　私たちは地球に暮らしているのに、足元が地球だという事実が見えない、わからない。そんな不思議な宇宙人のような存在になってしまった。都市のど真ん中で暮らしていたって、私たちの暮らしは、いつも大地のもとにあり、巡る水の循環のもとにあって、大地と空と海、川を含めた水の循環と、そこににぎわう生き物たちとともに生きているわけです。でもそういう感覚をものの見事に失っている。小網代はそういう感覚を思い出させてくれる場所です。ここへ来たら誰もがお説教されなくても、ただ遊んでいるだけで、人は大地と海と空のもとににぎわう生きものたちとともに暮らす動物なのだと感じられる。小網代はそういう場所なんです。

音楽　二人、風景を眺める。

第十場　稚ガニの帰還

稚ガニたちが干潟に上がってくる。みどりと沢、そのまま眺めている。（途中で端に寄る）

カイト　何だか変な感じ。

リン　からだが軽い。

カイト　気持ちいいなあ。（あたりを見ながら）

リン　気持ちいいね。

カイト　このサワサワは何だろう

リン　うん？　これが風。（からだで感じる）

カイト　気持ちいいなあ。（からだで感じる）

カイト　ふるさとの匂《にお》いがする。（森を見つめて）

リン　ふるさとの匂い。（森を見つめて）

カイト　藻《も》の中は、ゆりかごみたいだったけど……。（海の方を振り返って）

リン　干潟《ひがた》もいいね。やわらかい。

カイト　おひさまがまぶしい。

リン　あったかい。

カイト　からだがポカポカしてきた

ベニ・ラン・レン　ポカポカ。

カイト　ベニ、遠くにいっちゃだめだよ。

ベニ　うん。

リン　ランとレンも離れないで。

ラン・レン　うん！

カイト　さあ、僕たちのふるさとへ帰ろう。

リン　あの森がそうなの？

いつの間に大人ガニたちと森の精、水の精もいて

シズク　子どもたち、ここだよ！

オト　気をつけて上がって来なさい。

ハヤテ　ゆっくりでいいからね。

ウンバ　そう、ゆっくりゆっくり。

カイト　あそこにぼくたちの親がいるのかな？

リン　お母さーん！

カイト　お父さーん！

カニたち　ここだよ！

たくさんの稚ガニたちが山へ登っていく。

カニたち　おいでおいで！

全員を舞台に上げる。大人カニはフロアーに降りる。
アカテガニの歌とダンス　カニ以外の人間も加わる

♪ゾワゾエ　ゾワゾエ　アカテガニ
森の中の奥深く　光と闇に守られながら
土のぬくもり　肌で感じて
僕らは　ここで生きている

ゾワゾエ　ゾワゾエ　アカテガニ
清らに水が湧き出でる

川のせせらぎ聞きながら
落ち葉の優しさ　肌に感じて
私は　ここで生きている
ゾワゾエ　ゾワゾエ　アカテガニ
月のあかりに導かれ
大潮の海をめざして進め
新たな生命を産み出すために
海をめざして進むんだ
ゾワゾエ　ゾワゾエ　アカテガニ

字幕（小網代の歴史を映し出す）

——幕——

作品のてびき

僕が三浦半島の南端に広がる小網代の森を初めて訪れたのは今から三十年前です。そのとき見た光景は今でも忘れられません。鬱蒼と生い茂った深い森、ぬかるんだ道なき道。手つかずの自然の光景に感動でからだが震えたのを覚えています。

ところが一九八〇年代、この森をゴルフ場にという計画が持ち上がりました。当時日本全国で進んでいた国土改造計画のため、各地で海岸が埋め立てられ、かつては日本中どこにでも生息していたアカテガニは激減してしまいました。

ゴルフ場建設の危機に直面し、森を守ろうと立ち上がった人々がいました。彼らNPOの人々は、それから三十年間地道に保護活動を続け、ついに小網代の森は保全されることになったのです。三十年間くじけずに保全活動を続けていく原動力は何だろう。自然を保護するとは？　人間が自然と共に生きるにはどうしたらいいのか？　そんな疑問が『いのち輝く不思議の森』を創るきっかけでした。

地球は命を宿す奇跡の星。大気が、海が、生きとし生けるものを育んでくれる。山好きの僕は山に登るたびに地球の胎動を感じてきました。自然の大きさと自分のちっぽけさ、そこに抱かれると人間も自然の一部だということを実感します。自然とは私たちが保護すべきものではなく、私たちこそ自然に保護されていて、未来に返すべきものだということを、この作品を創りながら改めて実感しました。

この作品は、人間と自然の共生のドラマを歌とダンスで彩りながらのミュージカルです。小網代の森の象徴的存在であるアカテガニが出てくる場面はメルヘン調に、人間の活動は保全の歴史を踏まえてドラマポイントを創りながらの舞台になっています。

アカテガニは海で育ち、山で暮らす特異な生態を持っています。満月の夜に海に入って全身を震わせて放仔（子どもを産む）する姿を劇団員と共に観察し生命誕生の不思議に感動したこと、帰り道に平家ボタルの乱舞する姿に美しさと生命のはかなさを感じたことを、舞台でいかに表現するか悩みながら創ったのも忘れられません。

この作品では触れていませんが戦時中、小網代の北谷（通称ガンダ）は日本海軍の秘密基地があり、「震洋」というボート型の人間魚雷で秘密訓練がされていたので小網代の森は立ち入り禁止区域になっていた所でした。諸磯の方には人間魚雷回転の基地が、野比海岸には「伏龍」が五メートルほどの海中から槍の先端に爆弾をつけて敵の戦艦に被害を与えるための訓練をしていたという歴史的事実も戦争の記憶とともに忘れてはならないと思います。改訂する際、ぜひ加えたいと思っています。

【上演記録】二〇一六年九月二十四日（土）・二十五日（日）、横須賀市立青少年会館、演劇集団ＴＨＥ素倶楽夢 第34回公演（２０１６秋の公演、三浦半島演劇祭２０１６参加作品）

いのちの輝き

作詞：石渡アキラ
作曲：金子　忍

※初演の際は、劇中歌われる場面によって、構成（ソロと合唱）やコードを変えて演奏しています。

アカテガニの歌

作詞：石渡アキラ
作曲：金子　忍

恋の歌

作詞：石渡アキラ
作曲：金子 忍

強き者が勝つ

作詞：石渡アキラ
作曲：金子 忍

歴史を紡いで

作詞：石渡アキラ
作曲：金子 忍

profile

●作者

石渡アキラ いしわた・あきら（本名・大溝 昭）

三浦半島地区演劇研究会会長として15年間、中学校演劇活動向上のため寄与する。

演劇集団THE素倶楽夢、久里浜市民劇団を主宰・代表として、脚本の執筆や演出等に携わり、24年間地域に根ざしたオリジナルな劇づくりを地元で行ってきた。横須賀演劇連盟に加盟し、毎年行われている「三浦半島演劇祭」に参加してきた。主に横須賀の地で公演を重ねてきている。

演劇部顧問としても多数創作台本を執筆。中学校演劇神奈川県大会で最優秀賞、県知事賞を受賞するなど演劇部指導には定評がある。横須賀、横浜、平塚、相模原、茅ヶ崎、沖縄、さいたま浦和等で地区大会の審査委員や講師を歴任。神奈川県の創作大会や県大会の審査委員も行ってきた。

日本演劇教育連盟全国委員。

演劇集団THE素倶楽夢とは

素倶楽夢（すくらむ）という言葉には、「素人が心を一つにして夢を育む演劇集団」という意味が込められています。子どもや大人が面白くワクワクどきどきしながら心の扉を開き、遊び心溢れた表現活動をしています。素倶楽夢は、地域に根ざしたオリジナル作品づくりをコンセプトに、時代を映し、愛と笑いと感動的なドラマの創造をめざして活動している劇団です。

素倶楽夢の舞台には、英雄・豪傑は登場しません。描くのは市井の人々の息づかいです。

●作曲者

金子 忍 かねこ・しのぶ

教職の傍ら“劇団風の子付属国際児童演劇研究所”に学び、小学校現場での23年間の表現教育実践の後、作曲家に転身。脚本世界と詞のことばを生かした曲作りに定評があり、プロ劇団やアマチュア劇団、市民ミュージカルや中学校演劇部へも楽曲提供や歌唱指導を行う。第30回かぶらの里童謡祭作曲募集・富岡市議会議長賞受賞。2017年より、“おんがくおしばい『おじゃま猫とたまご』（吉田水子企画）”に作曲＆出演し、全国で好評上演中。全国児童・青少年演劇協議会会員。WebSite＝https://sinobcat.jimdo.com

本書掲載作品の無断上演はお断りします。
上演を希望される方は、晩成書房まで書面またはメールでご連絡ください。
上演手続きについてサポートいたします。
晩成書房メールアドレス mail@bansei.co.jp

どぶ板ストーリー 石渡アキラ創作脚本集

二〇一七年一一月一〇日 第一刷印刷
二〇一七年一一月一五日 第一刷発行

著者 石渡アキラ
発行者 水野 久
発行所 株式会社 晩成書房
●〒101-0064 東京都千代田区猿楽町二-一-一六
●電話 〇三-三二九三-八三四八
●FAX 〇三-三二九三-八三四九
印刷・製本 モリモト印刷株式会社

乱丁・落丁はお取り替えします
ISBN978-4-89380-479-2 C0074
Printed in Japan